DESCRIPTIONS

DES ARTS

ET MÉTIERS.

DESCRIPTIONS *DES ARTS* ET MÉTIERS,

FAITES OU APPROUVÉES

PAR MESSIEURS

DE L'ACADÉMIE ROYALE

DES SCIENCES.

AVEC FIGURES EN TAILLE-DOUCE.

A PARIS,

Chez { SAILLANT & NYON, rue S. Jean de Beauvais;
{ DESAINT, rue du Foin Saint Jacques.

M. DCC. LXI.

Avec Approbation & Privilége du Roi.

L'ART

DU

MENUISIER.

PREMIERE PARTIE.

Par M. Roubo le fils, Compagnon Menuisier.

M. DCC. LXIX.

Du 17 Décembre 1768.

L'ACADÉMIE m'ayant chargé d'examiner l'Art du Menuisier, fait par le sieur Roubo fils, Compagnon Menuisier, je vais exposer la marche que l'Auteur a suivie dans la description de ce bel Art ; mais auparavant je dois rappeller à la Compagnie que M. Jeaurat avoit entrepris de décrire ce même Art, & que le sieur Roubo étant venu le présenter à l'Académie, M. Jeaurat a eu la générosité de renoncer au travail qu'il avoit commencé, jugeant convenable de l'abandonner à un homme du métier, capable de le bien exécuter.

Le sieur Roubo a compris dans son travail tous les ouvrages en bois qui servent à la sûreté, à la commodité & à la décoration des Maisons & des Appartements ; ainsi il s'est engagé à traiter de la Menuiserie d'assemblage, & de celle de rapport connue sous le nom de *Marqueterie* & d'*Ebénisterie*.

La Menuiserie d'assemblage, appliquée aux Bâtiments, se divise en deux parties, sçavoir ; la Dormante, qui comprend les Lambris, Chambranles, Cloisons, Parquets & tous autres ouvrages qui restent en place ; & la Mobile, qui regarde les fermetures, telles que les Portes, Croisées, Contrevents, &c. celle-ci fait l'unique objet de la partie de cet Art dont nous avons à entretenir l'Académie.

Le Menuisier doit débiter, dresser, corroyer, assembler, orner de moulures, & polir les Bois avec lesquels il fait ses ouvrages ; ce qui le distingue du Charpentier qui ne travaille point le bois avec autant de précision & de propreté. Comme le sieur Roubo emploie pour son Trait & même pour tracer les Moulures, des opérations de Géométrie-pratique, il commence par donner des Eléments de cette Science, se bornant à ce qui est nécessaire pour l'intelligence des méthodes qu'il propose ; & ce petit Traité forme le premier Chapitre.

Il entame dans le second Chapitre la pratique de son Art, en faisant connoître quels sont les Bois propres à la Menuiserie, exposant leurs différentes qualités, & les circonstances où il convient d'employer les uns plutôt que les autres. Il dit comment on doit les empiler par échantillon, ayant soin de séparer les Battants des Portes-cocheres, d'avec les Membrures & les Planchers, distinguant tous ces bois selon leurs différentes longueurs, largeurs & épaisseurs.

Il parle ensuite du débit des Bois, objet très-important à l'œconomie, & qui est sur-tout essentiel quand on entreprend de grands ouvrages, où il y a des parties cintrées ou bombées.

Il s'agit dans le troisieme Chapitre des Moulures & des Profils ; il fait connoître ceux qui sont en usage dans la Menuiserie ; les circonstances où il convient d'employer les uns plutôt que les autres, & la façon de les tracer, ou en suivant la pratique des Ouvriers, ou par des opérations de Géométrie-pratique, au moyen desquelles on les rend

plus régulieres.

Les Assemblages dont il traite dans le quatrieme Chapitre, contribuent non-seulement à la beauté des ouvrages, mais encore à leur solidité ; aussi c'est une partie très-intéressante de cet Art. L'Auteur parle d'abord de leurs usages & de leurs proportions ; il explique la façon de faire les Assemblages à tenons & mortaises, ceux à enfourchements, comment on doit ménager les Onglets dans différentes circonstances, les Assemblages que l'on nomme *à bois de fil*, ceux de fausse coupe quand les champs sont inégaux ; ceux à clefs, à queues d'aronde apparentes ou perdues. J'étendrois trop cet Extrait, si j'entreprenois de suivre l'Auteur dans toutes les sortes d'Assemblages dont il parle. Ce Chapitre est terminé par les Assemblages en flûte, ceux à mi bois, & ceux que l'on nomme *à Trait de Jupiter*. Après avoir donné très clairement la façon de traiter ces différentes sortes d'Assemblages, avec les attentions nécessaires pour ne point interrompre l'ordre des Moulures, l'Auteur indique les circonstances où il convient d'employer les unes plutôt que les autres.

Les Menuisiers font usage de beaucoup de différentes sortes d'Outils, que l'on trouvera décrits dans le cinquieme Chapitre qui est fort étendu. L'Auteur y donne leurs différentes formes, & sur-tout les usages auxquels chaque outil doit servir.

Le sieur Roubo traite spécialement dans le 6e. Chapitre de la Menuiserie mobile, & d'abord des Croisées ; & après en avoir parlé en général, il fait remarquer que les ouvrages de Menuiserie que l'on met dans les Bayes pratiquées dans les murailles se nomment *Croisées*, ainsi que les Bayes elles-mêmes, & que les Croisées de Menuiserie prennent des noms particuliers, suivant leurs différentes formes & usages. Par rapport à leurs formes on les nomme *Croisées en éventail*, quand elles sont dans des bayes cintrées ; elles sont ou plein ceintre, ou bombées, ou surbaissées, à imposte, ou sans imposte. De plus il y a des Croisées d'Entresol, à la Mansarde, à coulisse double ou simple, à l'Angloise & à la Françoise : si elles sont garnies de volets, on les nomme *Pleines*, & celles qui sont cintrées sur le plan, se nomment *Cintrées en plan*, soit qu'elles soient creuses ou bombées.

Eu égard à leur ouverture, les unes se nomment *à côté double* ou *simple*, *à gueule de loup*, *à champfrain double* ou *simple*, *à noix* & *à feuillure*, &c.

Par rapport à leur assemblage, les unes sont à pointe de diamant ; d'autres à grandes ou à petites plinthes, ou à rond entre deux cavées ; en trefle, à cœur, à petit cadre, &c.

La plupart des Croisées sont à simple parement ; cependant il y en a qui ont des parements des deux côtés. Le sieur Roubo traite séparément de toutes ces différentes especes de Croisées, faisant remarquer leurs avantages & leurs inconvéniens, les lieux où chacune peut convenir ; & il termine ce sixieme Chapitre par les Portes vitrées, les doubles Croisées, & celles à jalousies d'assemblage, & les Persiennes.

Dans le septieme Chapitre, il s'agit des Volets ou Guichets : on sait que ce sont des Vantaux de Menuiserie qui recouvrent les Chassis à verre, rendent les appartements plus sûrs, & empêchent que le jour n'y pénetre lorsqu'on le juge à propos. Si les embrasures avoient assez de profondeur pour que l'on pût se dispenser de briser les volets, cet article exigeroit peu de précaution, puisque ce ne seroit qu'un panneau de Menuiserie ; mais on est presque toujours dans la nécessité de les briser, & en ce cas les Menuisiers peu expérimentés font des difformités choquantes ; le sieur Roubo les en avertit, & leur fournit des moyens pour les éviter.

Le huitieme Chapitre où il s'agit des petites Croisées, est en quelque sorte une continuation du sixieme, au moins à l'égard des Croisées à deux battans ; mais après avoir indiqué quelques différences qui appartiennent à ces Croisées, l'Auteur traite des Croisées Mansardes & à coulisse. Ces Croisées qui n'exigent aucunes ferrures, étoient autrefois bien plus en usage qu'elles ne le sont présentement ; on les a beaucoup perfectionnées : car anciennement elles n'avoient point de dormants, les Vitriers étoient obligés de les emporter chez eux pour les nettoyer, & les joints étoient seulement fermés par du papier & de la colle de farine ; maintenant elles ont un dormant, & le Vitrier emporte seulement les chassis à verre, qu'il remet en place sans papier ni colle.

Les Menuisiers ont beaucoup varié la façon de travailler ces sortes de Croisées ; ils y ont quelquefois mis des volets : tous ces détails sont amplement exposés dans ce Chapitre, où l'Auteur a toujours l'attention de faire remarquer l'avantage & l'inconvénient des différentes pratiques.

Dans les trois derniers Chapitres qui termine la premiere Partie, dont j'ai à rendre compte à la Compagnie, il s'agit des Portes battantes. Le sieur Roubo en distingue de trois especes, sçavoir ; les grandes, qui comprennent les Portes d'Eglises, les Portes cocheres des Hôtels, les Portes charretieres des Basses-cours & Fermes, & généralement toutes celles qui ont assez d'ouverture pour le passage des voitures. Les moyennes Portes comprennent les bâtardes qui servent d'entrées aux Maisons bourgeoises, celles des vestibules, & toutes les portes des grands appartements qui sont à deux vantaux. Les petites qui n'ont qu'un vantail. Elles sont très-ordinaires dans les maisons communes, & l'on s'en sert dans les palais & dans les hôtels pour les garde-robes & les dégagements. A l'égard des grandes Portes, il y en a qui n'ont point d'impostes, & qui ouvrent dans le cintre ; d'autres avec impostes ou sans impostes, n'ouvrent point de toute la hauteur, & fournissent un entresol. Notre Auteur entre à ce sujet dans des détails fort intéressants sur les ornements qui conviennent à ces différentes parties ; il donne aussi l'échantillon de la force des bois qu'il faut employer pour les Portes cocheres, suivant leurs grandeurs, les assemblages qui conviennent pour leur solidité. Les discussions de notre Auteur s'étendent sur les Guichets, tant à l'égard de leur solidité, que par rapport à leurs décorations ; mais plus toutes ces choses sont détaillées dans l'Ouvrage du sieur Roubo, moins il est possible d'en faire l'extrait. Il remarque fort à propos que quoique les Portes d'Eglises doivent l'emporter sur les autres pour la décoration, il faut éviter de les trop charger d'ornements. A l'égard des Portes de Basses-cours & de Fermes, il faut s'attacher presque uniquement à la solidité. Pour ce qui est des Portes bâtardes ou bourgeoises, comme elles n'ont qu'un vantail, elles doivent, à peu de chose près, être semblables aux guichets des grandes Portes cocheres.

Quoique les Portes que l'on nomme *en Placards*, qui servent pour l'entrée des appartements soient, à proprement parler, des panneaux de Menuiserie, elles exigent des attentions particulieres, eu égard aux Chambranles, aux Embrasements, aux Attiques, &c. Le sieur Roubo donne différentes manieres de déterminer la forme & la largeur des Chambranles, comment il faut revêtir les Embrasements : il parle ensuite des Placards à petits cadres, de ceux à grands cadres ; des Placards dont les traverses sont susceptibles de contours & d'ornements ; &, à cette occasion, des différentes manieres de chantourner les traverses & de faire les coupes des traverses cintrées. Notre Auteur dit quelque chose des Portes dont les cintres & la décoration changent des deux côtés. Il donne ensuite plusieurs façons de couper les Portes dans les lambris, puis il parle des placards pleins & ravalés dans l'épaisseur des bois.

Cette premiere Partie qui fait au plus le tiers de cet Ouvrage, est terminée par les petites Portes, & elle a exigé cinquante Planches qui ont toutes été dessinées par le sieur Roubo. Je puis assurer qu'il regne beaucoup d'ordre & de clarté dans cet Ouvrage ; qu'il est écrit dans le style convenable à la chose ; & je suis persuadé que ceux qui liront cet Art, seront surpris de voir au Titre qu'il a été fait par un Compagnon Menuisier. Que l'Académie seroit satisfaite si dans tous les Arts il se trouvoit des Ouvriers capables de rendre aussi bien les connoissances qu'ils ont acquises par un long exercice ! Moins ce phénomene est commun, plus il fait d'honneur au sieur Roubo, & de plaisir à l'Académie, dont l'unique objet est le progrès des Arts & des Sciences. Ces considérations ont engagé les Libraires à ne rien épargner pour la perfection des Gravures.

Signé, DUHAMEL DU MONCEAU.

Je certifie l'Extrait ci-dessus conforme à son Original & au jugement de l'Académie. A Paris, le 10 Janvier 1769.

GRANDJEAN DE FOUCHY,
Sécr. perp. de l'Ac. R. des Sciences.

L'ART

L'ART
DU
MENUISIER.

Par M. Roubo le fils, Compagnon Menuisier.

PREMIERE PARTIE.

Avant-Propos, & Division de cet Ouvrage.

Sous le nom de *Menuiserie*, on comprend tous les ouvrages faits en bois servant, tant à la commodité, qu'à la sûreté & à la décoration des Appartements.

On distingue deux sortes de Menuiserie : celle à l'usage des Bâtiments, que l'on nomme *d'assemblage*, & l'autre qui se fait de bois de différentes couleurs débités par feuilles très-minces que l'on applique sur la Menuiserie ordinaire, ce qui s'appelle Menuiserie *de rapport*, ou *Marqueterie*, ou enfin *Ebénisterie*; ces deux branches se subdivisent en plusieurs autres, comme je le dirai dans un instant.

Le détail de la Menuiserie d'assemblage est d'une très-grande étendue, vû que c'est de celle-ci qu'émanent toutes les autres especes, & que leurs principes sont les mêmes dans le fond.

On la divise en deux parties, *la Dormante*, & *la Mobile*. Par *Dormante* on entend toutes les especes de revêtissements propres aux Appartements, comme Lambris, Cloisons, Parquets, & tous autres ouvrages restants en place ; & par *Menuiserie Mobile*, toutes sortes de fermetures, comme les Portes & les Croisées, & généralement tous les ouvrages ouvrants, servants à la commodité & à la sûreté.

On nomme donc *Menuiserie* l'Art de débiter, de dresser, de corroyer, d'assembler, d'orner de moulures, de coller & de polir les différentes especes de bois : Art qui différe de la Charpenterie, en ce que les Menuisiers n'employent que des bois secs & d'une médiocre épaisseur, lesquels sont corroyés avec la varlope & le rabot ; au lieu que les Charpentiers n'emploient que des gros bois presque toujours verts, charpentés ou équarris avec la coignée, & reparés seulement avec la besaiguë.

Menuisier.   A

Les Menuisiers étoient autrefois appellés *Huchers*, du mot *Huche*, qui désigne une espece de coffre de bois propre à pêtrir & à mettre le pain. On les a aussi appellés *Huissiers*, à cause de l'ancien mot *Huis*, qui signifie la porte d'une chambre, lequel nom est encore resté aux poteaux de Charpente ou de Menuiserie qui servent de baies aux portes des Appartements de peu d'importance.

Les Menuisiers ont conservé les différents noms dont je viens de parler jusqu'à la fin du quatorziéme siécle, qu'un Arrêt rendu le 4 Septembre 1382, en augmentant les Statuts de cette Communauté, ordonna qu'à l'avenir on les appelleroit *Menuisiers*, du mot *Minutarius* ou *Minutiarius*, ce qui signifie un ouvrier qui travaille à de menus ouvrages.

Les Menuisiers étoient autrefois dépendants du Maître Charpentier du Roi ; on ne sait pas combien a duré cette Jurisdiction ; mais ce qui est certain, c'est qu'il leur fut donné des Statuts au mois de Décembre de l'année 1290, par le sieur Charles de Montigny, Garde de la Prévôté. (*)

Depuis ce temps on leur donna encore d'autres Réglements, où l'on confirma les anciens. Le dernier de ces Réglements est du mois d'Août 1645.

Quoique la Menuiserie soit très-ancienne en France, il est certain qu'elle n'a commencé d'être susceptible de la beauté & de l'élégance que l'on y remarque, que depuis le Régne de Louis XIII. On ne sauroit cependant nier que celui de François I. ne soit l'époque de la naissance des beaux Arts dans ce Royaume ; mais les temps malheureux qui ont suivi ce Regne, en ont arrêté le progrès jusqu'à la fin du Regne de Louis XIII, ainsi que je l'ai déja dit, où les temps devenant plus tranquilles, ont donné aux ouvriers le loisir de s'appliquer à faire usage de leurs talents, pour perfectionner leur Art.

Le nombre des Menuisiers venant à s'augmenter, ainsi que leur industrie, relativement aux différents besoins, les a obligés de se séparer, non-seulement en deux Corps, (quoique réunis dans une seule & même Communauté), qui sont les Menuisiers d'Assemblage & les Ebénistes, mais encore les premiers se diviserent en Menuisiers d'Assemblage ou de Bâtiments, & Menuisiers en Carrosses, lesquels ne font que des caisses de Voitures, comme les Berlines, les Vis-à-vis, les Cabriolets, &c ; & les seconds en Menuisiers Ebénistes, ou de Marqueterie, & en Menuisiers en Meubles d'Assemblage, tels que sont les Armoires, les Commodes, les Secrétaires, &c. Il y a encore des Menuisiers en Meubles, qui ne font que des Chaises, des Canapés, des Bois de lits avec leurs Pavillons de toutes especes, lesquels font un Corps à part, & demeurent presque tous dans un quartier de Paris appellé la Ville-neuve.

En général, les Menuisiers font tous obligés d'apprendre le Dessein, chacun relativement à la partie qu'ils embrassent, pour la traiter avec quelque succès ; ceux de Bâtiments sur-tout doivent non-seulement apprendre le Dessein propre à leur Art, mais encore l'Ornement & l'Architecture, tant pour la déco-

(*) *Voy.* le Dictionnaire des Arts & Métiers.

ration que pour la diſtribution, afin d'être plus à portée d'entrer dans les vues de celui qui préſide à l'ordonnance totale du Bâtiment ; la connoiſſance des Eléments de Géométrie pratique, leur eſt auſſi abſolument néceſſaire pour les accoutumer à mettre de l'ordre & de l'arrangement dans leurs ouvrages, & pour leur faciliter les moyens d'en accélérer la pratique par le ſecours d'une théorie fondée ſur des principes invariables. (*)

Comme la plûpart des ouvriers n'ont ni le temps ni les commodités néceſſaires pour faire une étude complette & ſuivie des Eléments de Géométrie, j'ai cru ne pouvoir pas me diſpenſer de leur en donner ici quelques notions, leſquelles en leur donnant les lumieres & les ſecours néceſſaires, tant pour la coupe des Bois & l'art du Trait, que pour le Toiſé de leurs ouvrages, les diſpenſera d'une plus longue étude qu'ils ſeroient ſouvent dans l'impoſſibilité de faire.

Après les Eléments de Géométrie, je traiterai de la connoiſſance & du choix des bois, de ceux qui ſont propres à chaque eſpece de Menuiſerie, de la maniere de les débiter avec toute l'économie & la ſolidité poſſibles.

Enſuite je traiterai de l'art des Profils, & de la maniere de les tracer géométriquement ; des différents aſſemblages de la Menuiſerie. D'après ces connoiſſances générales, j'entrerai dans le détail des outils néceſſaires aux Menuiſiers, de leurs formes & uſages, & de la maniere de les faire & de s'en ſervir. Et, par une ſuite néceſſaire, ce détail entraînera après lui la maniere de corroyer & aſſembler les bois, en commençant d'abord par les choſes les plus ſimples dans la pratique, juſqu'à celles qui ſont les plus difficiles.

Je donnerai enſuite le détail de la Menuiſerie Mobile, tant pour ce qui regarde ſes rapports & uſages, que pour ce qui eſt relatif à ſes différentes formes, profils & aſſemblages ; ce qui fera le ſujet de cette premiere Partie.

Dans la ſeconde, je parlerai de la Menuiſerie Dormante : je ne négligerai aucun ſoin pour la détailler parfaitement & la rendre auſſi intéreſſante que la premiere. Cette ſeconde Partie contiendra auſſi le détail de la Menuiſerie des Egliſes, qui comprend les Chœurs, les Chaires à prêcher, les Sacriſties ou Tréſors, &c : je la terminerai enfin par un traité complet de l'Art du Trait proprement dit.

Dans la troiſiéme Partie, je parlerai de la Menuiſerie en Carroſſes, de l'Ebéniſterie, & de la Menuiſerie en Meubles de toutes eſpeces. Je joindrai à la fin de cette derniere Partie, un petit Dictionnaire ou Table alphabétique des termes propres à la Menuiſerie, afin que l'Ouvrage ſoit à la portée de tout le monde.

(*) J'ai fait moi-même l'heureuſe expérience de ce que j'avance ici, ayant été ſecondé & même prévenu par les bontés de M. Blondel, Architecte du Roi, Profeſſeur de l'Académie d'Architecture, lequel a bien voulu, pendant près de cinq années, me procurer toutes les lumieres néceſſaires ; ce qu'il a fait avec toute la généroſité poſſible, ma grande jeuneſſe dans ce temps, & mon état de ſimple ouvrier, me mettant dans l'impoſſibilité de payer des Maîtres.

CHAPITRE PREMIER.

Abrégé des Eléments de Géométrie.

JE diviferai ce petit Traité de Géométrie en trois Sections. Dans la premiere, il s'agira de la Géométrie en général, des lignes, des angles, de la génération du cercle, du demi-cercle, & de fon ufage.

Dans la feconde, je traiterai des furfaces, comme les triangles, les figures quar-rées, les polygones; des corps folides, comme les cubes, les prifmes, les pyra-mides, &c.

Dans la troifiéme, je traiterai de la mefure des lignes, des furfaces, & des corps de quelque efpece qu'ils foient relativement à la Menuiferie.

SECTION PREMIERE.

Des Lignes, des Angles, des Cercles & demi-cercles.

LA Géométrie eft une fcience qui a pour objet la mefure de l'étendue, que l'on connoît fous trois dimenfions différentes : étendue en longueur fans lar-geur ni profondeur, que l'on nomme *Longimétrie*, ou méfure des lignes.

Etendue en longueur & en largeur fans profondeur, nommée *Planimétrie*, ou mefure des plans ou furfaces.

Etendue en longueur, largeur & profondeur, nommée *Stéréométrie*, ou me-fure des folides.

Il eft de deux fortes de points, le point phyfique, & le mathématique. Le point mathématique n'a aucune des trois dimenfions ci-deffus, & eft purement intellectuel.

Le point phyfique eft celui que l'on fait fur le papier avec la plume ou le crayon, ou fur le terrain avec la pointe d'un jalon. (*Voyez la Figure 1 & 2.*) Ce point, ainfi que l'autre, n'a aucune dimenfion déterminée, puifqu'il n'eft lui-même que le terme de la grandeur; cependant on eft obligé de lui donner une grandeur exiftante pour le rendre fenfible aux yeux, comme le point ma-thématique l'eft à notre efprit.

La ligne confidérée comme longueur fans largeur ni épaiffeur, peut, ainfi que le point, être mathématique ou phyfique, puifqu'elle n'eft qu'une continuité de points fervants à déterminer la diftance d'un lieu à un autre, ou les extrêmités d'une furface. (*Voyez les Figures 3, 4, 5.*)

Il eft de trois fortes de lignes, la droite, la courbe, & la mixte.

La droite eft celle dont toutes les parties fe fuivent exactement les unes les autres, fans s'écarter ni à droite ni à gauche, de forte qu'on puifle les enfiler toutes d'un feul coup d'œil, ainfi que la ligne ponctuée (*Fig. 6*), ou celle

indiquée

PLANCHE I.

indiquée par des jalons (*Figure 7.*) ; en sorte que cette ligne devient le plus court chemin pour aller d'un lieu à l'autre.

La ligne courbe est celle qui est formée par un trait de compas, comme la *Fig. 8.*

La ligne mixte enfin est celle qui est formée par les deux premieres ensemble, & par conséquent qui participe des deux genres. (*Voy. la Figure 9.*)

Les lignes prennent encore différents noms, selon qu'elles sont disposées. On les nomme *horizontales* ou *de niveau*, *perpendiculaires* ou *d'àplomb*, *paralleles*, *diagonales*, *tangentes* & *sécantes*, &c.

La ligne horizontale est celle qui se présente à notre vue, de maniere qu'une de ses extrémités ne soit pas plus haute ni plus basse que l'autre ; telle nous paroît l'extrémité d'un bassin plein d'eau, (supposé qu'il soit d'une forme quarrée, & qu'il se présente droit à nous). *Voyez la Figure 10.*

La perpendiculaire est celle qui est représentée du haut en bas, de sorte qu'elle ne penche d'aucun côté ; on ne peut mieux la définir que par la figure d'un plomb, lequel étant fixe par son propre poids, ne peut assurément s'écarter d'aucun côté. (*Voyez la Figure 11*).

Les lignes paralleles sont celles dont tous les points de l'une sont également distants de l'autre, de sorte que quand on les prolongeroit à l'infini, elles ne se rencontreroient jamais. (*Voyez la Figure 12*). Deux circonférences de cercle peuvent aussi être paralleles, pourvû toutefois qu'elles ayent un même centre.

La ligne diagonale est celle qui traverse une figure quarrée d'un angle à l'autre. (*Voyez la Figure 13*).

La ligne tangente est celle qui touche un cercle en un seul point, de sorte qu'elle est toujours perpendiculaire avec le rayon du même cercle, qui passe par le point de contact. (*Voyez la Figure 14*).

La ligne sécante est celle qui, venant à rencontrer un cercle ou une autre ligne, la coupe dans sa longueur en quelque point que ce soit. (*Voyez la Fig. 14. cote A*).

§. I. *Diverses manieres d'élever des Perpendiculaires.*

LE point *a* étant donné sur la ligne sur laquelle vous voulez élever une perpendiculaire, ouvrez le compas à volonté, & faites les deux sections *b*, *b*, desquels points & d'une ouverture de compas plus grande que la premiere, vous ferez deux autres sections *c*, du milieu desquelles, & par le point *a*, vous ferez passer une ligne qui sera la perpendiculaire demandée. (*Voyez la Figure 15*).

Autre Maniere.

LORSQUE le point milieu d'une ligne n'est pas donné, mais seulement les deux points *d*, *e*, au milieu defquels on veut faire paffer une perpendiculaire, prenez une ouverture de compas quelconque, & des deux points *d*, *e*, faites les fections *f*, *g*, deffus & deffous la ligne horizontale; puis faites paffer une ligne par les points *f*, *g*, laquelle coupera la ligne *d*, *e* en deux parties égales, & fera perpendiculaire à cette même ligne. (*Voyez la Figure 16*).

§. II. *Maniere d'élever une Perpendiculaire à l'extrêmité d'une Ligne.*

LE point *h* étant donné à l'extrêmité d'une ligne, ouvrez le compas à volonté; des points *h* & *i* faites deux fections en *l*; puis du point *i*, & par le point *l*, vous ferez paffer la ligne *i m*, que vous prolongerez jufqu'à ce que la diftance *l m* foit égale à celle *i l*; alors par les points *h*, *m*, vous ferez paffer une ligne, laquelle fera la perpendiculaire demandée. (*Voyez la Fig. 17*).

Autre Maniere.

LA ligne étant bornée au point *n*, du point *o* pris à volonté au-deffus de la ligne, décrivez l'arc de cercle *p n q*, puis du point *q*, où le cercle coupe la ligne, menez une ligne par le point *o*, jufqu'à ce qu'elle coupe l'arc de cercle au point *p*; alors vous ferez paffer une ligne par les points *n p*, laquelle fera la perpendiculaire. (*Voyez la Fig. 18*).

§. III. *Maniere d'élever des Lignes perpendiculaires au milieu & à l'extrêmité d'une portion de Cercle.*

LE point *r* étant donné, prenez les deux diftances *s*, *s*, à volonté, (pourvû toutefois qu'elles foient égales); puis des deux points *s*, *s*, faites deux fections, par le milieu defquelles, & par le point *r*, paffera la perpendiculaire. (*Voyez la Figure 19*).

Lorfqu'on veut élever une perpendiculaire fur l'extrêmité d'une ligne circulaire, du point *s* qui eft donné, prenez à volonté la diftance *s t*, que vous porterez en *u*, par le moyen defquels points vous éleverez la perpendiculaire *t x*, ce qui étant fait, vous porterez encore une pareille diftance *t u* de *u* en *y*, afin d'avoir une feconde perpendiculaire, laquelle venant à rencontrer la premiere perpendiculaire *t x*, vous donnera le centre de l'arc *s t y*, qu'il étoit néceffaire de trouver pour avoir la perpendiculaire que l'on demandoit, par la raifon que toute ligne perpendiculaire à un arc de cercle paffe par fon centre. (*Voyez la Figure 20*).

§. IV. *Maniere de tracer des Lignes paralleles.*

LA ligne *a b* étant donnée, à laquelle vous voulez mener une parallele, prenez une ouverture de compas telle que vous le jugerez néceffaire, & faites

les deux arcs de cercle *c, c,* par les extrêmités defquels vous ferez paffer une
ligne, laquelle fera parallele à la ligne *a b. (Voyez la Figure 21).*

Autre Maniere.

Les points *d, e,* étant donnés, par lefquels on veut faire paffer deux lignes
paralleles, des deux points *d, e,* comme centres, faites les deux arcs de cercles
e f & *d g,* puis vous ferez fur ces mêmes arcs les deux fections, *f, g,* de la
diftance que vous voudrez mettre entre vos deux lignes, que vous ferez paffer
par les points *d, f,* & *g, e. (Voyez la Figure 22).*

§. V. *Des Angles, de la génération du Cercle, du demi-Cercle, & de fes ufages.*

Un angle eft l'inclinaifon de deux lignes, lefquelles venant à fe rencontrer,
forment un point que l'on nomme *point angulaire,* ou *fommet de l'angle.* Les
angles prennent différents noms felon leurs différentes formes & ouvertures,
lefquelles fe mefurent par le moyen d'un demi-cercle.

Pour connoître le rapport qu'ont les angles avec le cercle, & le même cercle
avec les angles, il faut fuppofer que fur la ligne *h i,* foit attachée une régle
aupoint *cl,* de forte qu'elle foit mobile; & qu'au bout de la régle on attache une
pointe : il eft certain que la régle venant à fe mouvoir fur elle-même à droite &
à gauche décrira une ligne courbe, dont tous les points feront également éloignés du point *l. (Voyez la Figure 23).* Si l'on continue à faire mouvoir la regle
au-deffous de la ligne *h i,* comme on a fait au-deffus, on décrira un cercle entier, de maniere que le cercle eft une figure plane enfermée par une ligne courbe
nommée *circonférence,* dont tous les points font à une diftance égale du point
milieu que l'on nomme *centre. (Voyez la Figure 24).*

Il y a plufieurs lignes dans un cercle : celle qui le traverfe & qui paffe par le
centre, comme la ligne *m m (Fig. 25),* fe nomme *diametre;* celles qui paffent au-deffus ou au-deffous du centre, comme les lignes *n n* & *o o,* fe nomment *cordes;* & celles qui font depuis le centre jufqu'à la circonférence, comme
la ligne *p q,* fe nomment *rayons.* La partie de la circonférence qui eft comprife
entre une corde comme celle *o o,* fe nomme *arc de cercle. (Voyez la Fig. 25).*

Pour la mefure des angles, il faut faire attention que la régle que j'ai fuppofé
mobile dans la *Fig.* 23, en s'éloignant de la ligne *h i* pour venir du point *h*
au point *i,* forme des angles plus ou moins ouverts, dont le fommet eft au
point *l,* & qui ont une ouverture plus ou moins grande en rapport avec la
demi-circonférence.

Pour avoir ce rapport jufte, on a imaginé un demi-cercle, qui eft un inftrument de Mathématique, fait de cuivre ou de corne tranfparente, fur lequel on a
décrit une demi-circonférence, que l'on a divifée en 180 parties égales, que l'on
nomme *degrés,* de forte que le quart d'un cercle, qui eft la moitié de la demi-

circonférence, en contient 90, & par conséquent le cercle entier 360. *Voyez la Figure 27*, où est dessiné un demi-cercle, & où les nombres sont doubles pour la plus grande intelligence.

On a choisi le nombre 360, parce que c'est celui qui a le plus de diviseurs, ce qui rend l'usage de cet instrument plus facile.

§. VI. *Maniere de faire usage du demi-Cercle.*

SOIT donné l'angle *s t r* dont on veut avoir l'ouverture; prolongez un des côtés de l'angle, comme de *s* en *u*, sur lequel vous poserez le rapporteur, ayant soin que le centre de l'instrument soit juste au sommet de l'angle, dont le côté passera sous la demi-circonférence, qui par sa division indiquera l'ouverture de l'angle. (*Fig.* 26).

Que les côtés d'un angle soient plus ou moins prolongés, ou que le demi-cercle soit plus ou moins grand, cela ne fait rien à l'ouverture de l'angle, ainsi qu'on peut le voir dans la *Figure* 28, où l'angle *x y z* a également 40 degrés d'ouverture dans deux quarts de cercle, dont un cependant a le double de la grandeur de l'autre.

Lorsque l'on n'a pas absolument besoin de la valeur d'un angle, & que l'on veut seulement en tracer un semblable à un autre, on se servira de la maniere suivante.

Du sommet de l'angle donné, décrivez un arc de cercle à volonté, puis faites-en un semblable sur la ligne sur laquelle vous voulez élever un angle; prenez avec un compas la grandeur de ce même arc que vous porterez sur le second, par lequel point & du sommet, passera une ligne qui sera le second côté de l'angle demandé. (*Figures* 29 & *30*).

Les angles ont différents noms par rapport à leurs ouvertures & à leurs formes.

Par rapport à leurs formes, on nomme *Rectiligne* celui qui est composé de deux lignes droites. (*Figure 31*).

Curviligne, celui qui est composé de deux lignes courbes. *Fig.* 32.

Et *Mixtiligne*, celui qui est composé d'une ligne droite & d'une courbe. (*Figure 33*).

Par rapport à leurs ouvertures, on nomme *angle rectangle* ou *droit* celui qui a pour mesure un quart de cercle, ou 90 degrés. *Fig.* 34.

Angle aigu, ou *acut-angle*, celui qui a moins de 90 degrés. *Fig.* 35.

Et *angle obtus*, ou *obtus-angle*, celui qui a plus de 90 degrés. *Fig.* 36.

SECTION SECONDE.

Des surfaces en général.

Des Triangles, &c.

De toutes les figures Géométriques, il n'y a que le cercle & l'ellipse qui d'une seule ligne puissent enfermer une surface.

PLANCHE II.

Pour tracer les autres figures, il faut trois lignes au moins, lesquelles combinées ensemble, forment ce qu'on appelle un *Triangle*, ou figure plane qui est composée de trois angles & de trois côtés.

On distingue les triangles de deux manieres, par rapport à leurs angles, ou par rapport à leurs côtés.

Par rapport à leurs côtés, on appelle *Triangle équilatéral* celui dont les trois côtés sont égaux. (*Fig. 1*).

Triangle isoscele, celui qui a deux côtés égaux. (*Figure 2*).

Et *Triangle scalene*, celui qui a les trois côtés inégaux. (*Fig. 3*).

Par rapport à leurs angles, on nomme *Triangle rectangle* celui qui a un angle droit, ou de 90 degrés, ce qui est la même chose. (*Figure 4*).

Triangle obtus-angle, celui qui a un angle obtus. (*Fig. 5*).

Enfin *Triangle acut-angle*, celui qui a les trois angles aigus. (*Fig. 6*).

Il est démontré dans les éléments de Géométrie, que les trois angles de tout triangle quelconque sont égaux à deux droits, ou ont ensemble 180 degrés; & le plus grand angle est toujours opposé au plus grand côté, ainsi qu'on peut le remarquer dans les figures ci-dessus.

§ I. *Des Figures à quatre côtés.*

Après les triangles sont les figures à quatre côtés: il y en a de deux sortes, les régulieres, & les irrégulieres.

Les régulieres sont les quadrilateres, les parallélogrammes, les rhombes ou lozanges, & les trapézes.

Les irrégulieres sont les rhomboïdes & les trapézoïdes, & généralement toutes les figures dont les angles & les côtés opposés ne sont pas symmétriques.

Le *quadrilatere*, ou quarré parfait, est une figure composée de quatre côtés & de quatre angles égaux; les quatre angles valent ensemble 360 degrés, complément du cercle. (*Figure 7*).

Il y a deux sortes de parallélogrammes, l'un que l'on nomme *parallélogramme rectangle*, & l'autre *parallélogramme oblique*.

Ces deux figures ont chacune deux côtés plus grands l'un que l'autre, & qui sont disposés de maniere que les plus grands sont toujours opposés aux plus grands, & les plus petits aux plus petits. (*Figure 8*).

Le parallélogramme rectangle a les quatre angles égaux, ainsi que son nom

MENUISIER.   C

l'indique; & le parallélogramme oblique deux angles aigus, & deux obtus, les angles semblables opposés les uns aux autres.

Je n'ai pas fait de parallélogramme oblique, parce que j'ai cru la démonstration suffisante, & que de plus cette figure est dessinée ci-après, *Planche III.* & d'une maniere plus intelligible que je n'aurois pu le faire ici.

Le *rhombe* ou *lozange* est une figure qui a les quatre côtés égaux, deux angles aigus, & deux angles obtus. (*Fig. 9*).

Le *rhomboïde* a deux côtés & deux angles plus grands l'un que l'autre; c'est la même chose que le parallélogramme oblique, excepté qu'aucun de ses côtés n'est horizontal, ni perpendiculaire. (*Fig. 10*).

Le *trapeze* est une figure qui a deux côtés obliques à contre sens l'un de l'autre, & les deux autres inégaux, mais paralleles: deux des angles de cette figure font aigus, les deux autres obtus, & un angle aigu opposé à un obtus réciproquement. (*Fig. 11*). On appelle aussi cette figure *trapeze isoscele*.

Le *trapezoïde* a les quatre angles & les quatre côtés inégaux. (*Fig. 12*). Il est démontré dans les éléments de Géométrie, que quelque différence qu'il y ait dans la forme des figures quadrilatérales, leurs quatre angles combinés ensemble, égalent toujours 360 degrés, ou quatre angles droits.

Comme j'ai déja fait la description du cercle, je ne l'ai tracé dans la figure 13 que pour faire voir son rapport avec les polygones, & comme étant sa place naturelle.

§ I I. *Des Polygones réguliers.*

On nomme *polygones* en général toutes figures, qui ayant plus de quatre côtés, ont tous leurs côtés & tous leurs angles égaux entr'eux, & qui par conséquent peuvent s'inscrire dans un cercle.

Les polygones prennent différents noms selon le nombre des côtés qu'ils ont.

On nomme *Pentagones* les figures à cinq côtés.

Hexagones, celles à six côtés.

Heptagones, celles à sept côtés.

Octogones, celles à huit côtés.

Ennéagones, celles à neuf côtés.

Décagones, celles à dix côtés.

Endécagones, celles à onze côtés.

Dodécagones, celles à douze côtés. (*Fig. 14. 15. 16. 17. 18. 19. 20. 21*).

Si de chaque angle d'un polygone quelconque, on menoit des rayons au centre, il est certain qu'on feroit autant de triangles qu'il auroit de côtés, & leur sommet seroit au centre du polygone. Ainsi tous les angles des sommets des triangles circonscripts dans un polygone, égalent quatre angles droits, ou 360 degrés.

Tous les angles d'un polygone valent ensemble autant de fois deux angles droits qu'ils ont de côtés, en en retranchant quatre.

Ainsi les angles d'un Pentagone égalent 108.

Les angles d'un Hexagone égalent 120.

Ceux d'un Heptagone égalent 128 $\frac{4}{7}$.

Ceux d'un Octogone, 135.

Ceux d'un Ennéagone, 140.

Ceux d'un Décagone, 144.

Ceux d'un Endécagone, 147.

Ceux d'un Dodécagone, 150.

Et ceux d'un Pentadécagone, ou figure à 15 côtés, 156.

} Dégrés.

Je donne ici seulement la valeur des angles, des figures régulieres, sans en faire la démonstration, parce que je ne pourrois le faire sans sortir des bornes que je me suis prescrites, & que mon principal objet n'est pas de faire un Traité de Géométrie complet.

§ III. De l'Ovale, & de ses diverses especes.

L'Ovale, ou figure *elliptique*, est une figure plane enfermée par une ligne courbe ainsi que le cercle, avec la différence que tous ses points ne sont pas également éloignés du centre, ce qui lui donne nécessairement deux diametres, qui sont plus ou moins inégaux selon les différents besoins.

On distingue trois sortes d'ovales, celui qui se trace au cordeau sur une mesure donnée, qu'on appelle *Ovale du Jardinier*.

Celui dont le petit diametre est au grand, comme deux est à trois, c'est-à-dire qu'il en a les deux tiers.

Et celui dont la forme est comme sept est à neuf; la maniere de le tracer est tirée des Mémoires de l'Académie Royale des Sciences.

Premiere maniere de tracer l'Ovale.

L'ovale du Jardinier se trace de la maniere suivante:

Les deux diametres étant donnés, vous prenez la moitié du grand diametre *a b*, que vous portez du point *c* sur la ligne *a b*, sur laquelle vous faites les deux sections *d e*, auxquelles vous plantez deux piquets; puis vous prenez une corde dont la longueur égale la distance *d e*, plus celle *e c*, & celle *c d*, à l'extrêmité de laquelle vous attacherez une pointe, avec laquelle vous tracerez l'ovale, en observant de tenir toujours la corde bien tendue autour des deux piquets. (*Figure 22*).

Seconde maniere de tracer l'Ovale.

Les diametres de l'autre ovale étant donnés, ainsi qu'il est dit ci-dessus, comme deux est à trois, quoiqu'on puisse les faire plus ou moins allongés suivant la

nécessité, prenez la distance *f g* que vous porterez de *h* en *i* : puis vous diviserez la distance *i g* en sept parties égales, dont vous en porterez deux de *i*
en *l*, ce qui fera le centre du petit cercle. De la même ouverture de compas,
du point *h* & du point *m*, vous ferez les quatre sections *o o*, *p p* : alors vous
prendrez la distance *o p*, & des mêmes points vous ferez les deux sections *q q*,
lesquelles feront les centres des grands cercles. (*Fig. 23*).

Troisiéme maniere de tracer l'Ovale.

SOIT donné le grand diametre *a b*, & la hauteur *d c*, par où il faut faire
passer les arcs qui composent cet ovale, lesquels ont chacun 60 degrés ; on prendra la distance *d c*, que l'on portera de *b* en *e* : on divisera l'espace *d e* en deux
parties égales, une desquelles on portera de *d* en *f* ; ensuite on divisera *f e*
en deux autres parties égales au point *g*, pour former le demi-cercle *f h e* ;
la ligne *f h* portée de *f* en *l*, marquera le point de centre du petit cercle ; le
reste comme à la Fig. 23. (*Voyez la Fig.* 24).

Avant que de passer aux corps solides, j'ai cru devoir donner la maniere de
tracer les cintres bombés, & les cintres surbaissés ou demi-ovales, sans se servir
de compas pour déterminer leurs courbes.

Pour les cintres bombés, ayant la longueur *p q*, & la hauteur *f p* étant donnée, du point *t*, qui est le milieu de la ligne *p q*, tirez les diagonales *s t* &
t r, que vous diviserez en autant de parties que vous le jugerez à propos ; puis
vous éleverez sur les diagonales autant de perpendiculaires que vous aurez de
divisions : vous diviserez aussi la ligne *p s*, & celle *q r*, en autant de parties
que vous en aurez sur les diagonales ; de chacun de ces points vous ménerez autant de lignes au point *t*, & par les sections qu'elles feront avec les perpendiculaires passera le cintre demandé. (*Voyez la Fig.* 25).

Pour les demi-ovales, la largeur & la hauteur du cintre étant données, vous
diviserez la hauteur en autant de parties que vous le voudrez ; vous diviserez
de même la moitié de la largeur ; puis par chaque point de division, en commençant par la premiere, & tendant à l'extrêmité de chaque côté, vous ferez passer
des lignes, lesquelles venant à se couper mutuellement, forment la courbe demandée. *Voyez la Fig.* 26, où les lignes sont marquées du même chiffre à
leurs extrêmités.

Lorsqu'on veut que le cintre soit un peu plus renflé, on ne fait commencer les lignes qu'au second point de division, comme on peut le voir dans la
même Figure.

§ IV. *Des Corps solides en général.*

LES Corps solides prennent différents noms selon leurs formes.

On nomme *cube* un solide dont toutes les dimensions sont égales, c'est-à-
dire,

dire ; qui a autant de hauteur qu'il a de largeur, ainſi qu'un dez à jouer.
(*Fig. 1*).

Parallelipipede, un ſolide terminé par ſix parallélogrammes, leſquels ſont de deux en deux de dimenſion égale, ainſi qu'une poutre ou une planche dont les bouts ſeroient coupés bien quarrément. (*Fig. 34 & 35*).

Priſme, un ſolide qui a deux faces paralleles & égales, & dont les quatre autres ſont des parallélogrammes. (*Fig. 8*).

On nomme *Priſme triangulaire*, celui dont les faces paralleles ſont des triangles ; lorſque ces faces ſont des polygones, les priſmes en prennent le nom : on dit alors *Priſme pentagonal, hexagonal*. (*Fig. 9*).

Globe ou *Sphere*, un ſolide qui eſt rond tel qu'une boule, & dont toutes les parties de la ſurface ſont également diſtantes du centre. (*Fig. 2*).

Cylindre, un ſolide qui a un cercle pour baſe, & dont les côtés ſont paralleles & perpendiculaires à ſa baſe. (*Fig. 3*).

Lorſque l'axe de ce ſolide eſt incliné, on le nomme *Cylindre oblique* (*Figure 4*).

La *Fig. 5* repréſente une demi-ſphère creuſe, dont la ſurface de dedans ſe nomme *Concave*, & celle du dehors *Convexe* : je l'ai miſe au rang des ſolides plutôt que des ſurfaces, parce que la maniere dont elle eſt repréſentée, lui ſuppoſe néceſſairement une épaiſſeur.

Pyramide, eſt un ſolide dont la baſe eſt d'une forme quelconque, les faces triangulaires, c'eſt-à-dire, qu'elles vont ſe joindre en un ſeul point au ſommet de la pyramide. (*Fig. 10*).

On la nomme *triangulaire*, lorſque la baſe eſt un triangle. (*Fig. 11*).

Les pyramides peuvent être auſſi *polygonales*, c'eſt-à-dire, qu'elles peuvent avoir un polygone pour baſe, ainſi que les priſmes.

Les pyramides ſont auſſi ſujettes à être inclinées ainſi que les cylindres & les priſmes.

Lorſque les pyramides ont pour baſe un cercle, elles changent de nom, & pour lors on les nomme *Cônes*. Les différentes coupes que l'on peut faire dans ce ſolide, ont donné lieu à ce qu'on appelle *Sections coniques*, dont je vais donner une légere idée.

Lorſqu'on coupe un cône par ſon axe, la coupe qui en réſulte eſt un triangle qui a pour baſe le diametre de cette derniere, & pour hauteur celle de la pyramide. (*Voyez le triangle a b c, Fig. 6*).

Lorſqu'on le coupe par un plan parallele à ſa baſe, comme *d e*, c'eſt un cercle.

La coupe parallele à un de ſes côtés, comme *f g h*, donne une courbe nommée *Parabole*.

La coupe parallele à ſon axe, comme *i l m*, eſt une courbe nommée *Hyperbole*.

MENUISIER.   D

Enfin lorsqu'on coupe un cône par un plan diagonal , en quelque endroit du cône que ce soit, comme la ligne *n o* , (*Fig. 7*) , la figure qui réfulte de cette coupe fe nomme *Ellipfe* , qui fera plus ou moins longue , felon que la ligne *n o* fera plus ou moins inclinée ; car plus elle tendra à être parallele à la bafe du cône, & plus elle approchera de la figure du cercle. Lorfqu'un cône eft coupé par un plan parallele à fa bafe , & qu'on en fupprime la partie fupérieure , on le nomme *Cône tronqué.*

SECTION TROISIEME.

De la Mesure des Lignes & des Surfaces.

LA longueur des lignes , ou la capacité des furfaces , quoiqu'exiftante par elle-même , a cependant eu befoin d'être fixée d'une maniere relative à nos befoins , & à la fûreté de ceux qui font dans le cas de vendre ou d'acheter des chofes fujettes à une mefure conftante.

Les mefures en général font certaines longueurs dont on eft convenu , lefquelles comparées avec ce que l'on veut mefurer , en déterminent l'étendue & la valeur ; comparaifon faite avec celle que l'on eft convenu de donner à chaque longueur.

La mefure dont on fe fert ordinairement , fe nomme *Toife* , laquelle fe divife en fix parties égales appellées *Pieds* : le pied fe divife en douze pouces , le pouce en douze lignes , & la ligne en douze points. (*Voyez la Figure 13*) , laquelle repréfente une toife , dans laquelle cependant je n'ai pas marqué de lignes à caufe de la petiteffe du deffein.

Ainfi le pied contient 144 lignes , & la toife 72 pouces , ou 864 lignes.

On nomme *Toife quarrée* une furface qui a une toife ou fix pieds fur deux dimenfions.

Ce que je vais réduire par table , pour plus d'intelligence.

Le pouce quarré contient 144 lignes quarrées.

Le pied quarré contient 144 pouces quarrés , ou 20,736 lignes quarrées.

Et la toife quarrée contient 36 pieds quarrés , ou 5,184 pouces quarrés , ou 746,496 lignes quarrées.

La ligne cube contient 1,728 points cubes.

Le pouce cube contient 1,728 lignes cubes , ou 2,985,984 points cubes.

Le pied cube contient 1,728 pouces , ou 2,985,984 lignes cubes.

Et la toife cube contient 216 pieds cubes , ou 373,248 pouces cubes , ou 644,972,544 lignes cubes.

On appelle *Toife cube* un folide qui a une toife fur toutes fes dimenfions.

J'ai mis les mefures cubiques à la fuite des quarrées , afin de ne point me répéter , & auffi pour que l'on puiffe voir plus aifément le rapport qu'elles ont les unes avec les autres.

Il y a encore une autre maniere de mefurer & de réduire une chofe du petit au grand, ou du grand au petit, ce qui se fait par le moyen des échelles.

On appelle *Échelle* une ligne qu'on trace sur le papier, & que l'on divise en parties égales, en rapport cependant les unes avec les autres ; c'est-à-dire, si l'on veut qu'une échelle représente une toise, on divise la ligne en six parties égales, & une des six en douze autres parties, lesquelles représentent les pouces.

On distingue deux sortes d'échelles, l'une que l'on nomme *Échelle de pied* ou de *toise*, laquelle sert à diriger toutes les parties d'un dessein, qui sont assujetties à des grandeurs données & ordinaires, ou relatives à la grandeur humaine ; & l'autre, *Échelle de module*, laquelle n'a de rapport qu'avec la décoration & l'ordonnance d'un édifice, ainsi qu'en Architecture le module est en rapport avec la colonne ou l'expression d'un ordre, dont il est le seizieme, le dix-huitiéme, &c.

Lorsque les échelles sont trop petites pour que l'on puisse y exprimer les pouces ou les lignes selon qu'il est nécessaire, on se sert d'une échelle de réduction, laquelle se fait de la maniere suivante.

Lorsqu'on veut faire une échelle de cette espece, on borne une ligne à deux toises de long, que l'on divise en douze parties égales, & à l'extrêmité de la ligne on éleve une perpendiculaire à laquelle on donne un pied de hauteur, ou un douziéme de la longueur de la ligne, ce qui est la même chose ; puis du haut de la perpendiculaire, on tire une ligne jusqu'à l'autre extrêmité de la premiere : alors sur chacun des douze points de division, vous éleverez des perpendiculaires, lesquelles ont de hauteur depuis un pouce jusqu'à douze, qui est la hauteur de la premiere perpendiculaire. (*Fig. 14*).

C'est la même chose pour les échelles de modules, excepté que pour les modules qui se divisent en dix-huit ou en trente parties, on met dix-huit ou trente modules de longueur à l'échelle.

Losqu'on a une échelle divisée en un certain nombre de parties, & que l'on veut en faire une autre qui ne soit que le tiers ou le quart de la premiere, on forme un triangle quelconque, auquel l'échelle sert de base, & au sommet duquel on mene autant de lignes qu'il y a de points de division sur l'échelle ; puis vous mettez la ligne que vous voulez diviser au-dessous de l'échelle ; aux deux bouts de la ligne vous élevez deux perpendiculaires, que vous prolongez jusqu'à ce qu'elles rencontrent les deux côtés du triangle ; & par les deux points de section vous tirez une ligne qui se trouve divisée en autant de parties que la premiere. (*Fig. 12*).

Lorsqu'une ligne est donnée comme celle *a b*, (*Fig. 13*), & qu'on veut la diviser en parties égales, sans chercher aucunement, on fait deux angles aux extrêmités de la ligne, l'un dessus & l'autre dessous, d'une ouverture quelconque, pourvu qu'ils soient égaux entr'eux ; puis d'une ouverture de compas à volonté, vous portez sur les deux côtés *a c*, *b d*, autant de points que vous en avez besoin pour la division de la ligne *a b* ; & de chacun de ces points vous menez les lignes *o* , *i* , lesquelles en traversant la ligne *a b* , la divisent en parties égales suivant le nombre dont vous avez besoin.

§ I. *Evaluation des Surfaces.*

LES dimensions des surfaces peuvent contenir différentes mesures ou termes, c'est-à-dire, des toises seulement, ou des toises & des pieds, ou enfin des toises, des pieds & des pouces, &c.

Lorsque la dimension ne contient que des toises, il est fort facile d'en avoir le produit ; car supposé qu'elle soit quarrée, on n'a qu'à multiplier un de ses côtés par lui-même, par exemple, 6 par 6, il est aisé de voir que le nombre 36 est le produit cherché. Si la longueur étoit de 9, & la largeur de 5, le produit seroit 45.

Mais lorsque la dimension contient des toises, des pieds & des pouces, le calcul en devient plus compliqué, & demande beaucoup d'attention.

Supposé que le quarré de la *Fig. 16*, contienne trois toises, 2 pieds, 3 pouces sur chacun de ses côtés, & qu'à l'extrêmité de chaque terme ou grandeur on tire des lignes, il est certain que ces lignes venant à se croiser, forment des quarrés & des rectangles de différentes grandeurs.

Ainsi une grandeur, laquelle a trois termes, élevée à son quarré, produit premiérement le quarré du premier terme, plus deux rectangles du premier terme par le second, & le quarré du second.

Plus, deux rectangles du premier par le troisiéme, deux autres rectangles du second par le troisiéme, & le quarré du troisiéme.

Pour rendre cette explication plus intelligible, on n'a qu'à se ressouvenir que nous avons supposé que le quarré (*Fig 16*) avoit de longueur par un de ses côtés 3 toises, 2 pieds, 3 pouces ; ainsi le quarré du premier terme n'est autre chose que 3 toises multipliées par 3 toises, lesquelles produisent.   9^t.

Les deux rectangles du premier terme par le second, font deux fois 3 toises de long sur 2 pieds de haut, qui produisent chacun. . . . .   { 1.   { 1.

Le quarré du même second terme est 2 pieds sur 2 pieds, qui font . . . . 4^p.

Les deux rectangles du premier terme par le troisiéme font 3 toises de long sur 3 pouces de haut, ce qui fait pour chacun . . . .   { 4.   6^{po}.   { 4.   6.

Les deux rectangles du second par le troisiéme terme, font deux fois 2 pieds de long sur 3 pouces de haut, ce qui fait pour chacun . . . .   { . . 6.   { . . 6.

Et le quarré du troisiéme terme, est 3 pouces multipliés par 3 pouces, qui font . . . . 9.

Total . . . 11^t.   14^p.   9^{po}.

Ce qui prouve que non-feulement chaque efpece de terme doit multiplier tous les autres termes d'une grandeur, mais encore fe multiplier lui-même, lorfque les deux dimenfions font égales comme dans cet exemple-ci ; ou bien lorfqu'elles font inégales chaque efpéce de terme doit toujours fe multiplier l'un par l'autre.

Je ne fais cette explication que pour qu'on foit plus sûr des véritables valeurs des différents termes d'une grandeur, multipliés les uns par les autres.

Ce qui réfulte de ces démonftrations, eft de prouver que des toifes multipliées par des toifes, donnent des toifes quarrées ; que des pieds multipliés par des toifes donnent des pieds de toifes, c'eft-à-dire, des rectangles qui ont un pied de large fur une toife de long ; comme il y a fix pieds courants dans une toife courante, il s'enfuit qu'il y a fix pieds de toife quarrée dans une toife quarrée.

Les pouces multipliés par des toifes donnent des pouces de toifes quarrées, c'eft-à-dire des rectangles, lefquels ont un pouce de large fur une toife de long : comme dans un pied de toife quarrée il y a douze pouces de toife quarrée, la-toife quarrée contient 72 pouces de toife quarrée.

De même les pouces multipliés par les pieds, donnent des pouces de pieds quarrés ; donc il en faut 12 pour faire un pied quarré.

§. II. *Maniere d'évaluer les différentes Surfaces.*

Les furfaces quarrées, comme les quarrés ou les parallélogrammes rectangles, s'évaluent en multipliant leurs bafes par leurs hauteurs, & le produit de cette multiplication eft celui de la furface, ainfi que je l'ai déja dit (*Fig. 16 & 17*).

C a la furface d'un triangle quelconque en multipliant la longueur de fa bafe par la moitié de fa hauteur, ou fa hauteur par la moitié de fa bafe, ce qui eft la même chofe.

Pour être convaincu de cette vérité, on n'a qu'à confidérer le triangle *a b c*, (*Fig. 18*) comme enfermé dans un quarré, & que ce quarré foit féparé en deux ainfi que le triangle *a b c*, par la ligne *a d* ; il eft certain que fi toutes les lignes du quarré font paralleles comme elles le doivent être, la ligne *a d* eft égale à celle *c f*, & par conféquent la ligne *d c* égale à celle *a f* : fi ces lignes font égales entr'elles, il eft certain que le triangle *a d c* eft égal au triangle *c f a*. Or comme ces deux triangles égalent la furface du rectangle *a d c f*, qui eft lui-même la moitié du quarré *b c f e*, il eft certain que le triangle *a b c* n'a de furface que la moitié de ce même quarré.

Si c'eft un triangle rectangle que l'on veut mefurer, la démonftration en eft encore auffi fimple ; car fi aux deux côtés rectangles du triangle *g h i*, (*Fig. 19.*) on mene deux paralleles, il eft certain que ces lignes venant à fe rencontrer au point *l*, elles formeront un rectangle *g h i l*, dont le triangle ne sera que la moitié de la surface, puisque la diagonale *i g*, partage le rectangle en deux parties égales.

De telle forme que soient les triangles, ils ont toujours même surface, pourvû qu'ils ayent même base & même hauteur.

Il en est de même pour les parallélogrammes obliques qui sont égaux en surfaces aux parallélogrammes droits, lorsqu'ils ont la base égale & la hauteur égale.

Car supposons que le parallélogramme oblique *m n o p*, (*Fig.* 20) soit inscript dans le parallélogramme droit *q r p m*, il est sûr que la ligne *q r* est égale à celle *n o*, puisque ces deux parallélogrammes ont même base, & que les côtés opposés sont égaux ; si les côtés obliques du parallélogramme sont paralleles entr'eux, la distance *q n* sera égale à la distance *r o*, & par conséquent le triangle *m q n* sera égal au triangle *p r o*. Si ces deux triangles sont égaux, il n'y a qu'à retrancher le triangle *p r o*, qui est excédent, & le faire rentrer à la place de celui *m q n*, que le côté du parallélogramme oblique laisse dans le parallélogramme droit, ce qui prouve très-certainement l'égalité des deux parallélogrammes de même base & de même hauteur.

Pour avoir l'étendue d'un trapeze, (*Fig. 21.*) il faut ajouter ensemble les deux côtés paralleles, en prendre la moitié & la multiplier par sa hauteur ; le produit est l'étendue du trapeze.

Lorsqu'on voudra mesurer une surface d'une forme irréguliere, comme la *Fig.* 22, on y tirera une ligne diagonale la plus longue qu'il sera possible, sur laquelle on abaissera des perpendiculaires de tous les angles de la figure, & l'on aura des triangles rectangles & des trapezes de chacun desquels on cherchera la valeur séparément, & qui ajoutés ensemble, donneront la valeur de la figure.

Je dis qu'il faut toujours faire des triangles rectangles pour mesurer des surfaces d'une figure irréguliere, parce que ces sortes de triangles sont les seuls dont on ait la hauteur juste sans le secours d'une Géométrie plus étendue, & par conséquent hors de la portée du plus grand nombre ; ainsi lorsqu'on aura des triangles d'une autre forme dont on voudra avoir la surface, on les convertira en des parallélogrammes obliques dont on prendra la moitié du produit. (*Figures 23 & 24*).

Pour avoir la surface d'un polygone régulier, multipliez la moitié de son contour ou périmetre, par une perpendiculaire abaissée du centre sur un des côtés.

Pour justifier ce que j'avance, on n'a qu'à faire attention qu'un polygone renferme autant de triangles qu'il a de côtés, & que par conséquent le périmetre du polygone est la base de tous les triangles qui y sont circonscripts, dont la hauteur est égale à la perpendiculaire prise du centre du polygone. (*Fig. 25*).

On se sert de la même méthode pour évaluer la surface d'un cercle; car en le considérant comme un polygone d'une infinité de côtés, on peut de même le réduire en triangles; ainsi on a la surface d'un cercle en multipliant sa circonférence par la moitié de son rayon, ou par le quart de son diametre. Lorsqu'on veut avoir la circonférence d'un cercle dont on ne connoît que le diametre, on se sert de la proportion d'Archimede, dont le rapport est à peu-près comme 7 est à 22; de ces deux nombres & de celui du diametre connu, on fait une régle de trois, & l'on dit, 7 est à 22, comme, par exemple, 14 est à un quatrieme terme, circonférence cherchée; ce que l'on trouve en multipliant 22 par 14, & en divisant le produit par 7, ce qui donnera 44.

Si au contraire on ne connoît que la circonférence, & que l'on veuille connoître le diametre, on fait l'inverse de la regle ci-dessus indiquée, & on dit: 22 est à 7, comme 44 est au quatrieme terme, diametre cherché.

On appelle *Secteur de cercle*, l'aire compris entre deux rayons & une portion de la circonférence; lorsqu'on en veut avoir la surface, on prend la longueur de l'arc, que l'on multiplie par la moitié du côté du rayon; si on ne peut pas mesurer l'arc, & que l'on n'ait seulement que la longueur du rayon & l'ouverture de l'angle, on cherche d'abord la surface du cercle entier, ainsi que je l'ai dit ci-dessus; puis on compare le rapport de l'ouverture de l'angle avec celui du cercle entier, duquel on retranche le cinquiéme, le sixiéme ou le septieme, selon ce que l'angle est à la circonférence. (*Fig. 26 & 27*).

On nomme *Segment de cercle*, l'aire compris entre un arc de cercle & la corde qui le soutient; & l'on a la surface de ce segment en agissant comme si c'étoit un secteur entier, du produit duquel on retranche la surface du triangle, auquel la corde de ce segment sert de base. (*Fig. 28*).

§ III. *Mesure des Solides; Evaluation de leurs Surfaces.*

Avant que de déterminer la mesure des solides, il est nécessaire d'en connoître les surfaces, lesquelles se mesurent différemment, selon les différentes formes des solides.

Le cube a toutes ses dimensions égales, (comme je l'ai déja dit); ainsi les six faces qu'il représente étant égales en surface, il suffit d'en mesurer une dont on multipliera l'aire par six: le produit qui viendra de cette multiplication donnera la surface totale du cube.

Le parallélipipede a aussi six faces ainsi que le cube, dont celles qui sont opposées sont égales, ce qui fait trois especes de surfaces à trouver, du produit desquelles vous ferez une seule & même somme que vous multiplierez par 2, & vous aurez le produit des surfaces du parallélipipede.

Pour ce qui est de la surface du prisme, on comptera les côtés de son plan générateur, dont chacun est comme la base d'autant de parallélogrammes qui entourent le prifme ; fi les côtés de la bafe font égaux entr'eux ; on mefurera un de ces parallélogrammes , & on le multipliera par un nombre égal à celui des côtés du plan générateur ; mais fi les côtés font inégaux , on mefurera chaque parallélogramme en particulier , & en réuniffant toutes les fommes à celles des deux plans , on aura la furface du prifme.

Pour mefurer la furface d'un cylindre, il faut, après en avoir déterminé les furfaces , des plans ou bafes circulaires, comme il a été dit ci-deffus, prendre la circonférence de l'une de fes bafes que l'on multipliera par la hauteur du cylindre, dont le produit donnera la furface convexe, lequel ajouté à celui des deux bafes circulaires, formera la mefure de la furface du cylindre.

La furface de la fphere eft égale à la furface convexe d'un cylindre auquel elle eft circonfcrite, c'eft-à-dire, qui a même bafe & même hauteur ; ainfi pour avoir la furface d'une fphere , on multipliera fon diametre par fa circonférence, ce qui prouve que la furface de la fphere eft à la furface totale d'un cylindre de même bafe & de même hauteur comme 2 eft à 3, de même que la furface d'un cercle de même diametre n'eft que le quart de celle de la fphere & le fixieme du cylindre. *Voyez la Figure 29*, où eft repréfentée une fphere circonfcrite à un cylindre. Nous devons cette découverte à Archimede.

Pour avoir la furface totale d'une pyramide, après avoir mefuré la furface de fa bafe, il faut prendre celles de tous les triangles qui la compofent ; fi le plan de fa bafe eft régulier , il en faut prendre le périmetre , & le multiplier, non par la moitié de fa hauteur perpendiculaire , mais par une ligne abaiffée de fon fommet fur un de fes côtés. (*Voyez la ligne a b , Figure 31*).

Pour avoir la furface convexe d'un cône, on multipliera la circonférence de fa bafe par la moitié du côté *i f c*. (*Fig. 30*).

Pour avoir la furface convexe du cône tronqué, *i h d e*, (*Figure 30.*) on multipliera la hauteur d'un de fes côtés par une circonférence *f g*, moyenne proportionelle arithmétique entre les deux circonférences *d i* & *h e* du cône tronqué.

La furface d'un plan elliptique éft égale à celle d'un cercle dont le diametre eft d'une grandeur moyenne proportionnelle géométrique entre fon grand & fon petit diametre ; de même la furface d'un ellipfoide eft égale à celle d'une fphere moyenne proportionnelle géométrique, ainfi que fa furface plane. (*Fig. 32*).

§. IV. *Mefure des Corps folides.*

On a le produit des folides rectangles, comme les cubes, les parallélipipedes & les prifmes, en multipliant le produit de la furface de leurs bafes par leur hauteur. Lorfque le côté d'un cube contient trois termes, ainfi que l'indique la *Figure 33* ; le calcul en devient très-compliqué à caufe des différentes efpeces de folides que produifent les corps des trois dimenfions indiquées par les lignes ponctuées de la figure.

Un

Un cube dont le côté est composé de toises, de pieds, & de pouces, contient premiérement le cube du premier terme, ou des toises quarrées multipliées par des toises courantes, ce qui donne des *toises cubes*.

Plus, trois parallélipipedes du quarré du premier terme multiplié par le second, c'est-à-dire, des toises quarrées multipliées par des pieds courants, ce que l'on nomme *des pieds de toises cubes*; il en faut six pour faire une toise cube.

Plus, trois prismes du premier terme multiplié par le quarré du second, ou des toises en longueur multipliées par des pieds quarrés; il faut 36 de ces pieds quarrés de toises cubes pour faire une toise cube.

Plus, le cube du second terme, ou des pieds quarrés, multiplié par des pieds courants, ce qui donne des *pieds cubes*; il en faut 216 pour une toise cube.

Plus, trois parallélipipedes du quarré du premier terme par le troisiéme, ou des toises quarrées multipliées par des pouces courants, que l'on nomme *pouces de toises cubes*: il faut 12 de ces pouces de toises cubes pour un pied de toise cube, & 72 pour une toise cube.

Plus, trois prismes du premier terme par le quarré du troisiéme, ou des toises en longueur multipliées par des pouces quarrés: il faut 144 de ces pouces pour faire un pied de toise cube, & 5,184 pour faire une toise cube.

Plus, six prismes du premier terme multiplié par le produit du second terme par le troisiéme, ou des toises en longueur multipliées par le produit des pouces multipliés par des pieds quarrés, ce qui donne des *pouces de pieds de toises cubes*.

Plus, trois prismes du quarré du second terme multiplié par le troisiéme, ou des pieds quarrés multipliés par des pouces courants, ce qui donne des *pouces de pieds cubes*: il en faut 12 pour un pied cube, & 2,592 pour une toise cube.

Plus, trois prismes du second terme par le quarré du troisiéme, ou des pieds de longueur multipliés par des pouces quarrés: il faut 144 de ces pouces pour faire un pied cube.

Plus, le cube du troisiéme terme, ou des pouces quarrés multipliés par des pouces, ce qui donne des pouces cubes: il en faut 1,728 pour un pied, & 373,248 pour une toise cube.

Pour avoir le toisé d'un solide qui n'est composé que d'un terme, l'opération est facile; car en supposant que chaque tranche de pieds ou de toises en enferme un certain nombre, on répétera ce nombre autant de fois qu'il y aura de tranches de pieds ou de toises. (*Voyez le parallélipipede, Figure 34, & le prisme, Figure 35*), où sont indiquées les tranches de pieds ou de toises.

En général un prisme contient toujours en solidité trois pyramides de même base & de même hauteur; ainsi on a la solidité d'une pyramide quelconque, en multipliant le produit de sa base, par sa hauteur perpendiculaire, duquel produit on prendra le tiers qui sera la solidité de la pyramide ; ou bien multipliez la base par le tiers de sa hauteur, ce qui est la même chose. (*Voyez les Fig. 36 &* *37*), où sont démontrées les coupes de ces trois pyramides dans un prisme triangulaire.

On a la solidité d'un cylindre en multipliant la surface de sa base par sa hauteur.

La solidité du cône est égale au tiers de la solidité d'un cylindre de même base & de même hauteur : ainsi il faudra multiplier la surface de sa base par le tiers de sa hauteur.

Pour avoir la solidité d'un cône tronqué, on lui ajoutera un autre petit cône fait par la prolongation des côtés du grand ; on évaluera ensuite la solidité du petit, que l'on retranchera de la solidité du grand, prise du sommet du petit ajouté au grand, & le restant exprimera la solidité du cône tronqué.

La solidité de la sphere est à celle d'un cylindre circonscrit, comme 2 est à 3, c'est-à-dire, les deux tiers.

Pour l'avoir plus promptement, on multipliera sa surface par le tiers d'un de ses rayons, d'où il suit que la sphere est égale en solidité à une pyramide ou à un cône qui auroit pour base la surface de la sphere, & pour hauteur son rayon ou demi-diametre.

La solidité d'un ellipsoïde est égale à celle d'une sphere dont le diametre est moyen proportionnel entre le grand & le petit diametre d'un ellipsoïde.

CHAPITRE SECOND.

Des Bois propres à la Menuiserie.

LES bois propres à la Menuiserie, sont le chêne tendre & dur, le châtaignier, le noyer, l'orme, le hêtre, le sapin, le tilleul & le peuplier.

De ces différentes sortes de bois, il n'y a que le chêne, le châtaignier, le sapin & le tilleul qui soient propres aux ouvrages de bâtiment ; l'orme sert à faire les bâtis des voitures, & le noyer à en faire les panneaux.

Le noyer sert aussi à faire des meubles en tout ou en partie, ainsi que le hêtre.

Pour ce qui est des bois de marqueterie, ce sont le noyer noir & blanc, & le poirier sauvageon, lesquels sont moins chers que les autres bois rares & de couleurs qui nous viennent de l'Étranger, & sont connus sous le nom de *bois des Indes* ; savoir, les bois de Brésil, d'acajou de toute espece, le bois satiné, le cédre, l'olivier, le laurier aromatique de couleur maron ou quelquesfois violet, le bois de sainte Lucie, le bois violet d'une odeur agréable, le Fernambouc, dont la couleur approche de celle de l'or ; enfin l'ébene de quatre différentes efpeces, favoir, la noire, la rouge, appellée *grenadille*, la verte, & l'ébene de Portugal, qui eft noire parfemée de taches blanches.

Tous ces différents bois fe vendent à la livre à caufe de leur rareté, & ne s'emploient qu'en placage. Les Ébéniftes emploient auffi dans leurs ouvrages l'étain, le cuivre, la nacre de perles, l'écaille & l'ivoire, comme nous l'expliquerons en parlant de l'Ébénifterie.

SECTION PREMIERE.

Des différentes qualités des Bois.

On diftingue auffi les bois felon leurs qualités bonnes ou mauvaifes; mais en fait de bois de Menuiferie, il n'y a prefque que le chêne qui foit affujetti aux différentes régles dont je vais parler.

On emploie dans la Menuiferie de deux efpeces de chêne, favoir, le dur & le tendre. Le dur fe nomme *bois François* ou *de Pays*, lequel vient du Bourbonnois & de la Champagne. Le Bourbonnois eft dur, noueux, rebours, & étant flotté il eft fouvent rempli de gravier; fa couleur eft pâle & grife; il eft très-difficile à travailler; il fe tourmente ordinairement, & ne doit s'employer qu'aux ouvrages groffiers qui demandent de la folidité: on doit obferver fur-tout de ne jamais l'employer pour faire des panneaux, parce qu'ils feroient fujets à fe fendre & à fe cofiner.

Le bois de Champagne eft moins dur & moins noueux que le précédent: il eft d'une couleur jaune, & peut s'employer pour des panneaux lorfqu'il eft bien fec, & qu'après avoir été refendu en planches minces ou voliges, on l'a laiffé quelque temps à l'air.

Le bois tendre eft celui que l'on nomme *bois de Lorraine* ou *de Vofges*, lequel différe des premiers, non-feulement parce qu'il eft plus tendre, mais auffi parce qu'il eft plus droit & plus égal (étant refendu par des moulins), & qu'il n'eft point flotté ainfi que les autres. Ce bois eft très-propre aux ouvrages des dedans, comme les Lambris, les Alcoves, les Armoires, les Buffets, & tous autres ouvrages qui ne font pas fujets à l'humidité: en général il eft d'une très-belle couleur, le plus tendre étant d'un jaune clair parfemé de petites taches rouges. Le grain de ce bois eft large & poreux, & prefque toujours fans nœuds ni gale. Lorfqu'il eft d'une qualité trop tendre, on ne doit l'employer que pour les panneaux & les ouvrages de fculpture, mais jamais pour les piéces d'affemblage, parce qu'étant très-gras, fes fils trop courts l'expofent à fe caffer. La plûpart des bois de Vofges étant refendus dans toute la largeur des arbres, le bois des deux rives des planches eft d'une pareille denfité & d'une même couleur, ce qui, dans certaines circonftances, eft agréable à la vûe; mais ils font toujours plus fujets à fe retirer & à fe tourmenter que les bois cartelés, & qu'on a refendus fur la maille.

Le bois de Fontainebleau tient le milieu entre le bois François & le bois de Vofges; il eft moins dur que le premier & moins tendre que le fecond, ce qui le rend très-propre pour l'affemblage, ainfi que pour les moulures; il fe travaille aifément, & reçoit mieux le poli que le bois de Vofges, qui étant trop gras, a les ports très-ouverts, & eft toujours rude, quelque précaution que l'on prenne en le travaillant.

Le défaut du bois de Fontainebleau eft d'être fujet à une efpece de ver, qui y fait des trous de la groffeur du doigt fur cinq à fix pouces de long, & même plus, lefquels ne s'apperçoivent quelquefois que quand l'ouvrage eft prefque fait; il eft auffi fujet à être fendu par le milieu, ce qui fait qu'il n'eft propre que pour les bâtis, & prefque jamais pour les panneaux. Sa couleur eft très-belle, & un peu plus foncée que celle du bois de Vofges; fon grain plus ferré, & fes pores moins ouverts : on le rendroit propre pour les panneaux, fi on le refendoit fur la maille.

On fait encore ufage de bois de chêne du Nord, dit *de Hollande*, parce que c'eft dans ce pays qu'il eft fabriqué ou débité en planches. Autrefois on apportoit ce bois en France de toutes fortes d'épaiffeurs, ainfi que les autres bois; mais préfentement il n'en vient prefque plus que de fix & de neuf lignes d'épaiffeur, ce qui fait qu'on ne s'en fert que pour faire des panneaux, à quoi il eft très-bon, parce qu'il eft refendu fur la maille; c'eft pour cette raifon que les planches de ce bois ont toujours une rive dure & une tendre; ces rives ne font prefque jamais droites, parce que l'on fend les arbres par quartiers avant de les refendre, ce qui fait qu'il y a beaucoup de déchet dans l'emploi de ce bois, fur-tout quand il eft néceffaire que les planches foient d'une certaine longueur; de plus, la rive dure étant très-rude & prefque toujours prife au cœur du bois, on eft obligé d'en hacher un pouce ou deux, ce qui joint à la courbure des planches, diminue confidérablement de leur largeur. Au refte, lorfque ce bois n'eft pas trop dur, il eft très-propre à faire des panneaux; & ce qu'il a d'avantageux fur le bois de Vofges, c'eft qu'étant prefque auffi tendre, il eft moins fujet à fe travailler, fon grain étant plus ferré & moins poreux : ce bois eft prefque toujours refendu fur la maille, ce qui le rend moins fufceptible aux impreffions de l'air; fa couleur eft d'un jaune de paille, tirant quelquefois fur le brun : il eft refendu au moulin, ainfi que le bois de Vofges, & n'eft point flotté.

Il y a encore une autre efpece de bois qu'on emploie pour les panneaux, on le nomme *Mérin*, ou *Crefon* ou *Courfon*, en terme d'ouvrier; il n'eft pas refendu à la fcie, mais au coutre, ainfi que la latte & le bois des feaux. Anciennement il étoit fort en ufage, mais depuis que l'on donne une certaine grandeur aux panneaux, on l'a totalement abandonné, les plus longues piéces de ce bois n'ayant que quatre pieds à quatre pieds & demi de longueur : on

ne

ne s'en fert plus que pour faire des panneaux de parquet, le refte étant employé à faire des feaux, des douves de tonneaux & des lattes, ce qui fait que le beau bois devient très-rare en France, le plus beau étant employé à ces fortes d'ouvrages.

Le châtaignier eft auffi très-propre à la Menuiferie; mais il eft très-rare à préfent: la couleur de ce bois eft d'un beau jaune clair; fes fils font droits & paralleles, & on prétend que jamais la vermine ne s'y attache. Les charpentes des combles de nos anciens édifices font prefque toutes de ce bois; mais depuis l'hiver de 1709, où prefque tous ces bois ont été gelés, on les coupe en taillis pour en faire des échalats, du bois pour les treillages, & des cerceaux.

Les défauts qui fe rencontrent dans les bois dont je viens de parler, font l'aubier, les flaches, les nœuds, les malandres, les gélifs ou gelivures, ou enfin *givelures* en terme d'ouvrier, les gales, les fiftules, les roulures, les rougeurs ou échauffures, les piquures de vers, & la pourriture.

L'aubier eft la derniere croiffance de l'arbre, laquelle fe trouve entre l'écorce & le bon bois d'une plus ou moins grande épaiffeur, felon que le bois eft plus ou moins tendre. Il eft fort aifé à diftinguer, parce que non-feulement il eft plus tendre que le refte, mais auffi par fa couleur, qui commence par être rougeâtre lorfque le bois eft encore vert, & qui blanchit à mefure qu'il feche, de forte que quand il eft parfaitement fec, il eft tout blanc & fouvent parfemé de piquures de vers.

Il faut avoir grand foin de retrancher totalement l'aubier des bois que l'on emploie, parce que fi on en laiffoit, il feroit bien-tôt vermoulu & tomberoit en poufliere.

Les flaches font des défauts qui dépendent de l'équarriffage, lorfqu'il n'a pas été fait à vive arrête; ils occafionnent lors du corroyage une grande perte de bois, & fi on ne le retranchoit pas, l'ouvrage feroit très-difforme.

Les nœuds font la fortie, ou pour mieux dire, le centre d'une branche, lefquels venant à paffer au travers du corps de l'arbre, non-feulement en dérangent & en féparent les fils, mais encore percent les planches lorfqu'elles font refendues, & les font fendre; dans ce cas on les appelle *nœuds vicieux*, & ils ne peuvent pas être employés: le bois dur & tortueux y eft très-fujet; le fapin quoique droit en eft rempli, fur-tout celui d'Auvergne. Ces nœuds font plus durs que ceux du chêne, & fortent d'eux-mêmes lorfque le bois vient à fe fécher.

Les malandres font des veines de bois tantôt rouges tantôt blanches, qui tendent à la pourriture, & pour cette raifon il eft néceffaire de les retrancher.

Les gélifs ou gelivures, font des fentes caufées par les fortes gelées. Lorfqu'une planche eft ainfi fendue par un boût, il faut la refendre à la fcie tout du long, & y faire un joint, fans quoi cette fente iroit toujours en augmentant.

Menuisier.   G

Les gales font des défauts femblables à de petits nœuds, lefquels ne font qu'endommager la furface du bois qu'ils défigurent, fans pour cela le mettre hors de fervice.

Les fiftules ne font autre chofe que des coups d'outils, tels que les haches, les coignées, lefquels fe trouvent fur les bois, ainfi que des balles qui s'y rencontrent quelquefois.

Les roulures font des défauts de liaifon qui fe trouvent entre la croiffance de la féve d'une année, avec celle de la précédente, de forte que le bois fe fépare de lui-même: ce défaut eft des plus confidérables, & doit faire rebuter les bois qui en font attaqués.

Le bois rouge eft celui qui eft couvert en tout ou en partie de taches rouges & flambées; ces taches qui font un commencement de pourriture, indiquent un arbre qui étoit en retour fur pied: ce bois s'échauffe, devient piqué de vers, & enfin fe pourrit.

Le bois tranché eft celui dont les fils traverfent fon épaiffeur, & par conféquent ne font pas paralleles à fa furface, ce qui eft un défaut d'autant plus grand, qu'il ôte la force du bois, & le rend peu propre à faire des affemblages, lefquels n'ont de bonté qu'autant que les bois font de droit fil.

Il y a de deux fortes de noyers, ainfi que je l'ai déja dit, le blanc & le noir. Le blanc fe nomme *Noyer femelle*, & eft tiré d'arbres jeunes, ou qui ont crû dans des terreins humides: il eft moins eftimé que le noir, cependant il a l'avantage d'être plus de fil, & plus propre aux ouvrages d'affemblage.

Le noyer noir eft plus eftimé, & par conféquent plus cher que le blanc; il eft ferme & plein, & quelquefois même très-dur: il eft peu de fil; fa couleur eft grife, avec des taches ou veines plus foncées tirant fur le noir. En général le noyer n'a point d'aubier, & n'eft fujet qu'aux vers lorfqu'il eft vieux. Le meilleur vient d'Auvergne.

L'orme eft un bois liant, dont le grain eft ferré & veiné: fa couleur eft rougeâtre, ou bien jaune tirant fur le vert; il n'a point d'aubier, ou du moins celui qu'il a eft dur & s'emploie fans aucune difficulté: il eft affez de fil en l'employant d'une longueur médiocre, & n'a pas beaucoup de nœuds vicieux.

Le hêtre eft un bois plein, dont le grain eft ferré & de fil: fa plus belle couleur eft un blanc rouffeâtre; il n'a point d'aubier, mais il eft fujet à s'échauffer & à être piqué de vers: il fe tourmente toujours fi fec qu'il foit, ce qui fait qu'on ne l'emploie pas dans les ouvrages de bâtiments, mais feulement dans le meuble.

Le fapin eft un bois léger, tendre & de fil, mais de dureté inégale: fa couleur eft blanche avec de petites raies vertes, lefquelles deviennent jaunes lorfqu'il eft fec; il fe travaille difficilement: il n'a point d'aubier, mais beaucoup de nœuds, fur-tout celui d'Auvergne, comme je l'ai dit ci-deffus: celui

de Lorraine en a moins, & eſt plus uni. En général ce bois eſt ſujet à s'é-
chauffer & à être mangé de vers ; on ne doit l'employer qu'à de légers ouvrages, comme tablettes, cloiſons & petites portes ; car pour les autres ouvrages,
non-ſeulement il dure peu, mais auſſi ils ne ſont jamais propres, & coûtent toujours très-cher, vû leur peu de durée & leur mauvais uſage. On prolonge beaucoup ſa durée en le couvrant de peinture à l'huile.

Le tilleul eſt une eſpece de bois blanc, plus uni & plus plein que le ſapin : il
eſt très-propre aux ouvrages de ſculpture, parce que quand il eſt bien ſec, il
prend aiſément la colle & ſe coupe bien ; mais auſſi a-t-il le défaut d'être de peu
de durée quant aux ouvrages de bâtiments ; ſon uſage n'eſt gueres meilleur que
celui du ſapin.

Le peuplier eſt auſſi de couleur blanche : ce bois eſt mou, difficile à travailler,
& ne s'emploie que rarement.

SECTION SECONDE.

De la façon & de l'empilage des Bois.

PAR la façon des bois non ouvrés, on entend la maniere de les refendre
& de les équarrir, ce qui ſe fait de différentes façons, ſelon la nature, la
qualité, & la groſſeur des bois ; ils ſe refendent au moulin, ce qui eſt
la meilleure maniere, ou bien à bras, par des ouvriers appellés *Scieurs
d'ais* ou *Scieurs de long*, ce qui eſt la même choſe. Je ne parlerai point ici de
l'exploitation des bois dans les forêts ; je me contenterai de dire ſeulement
qu'ils ſont ſciés & débités en groſſeurs & en longueurs relatives à nos différents beſoins, & que le bois ainſi préparé ſe nomme *bois d'échantillon*, lequel
ſe trouve abondamment de toute eſpece & de toute qualité poſſibles dans les
chantiers des Marchands de bois, leſquels pour l'ordinaire le font débiter eux-
mêmes & pour leur compte, & le font voiturer dans leurs chantiers ou ma-
gaſins à Paris.

PLANCHE
IV.

Les bois débités ou équarris prennent différents noms ſelon leurs groſſeurs,
& ſelon la place qu'ils occupoient dans le corps de l'arbre : on les appelle
doſſes, *contre-doſſes*, *battants de portes cocheres*, *membrures*, *chevrons*, enfin
planches & *voliches* ou *voliges*.

Les doſſes ſont les premieres levées que l'on fait ſur le corps de l'arbre pour
l'équarrir, après en avoir ôté l'écorce, comme celles cotées *g g*, *Fig. 5 & 6*.

Lorſque le diametre de l'arbre eſt trop conſidérable, & qu'on craint que
les doſſes ne deviennent trop épaiſſes, on y fait une double levée, laquelle ſe
nomme *contre-doſſe*, c'eſt-à-dire, qu'elle eſt entre la doſſe & le vif du bois,
ainſi que ſont celles cotées *h h*, *Fig. 6*. Lorſque le bois eſt beau, les contre-
doſſes ſont très-tendres, étant très-proches des rives de l'arbre : elles n'ont
de l'aubier que ſur leurs extrêmités, au lieu que les doſſes en ont ſur toute
leur partie bombée : l'épaiſſeur des contre-doſſes n'eſt pas préciſe ; elle varie de-

puis deux jusqu'à quatre pouces. Après qu'un arbre est ainsi équarri, on le refend en battants ou en planches, selon que sa qualité dure ou tendre fait juger qu'il est propre à l'un ou à l'autre, à moins toutefois qu'on ne refende les planches de toute la largeur de l'arbre, ce qui arrive quelquefois, sur-tout dans le bois tendre, ainsi que je le dirai ci-après.

Les battants des portes-cocheres ont ordinairement douze, quinze, ou même dix-huit pieds de longueur, sur un pied ou quinze pouces de largeur pour les plus grandes longueurs, & sur quatre à cinq pouces d'épaisseur: ils sont presque toujours de bois d'une qualité dure; il suffit qu'ils ne soient pas noueux ni fendus: il s'en trouve de bois de Vosge; mais ils sont chers & très-rares.

Les membrures ont de longueur depuis six jusqu'à quinze pieds par différence de trois en trois pieds, c'est-à-dire, qu'il y en a de six, neuf, douze, & de quinze pieds; elles portent six pouces de largeur sur trois pouces d'épaisseur.

Les chevrons portent la même longueur que les membrures, & quelquefois plus, sur trois à quatre pouces quarrés, c'est-à-dire, qu'ils ont autant d'épaisseur que de largeur.

Les planches ont six, neuf, douze, quinze, & même dix-huit pieds de longueur, sur un pouce, quinze lignes, un pouce & demi, un pouce neuf lignes, & deux pouces d'épaisseur.

Il y a aussi des planches de sept pieds de long; mais elles sont plus rares que les autres, & on a de la peine à en trouver de toute épaisseur.

Pour la largeur des planches de bois François, elle varie depuis neuf pouces jusqu'à un pied; cependant celles de pouce & demi & de deux pouces, ont ordinairement un pied de large, & celles au-dessous de cette épaisseur depuis neuf jusqu'à dix ou onze pouces tout au plus.

Il est encore une autre espece de bois François mince, nommé *Entrevoux*, lequel ne porte que neuf à dix lignes d'épaisseur, sur six, sept, ou neuf pieds de longueur, lequel est propre à faire des panneaux, pourvû qu'il soit beau & tendre.

Pour ce qui est du bois de Vosge, il y en a de toutes les longueurs & épaisseurs dont j'ai parlé ci-dessus, excepté qu'il n'y en a pas de six & de sept pieds, ou du moins bien peu: il y en a aussi de trois pouces d'épaisseur, sur douze pieds de long. Pour sa largeur elle n'est pas fixée: car dans toutes les différentes longueurs & épaisseurs de ce bois, il y en a depuis six ou sept pouces de largeur jusqu'à dix-huit, vingt, & même vingt-six à trente pouces; c'est pourquoi les Marchands ne vendent pas ce bois à la toise courante comme les autres, mais par chaque rang de pile, lequel a quatre pieds de largeur.

Pour faciliter la connoissance des largeurs & épaisseurs des bois de Menuiserie relativement à leurs différentes longueurs, j'ai joint une table où

tous

tous les bois d'échantillon font diftingués felon leurs longueurs, largeurs &
épaiffeurs.

TABLE des Battants de Portes-cocheres.		
Longueurs.	Largeurs.	Epaiffeurs.
Pieds.	Pouces.	Pouces.
18	15	5.
15	12	4
12	12	4

TABLE des Membrures.		
Longueurs.	Largeurs.	Epaiffeurs.
Pieds.	Pouces.	Pouces
15	6	3
12	6	3
9	6	3
7	6	3
6	6	3

TABLE DES PLANCHES.							
Longueurs.	Epaiffeurs.						Largeurs.
Pieds.	Pouces.	Lignes.	Lignes	Lignes.	Lignes.	Lignes.	Pieds. Pouces.
18	2	21					1
15	2	21	18	15	12		1
12	2	21	18	15	1 2		1 ou 9^{Po}
9	2	21	18	15	12	10	1 ou 9^{Po}
7			18	15	12	10	9 ou 10^{Po}
6	2		18	15	12	10	9 ou 10^{Po}

Les bois de Hollande n'entrent pas dans le nombre de ceux dont je fais ici
mention, parce que ce n'eft que du bois mince, lequel fe vend à la poignée ou
bien au rang de la pile : fes longueurs font de fix, fept, neuf, ou douze pieds
fur l'épaiffeur de fix ou neuf lignes.

Le plus épais de ces bois fe nomme *trois quarts*, à caufe qu'il doit avoir neuf
lignes d'épaiffeur, quoique fouvent il n'en ait que fept ou huit tout au plus.

Le plus mince fe nomme *feuillet*, & n'a que quatre à cinq lignes d'épaiffeur
quoiqu'il doive en avoir fix.

Il eft à remarquer que le bois François eft toujours plus épais que le bois de
Volge à chaque échantillon, c'eft-à-dire, que le premier a toujours deux à
trois lignes plus que fon épaiffeur, de forte que le bois de pouce a quelquefois
quatorze à quinze lignes, & qu'au contraire le dernier a prefque toujours une
ligne de moins qu'il ne doit avoir, ce qui eft un défaut ; mais auffi a-t-il l'avantage d'être plus droit que l'autre, & d'avoir moins de déchet.

Pour ce qui eft des voliges de chêne, les Marchands de bois n'en vendent
que très-rarement ; les Menuifiers fe fervent de bois de Hollande pour les pan-

neaux minces, ou bien ils font refendre chez eux des planches fur le champ, de l'épaiffeur & de la qualité qu'ils jugent à propos.

Le fapin n'eft pas fujet aux regles de groffeur dont je viens de parler, du moins pour celui qu'on emploie dans la Menuiferie de Bâtiments.

Celui d'Auvergne porte ordinairement douze pieds de long fur quatorze à quinze lignes d'épaiffeur; fa largeur varie depuis dix jufqu'à quatorze à quinze pouces.

Celui de Lorraine ne porte que onze pieds de longueur au plus; il y en a d'auffi épais que celui d'Auvergne : mais l'épaiffeur la plus ordinaire eft de dix à douze lignes : fa largeur varie ainfi que celle de ce dernier.

Il y a auffi du feuillet de fapin de Lorraine, de même longueur que les planches, lequel porte depuis fix jufqu'à huit lignes d'épaiffeur.

Le noyer & l'orme ne fe trouvent pas débités en planches ainfi que les autres bois; pour peu que les Menuifiers en carroffes foient un peu opulents, ils achetent des corps d'arbres tout entiers qu'ils font débiter eux-mêmes, favoir, l'orme par tables de cinq pouces d'épaiffeur, & le noyer par tables de trois pouces; ils font encore refendre le noyer noir pour faire des panneaux par tables de quatre lignes d'épaiffeur, lefquelles ont de largeur celle du corps de l'arbre, qui a quelquefois deux à deux pieds & demi de largeur.

Le hêtre fe trouve débité par planches de quinze à dix-huit lignes, & même deux pouces d'épaiffeur fur fept, neuf, & douze pieds de longueur; on vend auffi des tables de ce bois propres à faire des établis de Menuifiers, des tables de cuifine & des étaux de Bouchers, lefquelles tables portent de longueur depuis fept jufqu'à douze, & même quinze pieds, fur dix-huit à trente pouces de large, & cinq à fix pouces d'épaiffeur.

Quoique les bois qu'on a choifis ayent par eux-mêmes toutes les qualités requifes, il eft encore néceffaire de veiller à leur confervation, & comme le bois de Menuiferie ne doit être employé que très-fec, il eft de la derniere conféquence aux Menuifiers d'être toujours bien approvifionnés de bois de tout échantillon, lefquels ils confervent & font fécher dans leurs chantiers avant de les employer.

Ils doivent auffi avoir foin que leurs chantiers ne foient pas dans un endroit trop bas, ni planté d'arbres, parce que la chûte & l'amas des feuilles empêcheroit l'écoulement des eaux, lefquelles pourriroient les couvertures & le pied des piles.

Le terrein occupé par les piles, doit être plus haut que le refte du chantier, afin que les eaux n'y féjournent pas; il faut qu'il foit bien dreffé & de niveau, après quoi on pofe deffus des pieces de bois cotées *A*, que l'on nomme *chantiers*, lefquelles ont de longueur la largeur de la pile, qui eft ordinairement de quatre pieds (quoique quelquefois on les faffe plus larges); on leur donne le plus d'épaiffeur qu'il eft poffible, afin qu'ils élevent la pile davantage.

On met les chantiers diftants des uns les autres de trois en trois pieds ; leur deffus doit être bien dreffé & dégauchi, après quoi on empile le bois deffus, après avoir pris la précaution de mettre de mauvaifes planches au premier rang pour empêcher l'humidité de tranfpirer. On fait les piles de deux manieres, felon que le bois eft encore mouillé ou qu'il eft fec.

Dans le premier cas on empile à claire-voie, ce qui fe fait des deux manieres fuivantes.

La premiere eft d'efpacer les planches les unes des autres d'une diftance à peu-près égale aux deux tiers de leur largeur, & de féparer chaque rang de planches par des lattes *ff*, lefquelles en les féparant, les empêchent de fe toucher, & les entretient d'une façon folide les unes fur les autres, de forte que l'on peut faire monter des piles jufqu'à vingt & vingt-cinq pieds de haut. (*Fig. 1*).

La feconde maniere de faire des piles à claire-voie eft de les faire quarrées, c'eft-à-dire, de leur donner autant de largeur que les planches font longues, ce qu'on fait en mettant d'abord un rang de planches efpacées à diftance égale les unes des autres . comme dans la premiere maniere, de forte toutefois que la largeur des planches & l'efpace qui eft entr'elles foit égal à leur longueur ; enfuite de quoi on remet pardeffus ces planches un autre rang dans le même ordre & en fens contraire, ce qui fait qu'on n'a pas befoin de lattes, & que les planches ont plus d'air entr'elles ; cependant on ne doit pas les laiffer long-temps empilées de cette façon, de crainte que le bois ne s'échauffe dans les endroits qui portent les uns fur les autres. (*Fig. 2*).

Les chevrons de fix & de neuf pieds s'empilent de cette façon, fans cependant être à claire-voie.

La maniere d'empiler le bois fec ne differe de la premiere de ces deux manieres, qu'en ce que les planches fe touchent les unes les autres, au lieu d'être à claire-voie. On fépare chaque rang avec des lattes que l'on met d'une diftance égale à celle des chantiers, c'eft-à-dire, de trois en trois pieds, afin que les planches foient toujours droites & ne fe gauchiffent pas, ce qui s'appelle *cauffiner* ou *déjetter*, où enfin *coffiner*, en terme d'ouvrier, quoique cependant ce dernier terme fignifie plutôt une planche creufée fur fa largeur que gauchie. (*Fig. 3*).

Le deffus des piles fe couvre avec des planches pofées à recouvrement les unes fur les autres, un des bouts defquelles pofé fur une autre planche (*cotée* a, *Fig.* 4), que l'on nomme *l'égout de la couverture*, & qui porte à plat fur la pile : on doit cependant obferver qu'elle excéde de trois à quatre pouces le devant de la pile, & qu'elle penche un peu en dehors, afin de faciliter l'écoulement des eaux ; on la cale un peu fur le derriere pour cet effet. L'autre bout des planches de la couverture porte fur une piece de bois *b*, que l'on nomme *chevet*, qui fe pofe fur le champ fur deux morceaux de bois *c*, dans lefquels elle entre en entaille & y eft arrêtée avec des coins *d*, afin qu'elle ne tourne pas. Le chevet doit être élevé d'un pied & demi au moins, afin que l'eau féjourne moins fur les piles.

Le milieu de la couverture doit être foutenu par une piece de bois *e* qui paffe pardeffous, & les deux planches des rives *r s* , *r s* , doivent faillir de trois à quatre pouces des deux côtés de la pile, afin que l'eau ne retombe pas le long.

Lorfqu'on veut donner aux piles plus de quatre pieds d'épaiffeur, on doit avoir foin de mettre les lattes en liaifon, c'eft-à-dire, que le bout qu'on mettra pour completter ce que la pile aura de plus de quatre pieds, (ce qui eft la longueur des lattes) que ce bout, dis-je, paffe encore fur l'autre planche pour entretenir la folidité de cette même pile, qu'on aura foin d'élever bien d'à-plomb de tous fens, afin d'éviter les accidents que fa chûte pourroit occafionner.

Pour les bois minces, comme le bois de Hollande, la volige de chêne & de fapin, la coutume n'eft pas de les empiler à l'air au milieu du chantier, mais de les empiler fous des hangars & au-deffus de la boutique où travaillent les ouvriers, par la raifon, dit-on, qu'ils s'y confervent mieux; mais je crois malgré l'ufage, qu'ils feroient mieux dans le chantier, où ils recevroient l'air de tous côtés, & où ils ne feroient pas expofés aux vers.

Quant à leur confervation, je crois qu'ils ne courent aucun danger étant à l'air. Les piles de bois de Hollande, qui font depuis très-long-temps dans les chantiers du Port de l'Hôpital & de la Rapée, fans être aucunement endommagés, font de fûrs garants de la vérité de ce que j'avance.

Ce que je dis ici n'eft que général; je fçai parfaitement que tous les Menuifiers ne peuvent pas avoir de grands chantiers ni de groffes provifions de bois; mais encore pour peu qu'ils ayent d'économie, ils doivent toujours faire leur poffible pour en être à peu-près échantillonnés, & pour veiller à la confervation du peu qu'ils en ont, afin de ne pas être obligés d'en acheter chez les Marchands à mefure qu'ils en ont befoin, parce que le bois qu'ils vendent n'eft prefque jamais fec, ou bien qu'ils le leur font payer trèscher lorfqu'ils en ont.

Plus les bois font durs, & plus ils font de temps à fécher; c'eft pourquoi on ne doit pas raifonnablement employer de bois qu'il n'ait huit années de coupe au moins, afin de pouvoir faire de bons ouvrages : il ne faut cependant pas qu'il foit trop fec, fur-tout pour les ouvrages d'affemblage, où le bois qui n'a plus de fève, & dont l'humidité eft totalement expulfée, ne peut être propre.

Section troisieme.

Du débit des Bois.

On débite le bois de deux manieres, favoir, fur le champ & fur le plat. Le bois fur le champ eft celui qu'on fait refendre fur l'épaiffeur de la planche

che

che pour en faire des panneaux & autres ouvrages minces. Le bois débité sur le plat est celui qu'on fait refendre sur sa largeur pour la diviser en battants, en montants, en traverses, & autres pieces dont on a besoin dans la construction de la Menuiserie.

Quand on fait refendre des planches sur le champ, on doit choisir celles qui sont les plus droites, sans fentes & sans nœuds ni gales; il faut aussi avoir soin qu'elles soient d'une belle couleur, ce qu'on connoît en les découvrant sur le plat avec la demi-varlope, ce qui s'appelle *sonder le bois*; dans le nombre des planches que l'on trouve propres à être refendues sur le champ, il faut préférer celles qui sont sur la maille du bois, c'est-à-dire, dont la surface est parallele aux rayons qui s'étendent du centre à la circonférence.

La raison qui doit faire préférer le bois sur la maille dans ces sortes d'occasions, est qu'il est moins sujet à se tourmenter que de l'autre sens, l'air & l'humidité le pénétrant plus difficilement, & la séve qui est contenue entre les rayons de l'arbre ne faisant plus d'effet que sur l'épaisseur, au lieu que du dernier sens l'effet se fait sur la largeur; c'est pour cette raison que tous les bois de seaux, & les douves de tonneaux sont fendues sur la maille.

Le seul défaut du bois sur la maille, est qu'il se polit difficilement, les rayons de l'arbre se trouvant coupés sur leur épaisseur, forment sur sa surface des parties dures, lesquelles ont peine à s'unir & la désaffleurent presque toujours, ou bien elles s'enlevent & y forment des cavités.

Lorsque le bois est encore vert, la couleur des mailles est d'un rouge tirant sur le bleu; mais lorsqu'il est sec, elles deviennent blanches, & à peu-près semblables à l'intérieur d'un noyau d'abricot; au reste quand ce bois est bien sec, & que les panneaux auxquels on l'emploie sont bien replanis, ils font un fort bel effet, sur-tout dans les ouvrages qui ne sont que vernis.

En général le bois sur la maille est celui qui est refendu parallélement aux rayons de l'arbre, ainsi que je l'ai dit ci-dessus : ces rayons sont des prolongemens du tissu vasculaire, lesquels joignent & coupent les cercles concentriques formés par les couches annulaires. Quand on refend les arbres de toute leur largeur pour en faire des planches, comme dans la *Fig.* 7, toutes celles qui passent par le centre sont sur la maille, ainsi que celles *l l*; à mesure que les planches s'éloignent du centre, elles sont moins sur la maille, de sorte que celles qui sont proches de la circonférence de l'arbre comme celles *m m*, *n n*, sont à sens contraire, c'est-à-dire, paralleles aux couches concentriques.

Quand on refend les arbres par quartiers, comme on fait aux bois de Hollande, on les débite en planches sur la maille de deux manieres; la premiere est de les refendre par des lignes paralleles à l'un des côtés du triangle *q*, que forme le quartier de l'arbre; la seconde est de les refendre par des lignes paralleles à une autre ligne qu'on mene du sommet du triangle *r s t*, *Fig.* 8, au point *o*, qui est le milieu de la base. Ces deux manieres sont indifférentes en elles-mêmes, parce que dans l'une ou dans l'autre, il n'y a que les planches les plus paralleles aux rayons qui soient parfaitement sur la maille.

On doit cependant observer de ne jamais refendre les bois de quartier d'un sens parallele à leur circonférence, comme le quartier *p* (*Fig. 8*), parce qu'il est plus sujet à se tourmenter, comme je l'ai dit plus haut.

Je n'entrerai pas ici dans un détail plus circonstancié de la nature & de l'effet des bois lors de leur desséchement ; ceux qui voudront approfondir cette matiere, auront recours au *Traité des Forêts* de M. Duhamel du Monceau, dans lequel ils trouveront tout ce qu'on peut dire à ce sujet *.

Pour ce qui est des bois propres à refendre sur le champ, relativement à leur épaisseur, ce sont les bois de deux pouces refendus en trois, c'est-à-dire, dans lesquels on fait deux traits de scie, ce qui produit trois planches ou voliges d'environ sept lignes d'épaisseur chacune, chaque trait de scie prenant deux lignes de bois : on ne refend pas ce bois en deux, parce que le bois de pouce de Vosge, ou l'entrevoux, fait le même effet.

Le bois de vingt-une lignes se refend aussi en trois, ce qui donne trois feuillets d'environ six lignes d'épaisseur.

Celui de pouce & demi se refend en deux, ce qui produit deux planches de huit lignes d'épaisseur. On ne doit pas le refendre en trois, parce que les feuillets auroient moins de cinq lignes d'épaisseur, ce qui est trop mince.

Les bois de quinze lignes se refendent en deux, & donnent deux feuillets de six lignes & demi d'épaisseur.

Le bois d'un pouce se refend en deux, & donne deux feuillets très-minces, sur-tout celui de Vosge, lesquels ne font bons que dans les menus ouvrages ; mais en général le moins qu'on peut en employer est le meilleur.

Les Menuisiers doivent toujours avoir des bois refendus sur le champ de toutes les épaisseurs convenables, afin de n'être pas obligés d'en faire refendre à mesure qu'ils en ont besoin.

De plus, le bois anciennement refendu est toujours meilleur que le nouveau, qui, quelque sec qu'il soit, fait toujours un peu d'effet après avoir été refendu.

Le débitage des bois sur le plat, mérite la plus sérieuse attention ; car c'est du soin & de l'économie avec lesquels ils sont débités, que dépend en partie la bonté de l'ouvrage & le profit de l'Entrepreneur.

Avant de commencer à débiter le bois, il est d'abord nécessaire de se rendre compte du nombre des piéces dont on a besoin, savoir, si c'est des battants, des montants, ou des traverses ; de leurs longueurs, largeurs & épaisseurs : on doit aussi faire attention aux profils & aux moulures qui y seront poussées ** , à leurs largeurs, s'il y a des piéces qui en ayent des deux côtés, ou bien s'il y en a d'autres qui n'en ont point du tout.

---

* Le TRAITÉ complet des Bois & des Forêts, 8. vol. *in-4.* se trouve chez *L. F. Delatour.*

** *Pousser les moulures*, en termes d'ouvriers, c'est les former dans le bois avec les outils destinés à cet usage.

Après quoi, on doit prendre des planches ou autres pieces de bois d'une épaiſſeur & d'une longueur convenables aux beſoins qu'on en a , parmi leſquelles on
choiſira celles qui ſont les plus droites & plus de fil pour faire des battants, qu'on
débitera en commençant par le plus large, à moins qu'il ne ſe rencontre dans une
planche des fentes ou des nœuds vicieux qui traverſent la largeur ; dans ce cas on
prend dans la partie ſaine de la planche un battant de moyenne largeur , & le reſte
ſe débite en traverſes ou autres petites pieces. Avant de débiter le bois , il faut
d'abord le ſonder ; enſuite on poſe la regle ou le cordeau ſur la plus belle rive ou arrête du bois , pour voir ſi elle eſt parfaitement droite : s'il arrive qu'elle
ſoit creuſe , ou ronde , ou bouge , (ce qui en termes d'ouvriers eſt la même choſe
que ronde ou bombe , ce mot ſe prenant pour le champ du bois , comme pour
le plat) , on y marque une ligne qui paſſe & affleure le long du creux , ou
aux deux extrêmités du bouge , d'après laquelle on en mene d'autres paralleles à la premiere , ſelon la largeur dont on a beſoin. *(Fig. 9 & 10)*.

Quand les planches ſont trop courbes , & que dans leur longueur elles peuvent contenir deux ou pluſieurs longueurs de montants ou de traverſes , on marque d'abord deſſus la longueur dont on a beſoin , après quoi on la diviſe en
autant de lignes qu'on le juge à propos. *(Fig. 11)*.

On doit obſerver en débitant les bois , de n'en pas prendre de plus longs
qu'il ne faut , c'eſt-à-dire , de ne pas prendre des battants de huit pieds dans
des planches qui en auroient douze , à moins qu'elles ne ſoient coupées par des
fentes ou des nœuds vicieux ; alors il n'y a plus d'inconvénient à prendre du
bois de longueur. *(Fig. 12)*. Hors ce cas , il ne faut jamais prendre de bois plus
long qu'il ne faut , c'eſt-à-dire , qu'on doit prendre des planches de ſix pieds
pour des longueurs de cinq pieds ou cinq pieds ſix pouces ; des planches de
ſept pieds pour celles de ſix pieds ſix pouces ; des planches de neuf pieds pour
des longueurs de ſept pieds ſix pouces , huit pieds , ou huit pieds ſix pouces ;
ainſi du reſte , afin de ménager les bois longs qui ſont toujours plus chers &
plus rares que les autres.

Cependant les longueurs de quatre pieds & demi peuvent ſe prendre dans
du bois de neuf pieds , parce qu'il n'y a pas de perte , & qu'il y en auroit davantage dans le bois de ſix pieds , où les bouts reſtans des quatre pieds & demi
ne ſont pas toujours ſains , & ne peuvent ſervir qu'à faire de petites traverſes.

On ne doit pas débiter les planches qui ſont parfaitement ſaines tant ſur la
longueur que ſur la largeur ; mais il faut les réſerver pour faire des panneaux ,
ou pour être employées de toute leur largeur , & ne débiter que celles qui ſont
fendues ou noueuſes , parce que ces défauts s'échappent dans les refentes &
dans les coupes des bois , ainſi qu'on peut le voir dans les figures ci-deſſus.

Il faut avoir ſoin de débiter les bois de trois lignes chacun plus larges qu'il
ne faut , parce que le trait de la ſcie en emporte deux lignes au moins , & que
quelque droit que les ſcieurs de long refendent , ils s'écartent toujours un peu
d'un côté ou d'un autre.

P l a n c h e
I V.

On se sert de craie de Champagne ou de Meudon pour débiter le bois soit avec la régle ou avec le cordeau, ce qui se fait de cette maniere. On prend une ficelle nommée *fouet*, que l'on frotte de craie, ensuite de quoi on la fait passer par les deux points *e m* marqués aux deux extrêmités de la planche, en obfervant de la faire roidir fur la longueur, puis on l'enleve par le milieu, & on la laiffe retomber fur la planche, fur laquelle elle marque une ligne très-droite. (*Fig. 1 & 2*).

Il faut établir le bois lorfqu'on le débite, c'eft-à-dire, le marquer de certains fignes dont on eft convenu pour indiquer les battants, les traverfes, tant du haut que du milieu & du bas, les battants montants, les montants fimples, & le côté où fe font les affemblages, & où fe pouffent les moulures.

Les Figures *A A* repréfentent l'établiffement d'un battant, dont le haut & le côté du dedans eft marqué *a*. Celle *B* repréfente l'établiffement d'une traverfe d'en haut ; le côté de la moulure eft marqué *b*. Celles *C & D* repréfentent les établiffements de deux traverfes de milieu, dont celle *C* eft la plus haute, comme étant la plus étroite : les côtés *c d* qui font marqués d'un petit trait, indiquent la moulure la plus large.

La figure *E* repréfente l'établiffement d'une traverfe d'en-bas ; le côté de la moulure eft marqué *e*.

Celle *F* repréfente l'établiffement d'un battant montant, & celle *G* celui d'un montant fimple.

Les Figures *H, I*, font pour marquer l'endroit où il faut couper un morceau de bois ; on ne fe fert de celle *I* que pour diftinguer lequel de plufieurs traits eft le meilleur.

Il faut avoir foin, en établiffant le bois, de mettre le plus tendre du côté de la moulure, en obfervant que le bois fe trouve de fil en la pouffant ; c'eft pourquoi s'il arrive que le bois foit un peu tranché, on l'établira de maniere que le fil monte de droit à gauche en regardant l'établiffement. (*Fig. 3*).

Le débitage du bois courbe demande auffi beaucoup d'attention, non-feulement par rapport à l'économie du bois & à la folidité de l'ouvrage, mais encore quant à la connoiffance parfaite des ouvrages auxquels ils font néceffaires. Comme cette partie eft indifpenfablement liée avec l'Art du Trait, je ne la traiterai à fond qu'à la fin de la feconde Partie de cet Ouvrage, afin de ne pas m'écarter du plan que je me fuis propofé. Je ne parlerai donc ici que des courbes que l'on emploie dans l'ouvrage ordinaire.

Les courbes dont je vais parler, font de deux fortes : les unes font pour les ouvrages ceintrés fur l'élévation, & les autres pour ceux qui font ceintrés fur le plan. Les premieres fe prennent dans des planches de largeur convenable, que l'on chantourne felon les différents ceintres que l'on a à faire. Lorfqu'ils font ceintrés deffus & deffous, & que la retombée du ceintre demande trop de largeur, on commence par l'évider, puis on colle deffus la levée qui en fort, (en termes

mes

mes d'ouvriers, cette levée se nomme *veau*), ce qui est très-solide, & en même tems épargne beaucoup de bois. (*Fig. 4*).

Pour les courbes en plan, on commence d'abord, avant de débiter le bois, par faire des calibres, qui sont des morceaux de bois minces, lesquels sont chantournés conformément au plan, comme les *Fig. 7 & 8*, & qui servent de régles pour débiter le bois. On doit avoir soin que les courbes se prennent les unes dans les autres autant qu'il est possible, ou bien en se chevauchant ; on évitera le bois tranché le plus qu'on pourra, afin que l'ouvrage en soit plus solide. *Voyez les Fig. 5 & 6*, lesquelles démontrent tout ce qu'on peut dire à ce sujet.

Il est encore une maniere de ceintrer sur le plan, qui est de prendre du bois droit, que l'on travaille & façonne prêt à l'assembler, ensuite de quoi on le mouille du côté opposé à celui qu'on veut faire creuser, puis on l'expose au-dessus d'un feu de charbon, afin de le moins noircir, & peu à peu on le fait ployer à l'aide d'un *Etrésillon* ou *Goberge*, dont on appuye l'un des bouts contre le plancher, & l'autre contre le bois que l'on veut faire courber.

Cette maniere de ceintrer les bois n'est d'aucun avantage, si ce n'est d'en épargner la dépense ; car du reste elle est pleine de défauts. Premiérement elle n'est pas propre à toute sorte de bois ; de plus il faut que le bois soit un peu vert, sans quoi il casseroit ; on n'est presque jamais sûr de le ceintrer juste, & quand même on y parviendroit, rien ne peut garantir que le bois en se séchant ne se redresse.

Je ne parle donc ici de cette méthode que comme d'une chose à éviter, & pour avertir les jeunes gens de ne se pas laisser séduire par l'intérêt & par le mauvais exemple.

Les Menuisiers en carrosses suivent cette méthode pour ceintrer leurs panneaux, ainsi que je le dirai en son lieu, & ils font très-bien : si je la blâme ici, ce n'est que dans les ouvrages de bâtiments.

Lorsque le bois est débité, on fait venir les scieurs de long pour le refendre, lesquels sont toujours deux ensemble, & se fournissent de scies de toute espece ; les Menuisiers ne leur fournissent que deux tréteaux, & deux pieces de bois nommées *Couloues* (je ne sçai si ce terme est très-propre, mais enfin c'est l'usage). (*Fig. 9*).

Les tréteaux doivent être faits de bois fort, & avoir quatre pieds de large sur cinq à cinq pieds & demi de haut ; leur tête *n*, doit avoir quatre pouces d'épais sur six pouces de large ; les pieds *o*, trois pouces quarrés avec une traverse *p* par le bas : de dessus & au milieu de cette traverse, on fait monter deux autres piéces de bois *q q*, lesquelles viennent buter contre la tête du tréteau à environ quatre pouces du milieu de chaque côté ; entre ces deux montants, & à un pied de dessous la tête du tréteau, on y assemble une traverse *r*, laquelle sert à les retenir.

Menuisier.   K.

Deſſus & au milieu de chaque tréteau, eſt une piéce de bois *s*, d'environ dix-huit pouces de long ſur deux à trois pouces d'épaiſſeur : ſur ces deux pieces poſent les bouts des coulottes *t*, leſquelles ont de longueur douze à quinze pieds ſur trois pouces d'épaiſſeur, & cinq à ſix de largeur.

Sur les coulottes, & du côté de la tête, eſt un bout de planche *v*, de deux à trois pieds de longueur, qui eſt retenu ſur les coulottes par une forte corde *x*, laquelle le tient ſolidement attaché à plat ſur les tréteaux ; cette corde eſt bandée par le moyen d'un garrot *y*, qui s'arrête derriere le montant du tréteau. (*Fig. 9*). Cette planche ſert à porter le ſcieur de long lorſqu'on change la planche à refendre, ou bien que le trait eſt au bout ; alors il ſe retire deſſus. Il doit y avoir un pouce ou un pouce & demi de jour au moins entre les coulottes, afin de laiſſer du paſſage à la ſcie.

Les coulottes ainſi diſpoſées, ſervent à refendre le bois ſur le plat ; mais pour le bois ſur le champ, on les retourne & les met ſur leurs largeurs, & on les eſpace de maniere que les bois que l'on a à refendre ſoient pris juſtes entre elles : on fait porter le bout des planches ſur le tréteau, & on les y attache avec la corde que l'on ſerre & arrête comme j'ai dit ci-devant, de ſorte que les planches à refendre, les deux coulottes & le tréteau tiennent enſemble ; l'autre bout des planches eſt porté par un morceau de bois, lequel eſt de la hauteur des tréteaux, & qu'on change ſelon que la ſcie avance.

La ſcie des ſcieurs de long, (*Fig. 10*), eſt compoſée d'un chaſſis ou monture de vingt-ſix pouces de largeur entre les montants, & de quatre pieds huit pouces de haut entre les traverſes ou ſommiers ; cette largeur eſt la plus ordinaire ; mais lorſque les ſcieurs de long ont du bois très-large à refendre, ils apportent des ſcies dont la monture a juſqu'à trois pieds de largeur, & même plus s'il eſt néceſſaire. Ce chaſſis eſt ordinairement de ſapin, afin d'être plus léger, & que les montants (*n°. 1*) ne ſe courbent pas : ils ont ordinairement deux pouces de large ſur un pouce & demi d'épaiſſeur, & ſont aſſemblés à goujon dans les ſommiers (*n°. 2*), à travers deſquels ils paſſent ; les ſommiers ont trois pouces à trois pouces & demi de largeur par les bouts, & quatre pouces à quatre pouces & demi dans le milieu ; de ſorte qu'ils ſont bouges en dehors pour leur donner plus de force : ils ont deux pouces d'épaiſſeur, & débordent les deux montants de trois pouces de chaque côté.

Dans le ſommier d'en-bas, eſt aſſemblé en retour d'équerre un petit chaſſis (*n°. 3*), nommé *Renard*, lequel ſaille de quatre pouces du ſommier, & a environ vingt pouces de long : ce renard ſert à tenir la ſcie par le bas.

Au haut de la ſcie, & ſur le ſommier, s'aſſemble un autre chaſſis (*n°. 4*), nommé *Chevrette*, lequel eſt diſtant du ſommier de douze à treize pouces ; les deux montants de ce chaſſis ſont inclinés en dedans, afin qu'ils ne ſortent pas de dedans le ſommier, & s'aſſemblent dans une petite traverſe arrondie, qui a environ quinze pouces de long, & les excede de trois ou quatre pouces, afin que le fcieur de long puiffe s'en fervir pour relever & baiffer la fcie.

Le fer de la fcie (*n°. 5*), eft une lame de fer plate, d'environ une ligne & demie d'épaiffeur, fur trois pouces de largeur par les bouts, & quatre pouces au milieu. Pour être bonne, elle doit être plus épaiffe du côté de la denture que par derriere, & être exempte de pailles & d'inégalités ; fes deux bouts font arrêtés par des efpeces d'anneaux de fer (*no. 6*), que l'on nomme *équiers*, dans lefquels paffent les fommiers, & qui faillent en dedans & en dehors du chaffis, tant pour recevoir la fcie qui y eft arrêtée par deux goupilles de fer, que pour faire place à un coin de bois (*no. 7*), que l'on met entre le fommier & l'équiers, afin de faire roidir la fcie.

Ses dents font faites en forme de cremaillée & à angles arrondis : elles font à un pouce de diftance l'une de l'autre, & ont trois à quatre lignes de profondeur ; elles ne fe liment pas quarrément, mais de biais, chaque dent à contre-fens l'une de l'autre. Il faut obferver que ce biais ne régne que dans la partie creufe de la dent, & que le bas eft à angle droit ou d'équerre avec la fcie. (*Fig. 11 & 12.*)

Pour les ouvrages ceintrés, les fcieurs de long fe fervent de fcies nommées *Raquettes*, lefquelles ne different des autres qu'en ce que la feuille ou lame n'a qu'un pouce ou quinze lignes de largeur au plus, afin de pouvoir tourner plus facilement.

La lime qui fert à limer ou à affûter la fcie des fcieurs de long, eft d'une forme ovale, de la longueur d'environ neuf à dix pouces, fur la largeur de dix lignes au plus large ; cette lime a un manche de bois, à l'extrêmité duquel eft placé un morceau de fer plat, d'une forme ronde d'environ un pouce ou quinze lignes de diametre, dans lequel font trois entailles qui font de différentes grandeurs, & qui fervent à donner de la voie à la fcie. (*Fig. 13*).

En général, *donner de la voie à une fcie*, c'eft en écarter les dents en dehors de leur épaiffeur, les unes à droite & les autres à gauche, afin qu'elles paffent mieux dans le bois. On donne plus ou moins de voie aux fcies felon leurs différents ufages, ainfi que je le dirai en fon lieu ; mais en général le moins qu'on peut en donner eft le meilleur ; il faut auffi faire attention que la voie que l'on donne à une fcie ne doit jamais égaler, ou du moins furpaffer la moitié de fon épaiffeur, parce que fi cela étoit la fcie feroit deux traits, & par conféquent ne pourroit plus aller. (*Fig. 12*).

Les fcieurs de long ne fe fervent pas d'entailles pour limer leurs fcies ; mais ils la liment couchée fur le champ, la lame appuyée contre leurs genoux. Des deux fcieurs de long, l'un eft en bas au-deffous des coulottes, & va toujours en avançant ; & l'autre au contraire eft monté deffus le bois qu'il refend, & va toujours à reculons, de forte qu'ils font tournés vis-à-vis l'un de l'autre : lorfqu'ils refendent du bois fur le champ & quand il eft commencé à refendre d'une certaine longueur, ils y mettent un coin de bois qu'ils nomment *bon-dieu*, lequel fert

à ouvrir le bois, & par conséquent à faciliter le paſſage de la ſcie : ils enfon-
cent ce coin à meſure qu'ils avancent avec un autre morceau de bois mince.
(*Fig. 14 & 15*).

CHAPITRE TROISIEME.

Des Profils.

Aprè s le choix des bois, rien n'eſt plus recommandable en cette partie de
l'Architecture, que l'Art des aſſemblages, relativement à la ſolidité, & celui
des Profils pour ce qui a rapport à la décoration. Quoique dans les ouvrages de
quelque importance, les profils ſoient donnés par les Architectes ; il eſt néanmoins de la derniere néceſſité pour les Menuiſiers, d'entrer dans le détail des
différents profils uſités dans la décoration de la Menuiſerie, afin de pouvoir
parvenir à une parfaite pratique par le moyen d'une théorie ſûre & conſtante.

Section première.

Des Moulures en général.

Les moulures font partie des ornements de l'Architecture, (& par conſéquent de la Menuiſerie, laquelle fait partie de cette derniere), ou pour mieux
dire, ce ſont des caracteres diſtinctifs, leſquels ſervent à donner aux différents
ouvrages un caractere de richeſſe ou de ſimplicité relatif aux différents ſujets
que l'on traite. On peut donc comparer les Moulures aux lettres dont on ſe
ſert dans l'écriture, leſquelles par la combinaiſon des différents caracteres, forment une infinité de mots ſelon la diverſité des langues *.

Il eſt de trois eſpeces de moulures, ſavoir, les premieres, que l'on nomme
droites ; les ſecondes, *creuſes* ou *rondes*, & les troiſiemes, *mixtes*. Les moulures
droites ſont les *plinthes*, les *larmiers*, les *faces* ſoit *d'architraves*, *d'impoſtes*
ou de *chambranles*, les *liſteaux* grands & petits, les *grains d'orge*, & les *filets*.
Les *creuſes* ou *rondes* ſont les *tors*, les *quarts-de-rond*, les *aſtragales*, les *ba-*
guettes, *talons* ou *bourements*, les *doucines* droites ou renverſées, les *cavets* &
les *gorges régulieres*, &c. Les mixtes ſont celles qui ſont formées par deux lignes
différentes, & qui par conſéquent participent des deux premiers genres de
moulures, telles que ſont les *ſcoties*, *les congés méplats*, *les gorges rompues*,
les *becs de corbin*, les *boudins*, & généralement toutes eſpeces de moulures
d'une forme irréguliere.

On diviſe encore les moulures en grandes & petites.

---

* M. Daviler s'eſt ſervi de cette comparai- réflexion ne ſeroit pas mal placée ici, quoique
ſon dans ſes Commentaires, & j'ai cru que cette priſe ſous un différent point de vûe.

Les premieres font les *larmiers*, les *plinthes*, les grands *quarts de ronds*, les *doucines* droites ou renverfées, les *tors*, les *fcoties*, & les grandes *gorges*.

Les fecondes font les *aftragales*, les *baguettes*, les *petits talons* ou *bouvements*, les *petites gorges*, les *liftets*, les *facettes*, les *filets* ou *quarrés*, les *grains d'orge* ou *dégagements*.

Les grandes moulures doivent toujôurs fervir de couronnement & avoir la prééminence dans un profil, les petites fervant à les accompagner & à les dégager les unes des autres.

Quoique toutes ces différentes moulures fe puiffent tracer à l'œil, il eft cependant très-néceffaire de favoir les tracer géométriquement, afin de s'accoutumer de bonne heure à mettre de l'ordre & de la vraifemblance dans la compofition des profils, pour ne pas s'expofer à tomber dans le défaut des Architectes Goths, lefquels en s'éloignant des formes parfaites & régulieres que les Grecs & les Romains donnoient à leurs profils & à leurs moulures, en ont inventé d'autres dont le mauvais goût a régné fi long-temps en France.

§ I. *Maniere de tracer les Moulures géometriquement.*

On peut tracer les moulures de trois manieres différentes.

La premiere, & la plus parfaite, eft de leur donner autant de faillie que de P l a n c h e
V I. hauteur, & de les décrire par des quarts de cercle comme le font le quart de rond ou le cavet. (*Fig. 1 & 2*).

La feconde, en prenant la diftance *a b*, & en formant une fection en *c*, qui formera un triangle équilatéral, du fommet duquel on décrira l'arc de cercle *a b*, (*Fig. 3 & 4*).

La troifieme enfin, en prenant le point de centre à une diftance moyenne entre les deux premieres. (*Fig. 5 & 6*).

Les doucines & les talons fe tracent de la maniere fuivante.

Du point *i* au point *e*, menez la ligne diagonale *i e*, que vous partagerez en deux parties égales au point *f*, par lequel point vous ferez paffer la perpendiculaire *g h*; puis du point *g* & du point *h*, comme centres, vous tracerez deux quarts de rond, l'un en deffus & l'autre en deffous de la ligne diagonale *i e*, lefquels venant à fe rencontrer au point *f*, décriront la doucine ou talon demandés. (*Fig. 7 & 10*).

Lorfqu'on voudra que ces moulures foient moins reffenties, on fe fervira de la même méthode que pour les quarts de ronds, c'eft-à-dire, que l'on formera des triangles équilatéraux, dont les fommets ferviront de centres, ou bien une diftance moyenne entre le quart de cercle & un triangle équilatéral, (*Fig. 8, 9, 11 & 12*). Il faut prendre garde que je fuppofe à ces moulures autant de faillie que de hauteur.

Quand les doucines font renverfées, on leur donne quelquefois plus de creux

Menuisier. L

que de rond ; alors on divise la diagonale en neuf parties égales, desquelles on donne cinq à la partie supérieure, c'est-à-dire, cinq au creux, & les quatre autres au rond de la doucine. (*Fig. 13*).

Lorsque les moulures auront plus ou moins de saillie que de hauteur, on les diminue de la même maniere que je l'ai dit ci-dessus, en observant que le point de centre n'entre point en dedans de la ligne horizontale, si la moulure a moins de saillie que de hauteur, ou en dedans de la ligne perpendiculaire, si elle en a plus ; c'est pourquoi on prendra toujours la distance du point de centre du plus grand côté. (*Fig. 14 , 15 , 16 & 17*).

Les scoties ou gorges, se tracent des deux manieres suivantes.

La premiere, en divisant en trois parties égales la hauteur de la scotie, avec deux desquelles parties vous formerez un quarré dont l'angle, pris au dehors de la moulure, vous servira de point de centre pour décrire le grand quart de cercle *m n* : de la troisieme partie restante, vous ferez la même opération pour décrire le petit quart de cercle *n o* , (*Fig. 18*).

La seconde, en divisant la hauteur de la scotie en cinq parties égales, deux desquelles servent pour la partie supérieure, & les trois autres pour la partie inférieure de la scotie : le reste comme à la *Fig. 18*. (*Fig. 19*).

Il est encore une autre espece de scotie antique, dont Vignole nous a laissé le profil ; mais la cavité qui entre dans le listet n'est pas propre aux ouvrages de pierre & même de bois exposés dans les dehors, parce que les arrêtes étant trop vives, sont sujettes à se casser, & que cette même cavité conserve l'eau qui tombe dessus, ce qui par conséquent les expose à la pourriture. Cette scotie ne pourroit être tolérable que pour les ouvrages des dedans, sur-tout quand ils sont exécutés en bronze ou en quelque autre matiere dure. (*Fig. 20*).

Les boudins se tracent de la maniere suivante.

Après avoir déterminé la hauteur & la largeur du boudin que vous voulez tracer, vous partagerez la ligne *p q* en cinq parties égales, quatre desquelles feront pour le corps du boudin, & la cinquieme pour le talon, au point du centre duquel vous abaisserez la perpendiculaire *s t* ; puis du point *u* , & par la seconde division de la ligne *p q* , vous ménerez la ligne *u x* , & à l'endroit où elle coupera la ligne *s t*, ce sera le centre de l'arc *s y*, & le point *z* sera celui de l'arc *y q*. *Voyez les Fig. 21 & 22* , qui ne différent qu'en ce que les deux moulures ont plus ou moins de renflement, tant dans le corps de la moulure que dans le talon.

Les tors & les baguettes se tracent par un demi-cercle ainsi que l'indique la *Fig. 23*.

Pour les astragales, elles se tracent ainsi que les gorges ou scoties, excepté que dans celles-ci c'est le convexe qui est le côté apparent de la moulure. (*Fig. 24*).

Les moulures droites doivent profiler sur leur quarré, c'est-à-dire, qu'elles doivent avoir autant de saillie que de hauteur, quoique dans certains cas elles n'ayent de saillie que les deux tiers, ou même la moitié ; on doit cependant excepter les larmiers, qui doivent avoir plus de saillie que de hauteur, leur usage étant pour mettre à couvert les autres moulures, & pour mettre de l'ordre & du repos dans un profil, en évitant la confusion que produiroient plusieurs moulures rondes ou creuses les unes sur les autres. *Voyez les Fig. 25,* 26, 27, 28, 29, 30, 31 & 32, lesquelles représentent différentes sortes de larmiers, de plinthes, de listeaux, de filets, de grains d'orge, &c.

§ II. *Des Moulures usitées dans la Menuiserie.*

Après avoir donné la connoissance des différentes moulures dont nous venons de parler, lesquelles sont relatives à l'Architecture en général, il est nécessaire d'entrer dans le détail de celles qui sont en usage dans la Menuiserie ; car, quoiqu'elles soient les mêmes par leur nature, elles ne laissent pas d'être très-différentes dans l'exécution, la saillie des moulures ne pouvant pas être la même qu'à celles dont je viens de parler, les moulures de la Menuiserie proprement dite, n'ayant de saillie que le tiers, ou tout au plus la moitié de leur largeur, l'épaisseur des bois ne permettant pas d'en donner davantage ; de plus, la trop grande saillie des moulures ne servant qu'à rendre la Menuiserie d'une décoration lourde & pesante, ne pouvant être tolérée que dans les corniches & les plafonds, à moins que la Menuiserie que l'on fait ne soit imprimée en couleur de pierre ou de marbre ; pour lors il est nécessaire de rendre les moulures semblables à celles des matieres que l'on veut imiter, afin qu'il n'y ait point de contradiction entre la chose & ce qu'elle représente.

De plus, le bois étant une matiere plus aisée à travailler que la pierre ou le marbre, on doit par conséquent faire les moulures de la Menuiserie plus tendres & plus ressenties que celles que l'on emploie dans la décoration extérieure des bâtiments.

On doit aussi avoir égard au rang que la piéce que l'on veut décorer, tient dans un bâtiment, les différents degrés de richesses devant se faire connoître jusques dans la plus petite partie de la décoration d'un Appartement ; il faut d'abord se rendre compte si la piéce que l'on décore sera imprimée en huile ou en détrempe, si les moulures seront dorées ou seulement rechampies ; car chacune de ces différentes façons d'imprimer, demande une différente maniere de profiler. Si la Menuiserie n'est que vernie, on ne risque rien de faire les moulures telles qu'on veut qu'elles paroissent ; si au contraire elle est imprimée en détrempe, ou même dorée, les moulures doivent changer de forme, c'est-à-dire, que dans ce cas on doit faire les baguettes plus petites, & les dégagements plus forts, parce que si on n'avoit pas cette précaution, les moulures n'auroient plus aucune forme lorsqu'elles seroient peintes, les couches de peinture réitérées les unes sur les autres remplissant tous les dégagements, & grossissant les petites parties qu'elles environnent de moitié plus qu'elles ne doivent être.

On doit auſſi prendre garde ſi les moulures ſont taillées d'ornement, parce qu'alors il eſt néceſſaire d'en renforcer toutes les parties, afin que la ſculpture paroiſſe comme appliquée deſſus, & non compriſe dans la maſſe & aux dépens des moulures.

Les moulures les plus uſitées dans la Menuiſerie, ſont: Les *boudins* à baguettes. (*Fig. 33*). Les bouvements à baguettes, ou doucines à baguettes, ce qui eſt la même choſe. (*Fig. 34*). Les talons renverſés à baguettes. (*Fig. 35*). Les bouvements ſimples & à quarrés. (*Fig. 36*). Les becs de corbin. (*Fig. 37*). Les talons renverſés à quarrés. (*Fig. 38*). Les ronds entre deux quarrés. (*Fig. 39*). Les gorges. (*Fig. 40*). Les gorgets. (*Fig. 41*). Les congés ou cavets avec quarrés ou ſans quarrés. (*Fig. 42*). Les liſtets. (*Fig. 43*). Les gorges fouillées. (*Fig. 44*). Les olives. (*Fig 45*). Les baguettes. (*Fig. 46*). Les dégagements ou grains d'orge, ou *tabiſcots*. (*Fig. 47*). Et les quarrés ou filets. (*Fig. 48*).

SECTION SECONDE.

Des Profils de la Menuiſerie, & leurs différentes eſpeces.

CE ſont les différentes eſpeces de profils qui donnent le nom aux ouvrages de Menuiſerie auxquels on les emploie.

Il eſt de trois ſortes de profils: les premiers ſont ceux que l'on appelle *ſimples*, c'eſt-à-dire, qui n'ont qu'une eſpece de moulure, & dont la ſaillie n'excéde pas le nud des champs, telles que ſont les *Fig. 1, 2, 3, 4, 5, 6, 7, 8, 9, 10, 11 & 12*.

Les ſeconds ſont appellés *à petits cadres*, qui ſont compoſés de pluſieurs moulures, & toujours pris dans l'épaiſſeur du bois ainſi que les premiers (*Fig. 13, 14, 15 & 16*).

Les troiſiemes, ſont ceux qu'on nomme *à grands cadres ravalés* ou *embreuvés*, & dont la ſaillie excede le nud des champs.

Les cadres ravalés, ſont ceux dont la ſaillie eſt priſe dans l'épaiſſeur des bois, comme ſont les *Fig. 17 & 18*.

Les cadres embreuvés, ſont ceux qui ſont joints aux champs par le moyen des rainures & languettes, nommées *embreuvemens*, telles que les *Fig. 19, 20, 21 & 22*.

On nomme *cadres à plates-bandes*, ceux dont le derriere entre à vif dans un bâti dont l'arrête eſt ornée d'une moulure. (*Fig. 23 & 24*).

Ainſi on appelle la Menuiſerie *ſimple*, *à petits* ou *à grands cadres ravalés* ou *embreuvés*, ſelon que l'on emploie les différents profils dont je viens de parler.

La diverſité des ouvrages & la plus ou moins grande richeſſe que l'on eſt obligé de donner aux profils par rapport aux différents ſujets que l'on traite, fait qu'il eſt preſque impoſſible de déterminer abſolument quelle doit être la

forme

forme & l'ordonnance de ces mêmes profils; mais en général on aura soin qu'ils soient toujours d'accord avec la décoration totale de l'ouvrage auquel on les emploie, de même que cette décoration doit être en rapport avec l'ordonnance totale du bâtiment. Tels riches que soient les profils, on y affectera toujours le plus de simplicité qu'il sera possible, en y évitant la trop grande quantité de membres & les trop petites parties, lesquelles ne servent qu'à y mettre du désordre & de la confusion.

De plus, on ne doit jamais employer dans la décoration de la Menuiserie que des profils reconnus & usités par les Maîtres de l'Art, (c'est-à-dire les Architectes*), afin de ne point donner lieu à des nouveautés presque toujours vicieuses, & qui ne servent qu'à corrompre le goût du plus grand nombre.

Il seroit même fort à souhaiter que tous les ouvrages du même genre se ressemblassent, du moins pour la forme générale, & qu'ils ne différassent entre eux que par le choix des ornements, (quoique cependant toujours relatifs au sujet), & par le plus ou moins d'élégance avec lesquels les profils seroient traités.

CHAPITRE QUATRIEME.

De l'Art des Assemblages, de leurs usages & proportions.

L'ART des Assemblages est la partie la plus intéressante de la Menuiserie (eu égard à la solidité), & celle qui demande le plus d'attention, sur-tout de la part des Praticiens. La solidité & la propreté dans la construction de la Menuiserie, a donné lieu à nombre de différents assemblages, lesquels je vais détailler le plus exactement qu'il me sera possible.

PLANCHE VIII.

Les assemblages en général se font à tenons & mortaises, qui sont des cavités faites dans l'épaisseur du bois, lesquelles reçoivent les tenons, & par leur union rassemblent toutes les différentes piéces nécessaires à la construction de toutes sortes d'ouvrages, & leur donnent en même temps toute la solidité possible. Voyez dans la *Pl. VIII.* la *Fig. 1*, laquelle représente une mortaise; celle 3 représente un enfourchement, & celles 2 & 4 un tenon vû de plat & de champ ou de face & de côté, ce qui est la même chose.

On nomme différemment les assemblages, suivant la diversité de leur coupe, de la décoration des moulures de la Menuiserie, ou de la privation de ces parties: ainsi on dit assembler la Menuiserie à *tenons & mortaises*, ou *enfourchement*, *quarrément*, *d'onglet*, à *bois de fil*, en *fausse coupe*, avec *tenons & mortaises & enfourchement double* ou *simple*, &c.

---

* Quand je dis qu'il faut suivre les profils donnés par les Architectes, ce n'est qu'autant que ces derniers seront remplis de toutes les connoissances nécessaires à leur état, ce qui est quelquefois très-rare à trouver, l'expérience faisant voir tous les jours que bien des gens se disant Architectes, n'en ont que le nom qu'ils deshonorent; & que ces mêmes gens, pour se distinguer, inventent des profils tout-à-fait contraires au bon sens & à l'usage.

Les assemblages quarrés, sont ceux dont les deux arrazements du tenon sont égaux, (*Fig. 5*). On nomme *arrazements* les deux extrêmités de la piéce qui porte le tenon, lequel vient joindre à la piéce dans laquelle est faite la mortaise.

Les assemblages en enfourchements, sont ceux dont la mortaise & le tenon occupent toute la longueur de la piéce, & qui n'ont point d'épaulement, (*Fig. 6*). On appelle *épaulement* un petit espace de bois plein que l'on réserve entre deux mortaises, ou entre une mortaise & l'extrêmité de la piece, d'où il s'ensuit qu'il n'y a pas de mortaises sans épaulement, ou bien, si elle n'en a pas, elle perd son nom, & se nomme *enfourchement*.

Quand de deux piéces de bois l'une est plus épaisse que l'autre, & que l'on veut en conserver toute l'épaisseur, on y fait alors un assemblage à tenon & mortaise, plus un enfourchement avec le reste de l'épaisseur de la piece. (*Fig. 7*).

On nomme les assemblages *d'onglet*, lorsque la Menuiserie est décorée de moulures ; alors on prolonge l'arrazement du tenon du côté de la moulure, de la largeur de cette même moulure, ce que les Menuisiers appellent *ralonger une barbe* ; & la distance qu'il y a depuis l'arrazement jusqu'à l'extrêmité de la barbe ralongée, se coupe d'onglet, c'est-à-dire, par un angle de 45 degrés, (*Fig. 8*).

Lorsque l'ouvrage est d'une certaine considération, & que par conséquent on veut assembler avec plus de propreté, on coupe non-seulement la moulure d'onglet, mais aussi le champ, afin que le bois de bout ne paroisse d'aucun côté, c'est ce qu'on appelle *assembler à bois de fil*. Cet assemblage se fait à mortaise ou en enfourchement, selon qu'il est nécessaire. (*Fig. 9 & 10*).

Lorsqu'on veut donner plus de force à ces assemblages, & que l'épaisseur du bois le permet, dans la partie restante après la saillic de la moulure, on l'assemble quarrément à l'ordinaire, & on fait passer en enfourchement la saillie de la moulure, que l'on coupe d'onglet. (*Fig. 1*).

Lorsque l'onglet devient trop long après le premier enfourchement, on en fait un second pour donner plus de solidité à l'ouvrage. (*Fig. 2*).

Quand une coupe à bois de fil est grande, comme dans le cas d'un chambranle, ou même d'un cadre, après l'épaulement de la mortaise, on fait un petit enfourchement pour empêcher que le joint ne varie dans son extrêmité. (*Fig. 3*).

Lorsque des champs sont inégaux en largeur, & qu'on veut les assembler à bois de fil, on le fait de la maniere suivante : après avoir coupé d'onglet la largeur de la moulure, on mene une ligne depuis l'onglet jusqu'à la rencontre des deux lignes qui forment l'extrêmité des champs, ce qui fait la coupe demandée : on appelle cet assemblage *fausse coupe*. (*Fig. 4*).

Comme il arrive quelquefois que l'on assemble des pieces de différentes largeurs dans une même piece, & que l'épaisseur des deux premieres jointes ensemble, égale celle dans laquelle on les assemble, alors on fait une mortaise d'une largeur capable de contenir les tenons des deux pieces jointes enfemble: cet affemblage fe nomme *à tenon flotté.* (Figure 5).

Quand on veut que l'ouvrage foit très-folide & que le bois a affez d'épaiffeur, on y fait deux tenons l'un fur l'autre en y obfervant une joue entre-deux, fans que pour cela la traverfe foit de deux pieces, ainfi que dans la Figure ci-deffus.

Lorfqu'on veut joindre des planches les unes avec les autres, & qu'elles ont affez d'épaiffeur, on fait dans chacune de ces planches des mortaifes dans lefquelles on rapporte un tenon commun aux deux planches que l'on nomme *clef*, lequel étant chevillé, retient le joint & l'empêche de fe décoller. On fait encore dans le milieu de l'épaiffeur de ces planches une rainure très-mince, parce que fa trop grande épaiffeur ôte la folidité du joint, & que la languette que l'on rapporte, n'eft deftinée qu'à empêcher l'air de pénétrer au travers du joint. (*Fig. 6*).

La *Fig. 7* repréfente un affemblage qui fe nomme *à queue d'aronde*: ce font des entailles d'une forme évafée, lefquelles étant faites avec précifion, retiennent deux pieces de bois enfemble d'une maniere très-folide. *Voyez les Fig. 8 & 9*, où font repréfentées une queue & fon entaille féparées l'une de l'autre.

Les *queues recouvertes*, ou *queues perdues*, fe font pour plus de propreté; on donne de grandeur à ces fortes de queues, les deux tiers ou les trois quarts de l'épaiffeur du bois, & le reftant eft coupé d'onglet. (*Voyez les Fig. 10, 11 & 12*), lefquelles repréfentent des queues recouvertes affemblées, & les mêmes queues féparées pour en faire voir les dedans.

Planche
IX.

Section Premiere.

Différentes manieres d'alonger les Bois.

L e ralongement des bois doit auffi être mis au nombre des affemblages, l'ufage en étant très-ufité, vû l'impoffibilité d'avoir des bois d'une longueur néceffaire, ou fuppofé qu'ils le foient, le défaut qu'ils ont quelquefois de ne pas être d'une qualité parfaite, dans toute leur longueur, fe trouve corrigé par ce moyen.

Il y a deux manieres de ralonger le bois; la premiere, en entaille à moitié bois de chaque piece avec des rainures & des languettes à l'extrêmité des entailles, & que l'on retient affemblées par le moyen de la colle & des chevilles. (*Fig. 1 & 4*).

Le feconde maniere eft de ralonger le bois *à traits de Jupiter*, (apparemment nommée ainfi, parce que la forme de fes entailles eft à peu-près femblable à celle que l'on donne à la foudre lorfqu'on veut la repréfenter).

Il eft de deux fortes de traits de Jupiter, l'une que l'on fait en entaille à moitié bois dans chaque piece, & en y formant une feconde entaille pour recevoir la clef: il faut obferver de faire cette feconde entaille plus

Planche
X.

étroite du côté de l'extrêmité de la piéce, afin que la clef forçant contre, ne trouve point de réſiſtance dans le côté oppoſé de l'autre entaille, & que par conſéquent elle faſſe mieux approcher les joints. (*Fig. 2 & 5*).

La ſeconde maniere eſt de tracer au milieu de la piece deux lignes parallèles *a b*, *c d*, leſquelles donneront l'épaiſſeur de l'entaille ; puis après avoir déterminé la longueur de l'entaille, & avoir tracé la place de la clef au milieu, on jette tout le bois qui ſe trouve depuis le devant du bois (ſuppoſé que l'on regarde le devant de l'entaille), juſqu'à la premiere ligne parallèle ; enſuite depuis la place de la clef juſqu'à la diſtance *e*, on fait la ſeconde entaille *a e*, de ſorte que dans chaque piece, ce qu'il y a de plus remplace ce qu'il y a de moins dans la profondeur des entailles, & fait une place à la clef. Pour les extrêmités de ces entailles, elles ſe font à rainures & languettes, ou ſeulement en pentes ; mais les languettes ſont meilleures. (*Fig. 3, 6 & 7*).

Cette ſeconde maniere eſt très-ſolide, & vaut beaucoup mieux que la premiere, parce que la clef porte de toute ſon épaiſſeur ; au lieu que dans l'autre il n'y en a que la moitié ; de plus, la clef ne portant que de moitié eſt ſujette à tourner, & par conſéquent à faire ouvrir le joint, & en ſuppoſant même que le joint n'ouvre pas, la clef peut ſe manger, & étant forcée, porter ſur le côté de l'entaille oppoſée, ce qui lui ôte ſon effet. (*Voyez les Fig. ci-deſſus*).

Cet aſſemblage eſt très-utile & très-ſolide, & eſt en uſage non-ſeulement pour la Menuiſerie, mais auſſi pour la Charpenterie tant des bâtiments que des navires.

Lorſque toute la largeur du bois que l'on veut ralonger eſt occupée par des moulures, & qu'on ne peut ou ne veut pas faire des traits de Jupiter, de crainte que la clef & les rainures ne ſe rencontrent dans les moulures, on ſe ſert d'un aſſemblage nommé *flûte* ou *ſifflet*, qui ſe fait de cette maniere.

Après avoir diviſé la largeur de votre piece en deux parties égales, comme l'indique la ligne *f f g*, vous formez la longueur que vous voulez donner à vos entailles par celle *h i l m* ; puis de cette ligne à l'extrêmité de votre piece, vous menez les diagonales *r o p i* & *f q m n*, les unes d'un côté de la ligne & les autres de l'autre, de ſorte que ces entailles étant faites dans les deux pieces avec beaucoup de préciſion, font tout à la fois un aſſemblage ſolide & très-propre : il faut avoir ſoin que ces entailles ſoient faites en montant de droite à gauche, afin que quand on vient à pouſſer les moulures, elles ne ſoient pas ſujettes à s'éclatter. (*Fig. 8*).

Quoique j'aie dit qu'il falloit ſéparer la piece en deux pour faire ces ſortes d'entailles, cette régle n'eſt cependant pas générale ; car lorſqu'on a pluſieurs membres de moulures dans la piece, on met le joint dans le dégagement d'une d'entr'elles, s'il s'en trouve un à peu-près au milieu, ou au milieu d'une gorge, ainſi qu'on peut le voir dans la *Fig. 9*.

Quand

Quand on ralongera des pieces ornées de moulures à traits de Jupiter, on
aura soin de faire l'entaille après la rainure ou la profondeur de la moulure,
s'il n'y a pas de rainure, afin que la clef ne se découvre point. (*Fig. 10*).

On peut aussi ralonger les parties cintrées , tant sur le plan que sur l'éléva-
vation, à traits de Jupiter, ainsi que l'indiquent les *Fig. 11 & 12*. Pour ce
qui est des pieces cintrées sur le plan, pour peu qu'elles ayent de cintre, on
ne doit jamais y prendre de tenons , parce qu'ils deviennent trop tranches , &
par conséquent peu solides ; mais on doit les rapporter en faisant dans le bout
de la piece un enfourchement peu profond, & de l'épaisseur du tenon ; dans
cet enfourchement on fait trois ou quatre trous pour y placer les chevilles ou
goujons du tenon que l'on rapporte : ces especes de tenons se nomment *tenons
à peignes. (Fig. 12)*.

Voilà tous les différents assemblages dont on se sert pour la construction de
la Menuiserie : je les ai détaillés le mieux qu'il m'a été possible , cette matiere,
froide par elle-même, ne pouvant se rendre avec autant de clarté que je l'aurois souhaité : on aura recours aux planches où j'ai dessiné tous les différents
assemblages tant joints que séparés, afin qu'on en voye mieux l'effet ; j'ai aussi
indiqué tous ceux qui sont cachés, par des lignes ponctuées ; & j'espere que pour
peu qu'on veuille faire d'attention, la démonstration que j'en ai faite suppléera
à ce que l'on pourroit trouver d'obscur dans le discours.

Ce que j'ai dit touchant les assemblages , n'est qu'en général , & j'aurai soin,
à chaque espece d'ouvrage que je détaillerai, d'indiquer ceux qui y sont propres,
leurs proportions, & ce qu'on doit y ajouter ou retrancher.

J'ai mis dans la planche XXIII , toutes les échelles sur lesquelles cet ouvrage
est fait, afin d'éviter la multiplicité des répétitions, y ayant quelquefois jusqu'à
trois différentes échelles dans une même planche ; je me suis donc contenté de
les indiquer , leur usage n'étant pas même fort nécessaire , vû que toutes les
proportions sont expliquées dans le discours.

CHAPITRE CINQUIEME.

Des Outils propres aux Menuisiers , de leurs différentes especes, formes & usages.

De tous les Arts méchaniques, la Menuiserie est celui où les outils sont en
plus grand nombre, & dont la parfaite connoissance est d'une nécessité indis-
pensable, tant pour la maniere de les faire, que pour celle d'en faire usage ;
mais avant d'entrer dans ce détail, je crois qu'il est nécessaire de parler de la
boutique, ou attelier où travaillent les Menuisiers. Ce n'est pas que tous
doivent avoir des logements d'une forme réguliere , mais c'est seulement pour

indiquer les grandeurs & les commodités qui font néceffaires à ce talent.

Il eft de deux efpeces de boutiques de Menuifiers , favoir, les boutiques qu'ils occupent dans les maifons à loyer, & celles qu'ils font conftruire à leurs frais, lefquelles fe font en charpente en forme de hangards.

Les premieres font propres aux Ébéniftes, aux Menuifiers en meubles de toute efpece, & aux Menuifiers en carroffes ; ce n'eft pas que quelquefois ceux dont je viens de parler n'ayent de très-grands atteliers, mais ce que je dis n'eft que pour le général. Pour les Menuifiers de bâtiments, les boutiques ordinaires ne leur font gueres propres, vû le grand efpace qu'il leur faut ; c'eft ce qui fait que la plûpart (du moins les plus opulents), & ceux qui font de groffes entreprifes, ont une boutique dans le lieu de leurs demeures, où ils font faire leurs menus ouvrages, & un chantier en ville, où ils mettent leur provifion de bois, & dans lequel ils font conftruire un hangard capable de contenir un plus ou moins grand nombre d'établis, felon qu'ils en ont befoin. Il y en a d'autres qui n'ont pas de boutiques, mais qui choififfent des demeures affez fpacieufes pour les loger commodément, & pouvoir contenir leur provifion de bois & un attelier d'une grandeur raifonnable : cette derniere maniere eft la meilleure, parce qu'elle les met à portée d'avoir l'œil à ce qui fe paffe chez eux, ce qui ne pourroit être s'ils logeoient ailleurs.

Quand le terrein eft borné, & qu'on a befoin d'un grand nombre d'ouvriers, on fait le hangard double, c'eft-à-dire, que l'on place des établis au rez-de-chauffée & au premier étage. La boutique de M. Menageot, porte Saint Martin, eft conftruite de cette façon, & c'eft peut-être la mieux conftruite de Paris, tant pour la folidité que pour toutes les commodités que les ouvriers y trouvent.

La boutique d'un Menuifier de bâtiments doit avoir douze pieds & demi de haut au moins, parce que douze pieds font la hauteur ordinaire des bois, & qu'il faut qu'on puiffe les dreffer & les retourner fans être gêné.

Sa profondeur doit être de quinze à dix-huit pieds, afin qu'il y ait trois pieds de diftance entre le devant de l'établi & l'appui de la boutique, neuf pieds de longueur d'établi, & environ fix pieds au bout, pour que chaque ouvrier puiffe placer fon bois & fon ouvrage.

Pour la largeur, elle doit être bornée par le terrein que l'on veut occuper & par le nombre d'établis qu'on veut y mettre, lefquels ont de largeur pour l'ordinaire dix-huit à vingt pouces, & autant de diftance entre chaque établi, ce qui fait pour chaque ouvrier aux environs de trois pieds quatre pouces de place, laquelle largeur déterminera celle de la boutique, comparaifon faite avec le nombre d'ouvriers qu'on veut y mettre.

L'appui de la boutique doit être d'une hauteur égale à celle des établis, afin que dans le cas d'ouvrages d'une longueur extraordinaire, on puiffe faire paffer les bois par-deffus en les travaillant, & les y appuyer.

Il doit y avoir plufieurs entrées felon fa largeur, lefquelles feront fermées de portes qui doivent ouvrir de toute la hauteur pour faciliter l'entrée des bois, & feront garnies de toile claire, afin qu'étant fermées, on puiffe jouir du jour dans l'intérieur de la boutique.

PLANCHE
XL

Le deffus des appuis doit auffi être fermé par des chaffis garnis de toile, lefquels fe relevent pendant le jour, & font retenus au plancher par des mantonets qui les y arrêtent.

Au haut du devant de la boutique, doit être placé un auvent d'environ dixhuit pouces ou deux pieds de faillie, lequel fert à empêcher les eaux d'y entrer & de gâter l'ouvrage & les outils.

Il doit y avoir proche de la boutique un endroit fermé de douze à quinze pieds quarrés, dans lequel on pratique une cheminée dont le manteau doit être élevé de fix à fept pieds de haut, & avoir de largeur le plus qu'il fera poffible, c'eft-à-dire, toute la largeur fi on en a la commodité ; & vis-à-vis du foyer de cette cheminée on forme un petit mur ou banquette de maçonnerie de quinze à feize pouces de hauteur, fur fept à huit d'épaiffeur, & diftant de quatre à cinq pieds du nud du mur, ou contre-cœur de la cheminée; le deffus de cette banquette doit être revêtu d'une piéce de bois de trois à quatre pouces d'épaiffeur, laquelle fera comprife dans la hauteur de la banquette.

Ce lieu fe nomme *étuve* ou *forbonne*, en termes d'ouvriers, & fert à faire fondre & chauffer la colle, à chauffer & à coller les bois, & à mettre fécher les collages dans l'hiver & dans les temps humides. Il eft très-utile qu'il y ait auffi un établi dans la forbonne pour pouvoir y frapper & coller les joints ; au défaut d'établi, on fe fert du deffus de banquette, lequel eft deftiné à cet ufage, ainfi qu'à retenir le devant du feu, & l'empêcher de fe communiquer au dehors. La forbonne doit être bien clofe, & cependant claire, afin de pouvoir y travailler, ainfi que je l'ai dit ci-deffus : elle fert auffi aux ouvriers pour prendre leurs repas ; c'eft pourquoi on doit apporter tous les foins poffibles pour qu'ils y foient commodément, fur-tout pendant la mauvaife faifon. Elle doit être conftruite très-proche de la boutique, & même y être contiguë s'il eft poffible, afin que les bois que l'on y porte pour être chauffés & collés, ne foient pas fujets à être mouillés, ce qui arriveroit fi elle étoit placée autrement. *Voyez la vignette de la Planche XI* : elle repréfente l'intérieur d'une boutique de Menuiferie, & plufieurs ouvriers occupés à différentes fortes d'ouvrages.

On doit auffi avoir foin de pratiquer proche de la boutique, un hangard ou appentis d'une grandeur affez confidérable, pour pouvoir placer les fcieurs de long, ainfi que les bois refendus, & ceux qui font à refendre, & on doit mettre fous ce hangard un établi fur lequel on puiffe débiter & couper les bois.

SECTION PREMIERE.

Des Outils de la Boutique.

PAR *outils de boutiques*, on entend tous ceux que les Maîtres Menuisiers sont obligés de fournir à leurs ouvriers, tant ceux qui leur servent en commun, que ceux qu'ils leurs fournissent à chacun en particulier.

Anciennement ils fournissoient toutes sortes d'outils de quelque espece qu'ils pussent être; mais depuis que la coutume s'est introduite que les ouvriers font les ouvrages à leur tâche, ils se fournissent eux-mêmes de tous les outils nécessaires, excepté les gros outils nommés *d'affutage*, comme les établis, varlopes, demi-varlopes, &c. qu'ils ne sçauroient avoir sans s'exposer à la confiscation, non-seulement des outils d'affutage, mais encore de tous les autres que l'on trouveroit chez eux *.

Les outils de boutique sont de deux sortes, ainsi que je l'ai dit plus haut, savoir ceux qui sont communs à tous les ouvriers, & ceux qui sont propres à chacun d'eux.

Les premiers sont les scies à refendre & à débiter de toute espece, les scies à main, les triangles de toutes grandeurs, les grands trusquins ou compas à verge, les grands compas, les sergents de toutes grandeurs, un ou plusieurs niveaux, les étraignoirs, les réglets, les entailles de toute espece, les valets de pied, les pieds de biche, le grais pour affuter les outils, de la colle & un pot de cuivre pour la faire chauffer.

Les outils propres à chaque ouvrier, & que l'on nomme *d'affutage*, sont, premiérement un établi & un valet, une varlope & une demi-varlope, deux guillaumes, un feuilleret d'établi, une varlope à onglet, un rabot, un marteau, un fermoir & un ciseau.

SECTION SECONDE.

Des Outils appartenants aux Ouvriers.

LES outils appartenants aux ouvriers sont de deux especes, savoir, ceux qui sont composés de fer & de bois, que l'on nomme *outils à fût*, & les autres qui sont tout de fer, ou avec un simple manche.

---

* La Loi qui défend aux ouvriers d'avoir chez eux des outils d'affutage est très-bonne, parce qu'elle empêche ceux qui n'ont point de qualité de travailler à leur compte; mais en même temps il est très-fâcheux que cette Loi, bonne par elle-même, serve de prétexte à l'injustice & à la violence de quelques particuliers, qui, parce qu'un ouvrier a chez lui un établi qui lui sert, & même ne peut lui servir par sa petitesse, qu'à faire les outils qui lui sont nécessaires pour ses ouvrages, ce qu'il ne peut même faire que les Fêtes & Dimanches, & aux dépens de son repos; que ces mêmes hommes, dis-je, ne rougissent pas de se servir de cette Loi pour enlever à un ouvrier foible & sans défense, le seul moyen qu'il a de gagner sa vie, puisqu'ils refuseroient de lui donner de l'ouvrage s'il n'avoit point d'outils.

Les

Les outils à fût font les fcies de toute efpece, comme fcie à débiter, fcie à tenon, à enrazement, à tourner, à reffort, à arrazer & à chevilles ; (ces dernieres devroient être au rang des outils à manche, je ne les place ici que pour ne pas me répéter) ; les équerres, les triangles droits & à onglets, les fauffes équerres ou fauterelles, les trufquins à pointes & d'affemblages, & les boëtes à recaller les onglets, les maillets & l'entaille aux affiloires ; les rabots de bout, les rabots cintrés tant fur le plan que fur l'élévation, les feuillerets tant droits que cintrés de toute efpece, les guillaumes de bout, de côté, & adoucis, à plattes bandes, cintrés & à navettes ; les guillaumes étroits & les guillaumes courts, les bouvets de tout pas, depuis ceux qui font propres à joindre les bois de trois lignes d'épaiffeur, jufqu'à celui d'un pouce & demi ; les bouvets de deux pieces à languettes de bois & de fer de toutes formes & groffeurs, les bouvets de deux pieces cintrés fur le plan & fur l'élévation, & ceux à vis, lefquelles reçoivent différentes joues ; les bouvets à couliffes & à embreuver, les rabots ronds & les mouchettes de toutes groffeurs, depuis une ou deux lignes jufqu'à un pouce & demi ou deux pouces ; les mouchettes à joues, & les congés de toutes fortes de pas, les bouvets ou feuillerets à ravaller, les gorgets & les gorges de toutes formes & groffeurs avec des joues, ou bien propres à être montés fur les bouvets à vis & les gorges fouillées ; les grains d'orge de toutes groffeurs, & les becs de cannes ; les bouvements fimples & les ronds entre deux quarrés de tous pas, depuis trois à quatre lignes jufqu'à un pouce & demi, & même plus.

Les boudins à baguettes, les bouvements ou doucines à baguettes, ce qui eft la même chofe, & les talons renverfés de toutes groffeurs depuis fept ou huit lignes jufqu'à deux pouces & au-deffus ; les vilbrequins avec leurs boëtes garnies de méches depuis deux jufqu'à fix ou huit lignes de diametre, & les racloirs.

Les outils de fer & à manches, font, les compas de différentes grandeurs, les pointes à tracer, les cifeaux & les fermoirs, depuis trois lignes de largeur jufqu'à un pouce & demi ; les becs-d'ânes de tous pas, depuis une ligne jufqu'à neuf & même un pouce ; & les becs-d'ânes crochus, propres à vuider les mortaifes.

Les gouges droites & coudées de toutes formes & groffeurs, les fermoirs à nez rond, les quarlets ou burins, les rapes en bois, douces & rudes, droites & coudées, les limes en tiers-point, propres à limer les fcies ; le plomb garni de fon chas & d'un fouet ; enfin des tire-fonds, des vrilles de différentes groffeurs, & des tenailles ou triquoifes.

Le détail de tous ces différents outils eft très-compliqué & d'une grande étendue, vû leur application à la pratique ; c'eft pourquoi, afin d'éviter les répétitions, je les diviferai en trois fections : dans la premiere, qui eft la troifiéme du préfent Chapitre, je traiterai des outils propres au débit & au corroyage des bois ; dans la feconde, de ceux propres aux joints, ravalements & affemblages :

MENUISIER. O

PLANCHE XI.

dans la troisieme, de ceux propres à pousser les moulures, tant droites que cintrées, & qui servent à cheviller, à finir & à poser l'ouvrage.

SECTION TROISIEME.

Des Outils propres au débit & au corroyage des Bois.

L'ÉTABLI est le premier & le plus nécessaire des outils de Menuiserie : il est composé d'un dessus, de quatre pieds, de quatre traverses & d'un fond ; le dessus est
fait d'une forte planche ou table de cinq à six pouces d'épaisseur sur vingt à vingt-
deux pouces de largeur ; pour sa longueur, elle varie depuis six jusqu'à douze
pieds ; mais la longueur la plus ordinaire est de neuf pieds : cette table est de
bois d'orme ou de hêtre, mais plus communément de ce dernier, qui est très-
plein & d'un grain plus serré que l'autre. Elle doit être percée de plusieurs
trous, dans lesquels entre le valet ; ces trous doivent avoir quatorze à seize
lignes de diametre, & être percés bien perpendiculairement : leur nombre n'est
pas absolument borné, mais en général on doit éviter de les trop multiplier
sans nécessité, huit ou neuf étant à peu-près le nombre convenable ; savoir,
quatre placés à huit à dix pouces du bord de l'établi, un desquels sera éloigné
de quatorze à seize pouces du crochet, & les autres à égale distance depuis le
pied de l'établi jusqu'à celui dont nous venons de parler, ainsi que sont ceux
a, *a*, *a*, *a*, (*Fig. 1*). Les autres *b*, *b*, *b*, sont percés sur l'autre côté de l'é-
tabli, & disposés de maniere qu'ils se trouvent placés au milieu de l'espace des premiers, à environ un pied de distance du bout de l'établi ; à
trois pouces du devant, on perce au travers de la table une mortaise *c*,
de trois pouces en quarré, laquelle doit être bien perpendiculaire & bien
dressée intérieurement, afin que la boëte *d*, qu'on y fait entrer à force,
& que l'on fait hausser & baisser à coups de maillet, ne fasse point éclater les
bords, ce qui arriveroit si elle étoit creuse. La boëte doit avoir un pied de
long au moins, & être de bois de chêne très-ferme & sec, afin qu'elle puisse
résister aux coups de maillet qu'on est obligé de frapper dessus pour la faire
mouvoir : à l'extrêmité supérieure de cette boëte est placé un crochet de
fer, qui est garni de dents semblables à celles d'une scie, lequel sert à retenir
le bois que l'on travaille. On doit observer qu'il affleure le dessus de la boëte,
& que le côté des dents releve un peu, afin que dans le cas d'ouvrages très-
minces, on ne soit pas exposé à le rencontrer avec le fer des outils, ce qui
arriveroit si le derriere du crochet étoit plus haut que le devant. La tige du crochet qui entre dans la boëte, doit être d'une forme quarrée & pointue par le
bout ; pour qu'ils soient bons, il faut que la tige & le dessus ne soient point
soudés, mais d'une seule piece que l'on fait couder au feu : les dents du crochet doivent excéder le devant de la boëte de six à huit lignes ; une plus grande

faillie deviendroit inutile, & même préjudiciable, parce qu'elle l'exposeroit à
fe caffer. *Voy. les Fig. 5 & 6*, lefquelles repréfentent une boëte avec fon
crochet, & un crochet tout feul.

Planche
XI.

Les pieds de l'établi fe font de bois de chêne dur, très-ferme, de fix pouces de largeur, fur trois ou quatre d'épaiffeur; ils font affemblés dans le deffus
à tenon & enfourchement à queue: la coutume eft de faire affleurer le derriere
du tenon *e, fig. 2*, avec le derriere du pied; mais je crois qu'il feroit meilleur
de laiffer un arrazement au derriere de ce même pied, afin que la table porte
également fur le derriere du pied, comme fur le devant, & que quand
les établis deviennent vieux, ils ne foient pas fujets à s'enfoncer comme il arrive
quelquefois: les affemblages de ces pieds doivent être extrêmement juftes, fur-
tout fur leur largeur, & pour les rendre encore plus folides, on élargit les mortaifes par deffus pour faire place à des coins de bois que l'on fait entrer à force
dans les tenons, ce qui les fait écarter, de forte qu'ils font à queues dans les
mortaifes, & par conféquent ne peuvent pas reffortir.

Les pieds de devant de l'établi doivent être percés de trois trous chacun,
dans lefquels entrent des valets de pied: au pourtour de l'établi, & à quatre ou
cinq pouces du bas des pieds, font affemblées quatre traverfes de quatre pouces
de large au moins, fur deux pouces d'épaiffeur: le fond de l'établi eft rempli
par des planches qui portent fur des taffeaux *f, Fig. 4*, qui font attachés fur
les traverfes; on doit obferver de mettre la longueur de ces planches fur la
largeur de l'établi, afin de leur donner plus de force, ainfi qu'on peut le voir
dans la *Fig. 1*.

On doit auffi placer un tiroir au bout de l'établi, afin que les ouvriers
puiffent y ferrer leurs menus outils, comme gouges, compas, &c; il eft même
des boutiques où les établis font fermés de planches au pourtour, ce qui eft
très-commode, parce que cela empêche les copeaux & la pouffiere d'y entrer, &
que les outils que l'on met dedans, font moins fujets à fe perdre.

La hauteur de l'établi eft ordinairement de deux pieds & demi; mais comme
tous les ouvriers ne font pas de même hauteur, il fuffit de dire qu'il ne faut pas
que l'établi ait plus de hauteur que le haut des cuiffes de celui qui y travaille, parce
que s'il étoit plus haut, cela lui ôteroit de fa force, & l'exposeroit à devenir
voûté en peu de temps. On obfervera auffi de mettre le côté du cœur du bois
de la table de l'établi en deffus, parce qu'il eft plus dur que l'autre, & que
s'il fe travaille, il ne fait que fe bougir de ce côté, au lieu qu'il fe creufe de
l'autre.

Les valets font des outils de fer dont l'ufage eft de fixer l'ouvrage fur l'établi
d'une maniere ferme & ftable: ils ont ordinairement dix-huit à vingt pouces,
& même deux pieds de longueur de tige; leur groffeur doit être de douze à
quinze lignes, & la courbure de leurs pattes, de neuf à dix pouces de faillie
fur aux environs de fix pouces de haut: il faut qu'ils foient de fer très-doux,

forgés d'une seule piece, afin d'être moins sujets à se casser ; toute leur force doit être dans leur tête ; c'est pourquoi on observera que depuis la tête *g* jusqu'à la patte *h*, ils s'amincissent insensiblement, de sorte que leur extrêmité n'ait que deux lignes d'épaisseur au plus, ce qui les rendra plus élastiques, & en facilitera la pression : il faut aussi avoir soin de les courber, de maniere que quand ils sont serrés, ils ne pincent que du bout de la patte, parce que s'ils portoient par le milieu, ils serreroient moins, & gâteroient l'ouvrage. (*Fig.* 4.)

De plus, il est fort aisé de voir que par le long usage & par la force de la pression, la tige du valet élargit les trous de l'établi, & que s'il ne pinçoit pas bien du bout, avant qu'il fût peu de temps, il porteroit tout-à-fait sur le derriere de la patte, d'où il s'ensuivroit les inconvéniens dont j'ai parlé ci-dessus. On serre & arrête le valet sur l'établi en frappant sur la tête *g* avec le maillet, & on le desserre en frappant la tête en sens contraire, c'est-à-dire du côté *i*, en relevant, ou bien sur sa tige du côté *l*. Les valets ne doivent pas être polis, parce qu'ils ne tiendroient pas dans l'établi, mais seulement reparés avec le carreau : il n'y a que la patte qui doit être propre, afin qu'elle ne gâte pas l'ouvrage.

Les valets de pied ne différent des autres qu'en ce qu'ils font petits ; leur usage est de retenir le bois sur le champ le long de l'établi, où il demeure d'une maniere stable à l'aide du crochet de bois *m*, *Fig. 1* ; ce crochet est attaché avec des vis ou de forts clous sur le champ du dessus de l'établi, & est quelquefois garni de pointes de fer ; mais comme elles gâtent l'ouvrage, il vaut mieux les supprimer, & les faire en pente comme dans la Figure ci-dessus. (*Fig. 5.*)

Les Ébénistes ont au pied de devant de leurs établis une presse, laquelle est composée d'une piece de bois *n n*, *Fig. 3 & 4*, qui a quatre à cinq pouces de largeur, sur deux pouces d'épaisseur au moins : cette piece est percée au milieu de sa largeur d'un trou rond, par où passe la vis *o p*, auquel le pied de l'établi *q*, sert d'écrou. Cette vis est ordinairement de bois, au travers de la tête de laquelle passe un boulon de fer *r*, avec quoi on la serre & la desserre selon qu'on en a besoin, & on garnit l'extrêmité de la tête de la vis d'un cercle de fer de peur qu'elle ne se fende. L'usage de ces presses est très-commode, parce que non-seulement elles tiennent l'ouvrage d'une maniere très-solide, mais encore parce qu'elles ne le gâtent en aucune maniere, & que quelque délicats que soient les morceaux, on ne craint pas de les gâter ; ce que l'on ne peut pas faire avec le valet de pied, lequel ne tient l'ouvrage qu'en un seul endroit, & quelquefois le fait casser lorsqu'il est délicat.

Je ne sçai pour quelle raison les Menuisiers de bâtiments n'ont pas adopté cette méthode, qui, non-seulement est très-commode, & en même temps n'est aucunement embarrassante, puisqu'on peut ôter la presse de l'établi lorsqu'on n'en a plus besoin. Quand on en fait usage, il faut avoir soin de mettre par le bas une calle d'une épaisseur égale à celle de l'ouvrage, afin que la tête

de

de la vis porte également par tout ; on fera aussi la piece de la presse *n*, un
peu creuse sur sa longueur, afin que venant à être serrée, elle puisse toujours pincer du bout. Sur le côté de l'établi *s s*, qui est opposé au crochet,
on pose une planche d'environ dix-huit pouces de long, laquelle est attachée
sur des tasseaux qui la séparent de l'établi de six à huit lignes : cette planche
se nomme *ratelier*, & sert à placer les outils à manches, comme fermoirs, ci-
seaux, &c ; c'est pourquoi on la tiendra la plus large possible, afin que les outils étant cachés derriere, ne soient pas dans le cas de blesser personne.

PLANCHE
XI.

A côté de ce ratelier, & le long de l'établi, on attache un tasseau qui
est plus bas d'environ deux pouces que le dessus de l'établi, & est percé par
le bout d'une mortaise de trois pouces de longueur, dans laquelle passe la lame
d'un triangle *t*, que l'on pose sur le tasseau dans le temps qu'on n'en a point
besoin.

Dessous la table de l'établi, on attache avec une vis un morceau de bois
creux en forme de boëte, dans laquelle on met de la graisse servant à frotter
les outils pour les rendre plus doux. (*Fig.* 7).

Le maillet du Menuisier est un morceau de bois qui est ordinairement de
charme ou de frêne, lequel a sept pouces de longueur, sur quatre à cinq
de hauteur, & trois pouces d'épaisseur ; il doit être arrondi sur ses extrêmités
tant de plan que de face, afin de ne point meurtrir l'ouvrage en frappant
dessus : il faut que sa longueur & son épaisseur diminuent par le bas pour lui
donner plus de coup, & qu'il frappe toujours à plat ; son manche doit être
d'un bois liant, & avoir environ huit pouces de longueur pris du dessous du
maillet. (*Fig. 8*).

Le marteau est de fer, d'environ quatre à cinq pouces de longueur ; le
bout qui est quarré se nomme *la panne*, & doit être d'acier, afin de mieux résister à la violence du coup ; l'autre bout est mince, & n'est gueres d'aucun
usage : le manche du marteau doit avoir neuf à dix pouces de longueur. (*Fig. 9*).

Quoique les Menuisiers fassent refendre leurs bois par les Scieurs de long,
il est quelquefois des occasions où ils sont obligés de le refendre eux-mêmes,
comme dans le cas où le peu de bois qu'ils auroient à refendre ne vaudroit pas
la peine de les faire venir ; ce cas est presque le seul où l'on doive faire refendre le bois par les Menuisiers, parce que l'usage fait voir que les Scieurs
de long refendent trois fois autant de bois que ces derniers dans un même espace
de temps, & que par conséquent il y auroit de l'abus à se servir de ceux-ci.

PLANCHE
XII.

La scie à refendre des Menuisiers, *Fig.* 1, est à peu-près disposée comme
celle des Scieurs de long, c'est-à-dire, qu'elle est comme elle composée d'un
chassis de bois, & d'un fer de scie placé au milieu de ce chassis ; mais elle
differe de la premiere en ce qu'elle est plus petite, n'ayant que trois pieds
ou trois pieds & demi de hauteur, sur deux pieds de largeur ; le fer de la
scie à refendre est arrêté par le bas dans une équerre de fer plus petite que celle

de la fcie des Scieurs de long, & par le haut dans un morceau de bois qui eft percé d'une mortaife, dans laquelle entre le fommier de la fcie : au deffus de cette mortaife, & en fens contraire, en eft percée une autre de trois pouces de largeur, fur fept à huit lignes d'épaiffeur, dans laquelle paffe une clef en forme de coin, qui fert à roidir la fcie, en obfervant que la mortaife de la clef foit plus étroite d'un côté que de l'autre, & que l'autre mortaife par où paffe le fommier, foit auffi plus large que le fommier de neuf lignes au moins, afin qu'en ferrant la clef, elle ne trouve d'autre réfiftance que celle de la feüille de la fcie. Au-deffus de la mortaife de la clef, & du même fens que celle du fommier, eft percé un trou de huit à neuf lignes de diametre, dans lequel paffe un bâton ou cheville, lequel fert à tenir la fcie en refendant. La lame ou fer de la fcie à refendre, a de largeur trois pouces à trois pouces & demi, fur une ligne & demie d'épaiffeur tout au plus du côté de la denture, & une ligne de l'autre côté : les dents ont aux environs de quatre lignes de large, & doivent avoir pour ouverture un angle de foixante degrés, parce que toutes les fcies étant limées avec une lime nommée *tiers-point*, *Fig.* 17, dont le plan forme un triangle équilatéral, il eft donc exactement vrai que les dents des fcies forment des angles de foixante degrés : en gé- néral elles ne doivent pas être droites, c'eft-à-dire, qu'il faut qu'elles pen- chent plus d'un côté que d'un autre, fans pour cela rien changer à leur ouverture ; celles des fcies à refendre & à débiter doivent être plus inclinées que les autres, ce qui, en termes d'ouvriers, s'appelle *donner du croc* ; ce- pendant il ne faut pas les incliner plus que le tiers de leur largeur, ce qui fe fait en divifant la largeur des dents en trois parties égales, d'une defquelles on abaiffe une perpendiculaire par laquelle on fera paffer le fommet de l'an- gle de la dent, ainfi que le repréfentent les *Fig.* 6, 7, 8, & 9, où les côtés *a*, *b*, *c*, repréfentent les différentes pentes des dents des fcies.

On donne de la voie aux fcies avec un inftrument nommé *tourne-à-gauche*, lequel eft un morceau de fer plat d'environ une ligne ou une ligne & demie d'épaiffeur, dans lequel font faites plufieurs entailles de trois à quatre lignes de profondeur fur différentes épaiffeurs, avec quoi on prend les dents des fcies pour les écarter à droite & à gauche alternativement, afin que la fcie paffe plus aifément dans le bois. (*Fig.* 16). Bien fouvent on fait des tourne- à-gauche avec des fers de rabots que l'on entaille en frappant deux l'un fur l'autre avec un marteau, de forte que le plus dur entre dans le plus tendre & y fait une entaille, quelquefois même il s'en fait à tous les deux.

On donne auffi de la voie aux fcies avec un fermoir, en le pofant de- bout dans l'angle des dents, & en le faifant tourner de forte qu'il écarte deux dents à la fois ; cette méthode eft moins bonne que la premiere, par- ce qu'on n'eft pas fûr de donner la voie également. Lorfque les fcies ne coupent plus, on les affûte avec des limes nommées *tiers-point*, dont les côtés ont

trois à quatre lignes de large, & même plus, ce qui est indifférent, puisque les angles sont toujours les mêmes : on doit aussi avoir une lime plate pour
dresser les dents, afin qu'elles ne soient pas plus longues les unes que les
autres, ce qui seroit un très-grand défaut.

En général, lorsqu'on veut limer ou affûter les scies, ce qui est la même
chose, on met leurs fers dans une entaille à limer les scies, qui est un morceau de bois de cinq à six pouces de large, sur trois ou quatre d'épaisseur,
& environ un pied de longueur, à un des bouts duquel on fait une entaille de
deux pouces de profondeur & d'une largeur à peu-près égale, en observant
cependant de la faire plus large d'un bout que de l'autre d'environ six lignes.
On met, dis-je, le fer de la scie qu'on veut limer dans l'entaille, qu'on y
arrête avec un coin ; cette entaille est elle-même fixée sur l'établi par le moyen
d'un valet, après quoi on lime la scie selon son usage, c'est-à-dire, qu'on leur
donne de la voie, ce que l'on doit toujours faire avant de les limer, & que
l'on incline plus ou moins les dents, selon que les scies sont destinées à faire
de gros ou de moyens ouvrages. (*Figures* 18 & 19).

Les dents des grosses scies, comme celles à réfendre & à débiter, se liment
quelquefois obliquement, à peu-près comme celles des Scieurs de long, afin
de les faire mordre davantage ; mais cette méthode n'est pas également à suivre : il faut aussi faire attention que l'inclinaison des dents de la scie doit être
du haut en bas, sans quoi on ne pourroit s'en servir.

Les fers de scies que les Menuisiers emploient, viennent d'Allemagne pour
la plûpart, & ne sont pas trempés ; il y en a cependant qui le sont, mais on en fait
peu d'usage à cause de la difficulté d'en trouver de parfaitement bonnes, & de
pouvoir leur donner de la voie sans casser quelques dents, ce qui arrive très-
souvent.

On ne se sert communément que de celles qui ne sont pas trempées ; & en
les choisissant, on doit préférer celles qui sont d'une couleur brillante sans pailles
ni inégalités ; pour être parfaitement bonnes, il faut qu'elles soient plus épaisses
par le milieu que par les bouts, & que le côté de la denture soit d'un tiers plus
épais que le derriere, ce qui exempte de donner beaucoup de voie & fait un
grand avantage.

Quand les Menuisiers veulent refendre du bois, ils commencent par l'arrêter sur
l'établi par le moyen d'un valet, ensuite de quoi un ouvrier monte dessus, &
prend la scie par le bâton qui passe au travers de la tête, & un autre reste en
bas qui la prend par les deux montants à environ le tiers de sa hauteur. Cet
ouvrage est un des plus rudes que les Menuisiers ayent à faire, vû la contrainte
de leur position, celui qui est en bas étant obligé d'écarter les jambes pour
faire passer la scie, se trouve par conséquent hors de force pour la relever,
ce qui fatigue beaucoup celui qui est en haut *Voyez la Fig.* 15. Quelquefois
un ouvrier seul mene la scie à refendre, mais ce ne peut être que dans du bois

tendre & mince. Les Menuiſiers en chaiſes refendent ſeuls, mais ils ont de plus petites ſcies que les autres, ainſi que je le dirai en ſon lieu.

La ſcie à débiter eſt compoſée, ainſi que toutes les autres, de deux bras, d'un ſommier, ou montant, d'un fer de ſcie, d'une corde & d'un garrot. (*Fig.* 3 & 4).

La hauteur eſt d'environ deux pieds & demi ; ſon fer doit être un peu épais, ſes dents larges de trois lignes, le plus inclinées poſſible, avec beaucoup de voie, afin qu'elle paſſe aiſément dans toutes ſortes de bois. En général les montures de toutes les ſcies doivent être très-légeres, afin de les rendre plus commodes ; les ſommiers ſe font de ſapin, parce que ce bois eſt léger, plus roide, & moins ſujet à ſe courber que tout autre : les bras ſe font ordinairement de bois de frêne très-ſec, afin qu'ils ne ſe courbent pas facilement : ils doivent être preſ-que droits par deſſus, à l'exception de l'entaille que l'on fait à leurs extrêmités pour arrêter la corde ; on doit les faire peu épais, mais larges, parce que tout l'effort ſe fait ſur ce ſens. La lame ou fer de la ſcie, y eſt placée ordinairement dans une entaille faite au milieu de leur épaiſſeur, laquelle a de profondeur la largeur de la lame, moins cinq à ſix lignes qu'il faut qu'elle les déſaffleure, & on l'arrête avec un clou rivé qui paſſe au travers du bras & de la lame : ce clou doit être placé dans le tiers de ſa largeur, afin qu'elle roidiſſe mieux, & le plus haut poſſible, c'eſt-à-dire, vers ſon extrêmité, pour que le bras ait plus de force, & qu'il ſoit moins expoſé à ſe fendre. (*Fig.* 10).

Il eſt encore une autre maniere de placer la lame de ſcie, qui eſt d'y mettre des étriers, qui ſont des morceaux de tôle ou de fer plat que l'on reploye en double, en forme de *t*, & que l'on attache à ces deux extrêmités avec un ſeul clou de la même maniere que ci-devant ; enſuite de quoi on les fait entrer dans l'entaille des bras, que l'on a ſoin de tenir aſſez épaiſſe pour les conte-nir : cette derniere maniere eſt très-bonne, parce que les étriers prenant par deſſus les bras, font jouir de toute leur force ſans qu'ils ſoient expoſés à ſe fendre, & on ne met qu'un clou pour arrêter la lame à chaque bout, parce que s'il y en avoit deux, ils l'empêcheroient de ſe tendre également. (*Fig.* 11 & 12).

Les ſommiers s'aſſemblent dans les bras en enfourchement de deux ma-nieres. La premiere, & la plus ordinaire, eſt d'y ralonger une barbe en pente d'environ quatre à cinq lignes d'après ſon arrazement, lequel doit être égal à la diſtance qu'il y a entre les deux bras, lorſqu'ils ſont aſſemblés avec la lame, dans laquelle on fait un enfourchement d'environ le tiers de ſon épaiſ-ſeur, en obſervant que le côté le plus long regarde toujours la lame. (*Fig.* 4).

L'autre maniere eſt de ralonger une barbe au ſommier dont la longueur égalera la moitié de ſa largeur, & qu'on arrondit en forme de demi-cercle, & où l'on fait un enfourchement : ces deux manieres ſont également bonnes, mais la premiere eſt la plus facile & la plus uſitée. (*Fig.* 5).

Pour

Pour ce qui eſt de la largeur des bras, dans les grandes ſcies comme celles à débiter, elle doit être de quinze pouces au moins ; & dans les autres, comme celles à tenons & arrazement de onze à treize pouces.

Planche
XII.

Quant à la place du ſommier, elle a toujous varié ; il y a des ſcies où il eſt placé au milieu des bras, d'autres aux deux tiers pris depuis la lame, d'autres enfin aux deux cinquiemes de leur longueur ; ce qu'il y a de plus certain, c'eſt que plus ils ſont proches de la lame, & plus la tenſion ſe fait avec force & facilité ; mais comme ſouvent on a des pieces de bois à couper qui ſont extrêmement larges, on eſt obligé de reculer le montant juſqu'aux deux tiers de la longueur des bras, ce qu'on obſervera aux ſcies à débiter. Quant à celles à tenons & autres, le plus qu'on pourra les approcher du milieu ne ſera que le mieux. La corde qui ſert à tendre la ſcie, doit être d'une groſſeur proportionnée à ſa grandeur, & faire au moins trois à quatre fois le tour de la ſcie ſur laquelle on la tend & l'arrête le plus ferme qu'il eſt poſſible : enſuite on la fait tourner ſur elle-même avec un morceau de bois que l'on nomme *garrot*, juſqu'à ce que la ſcie ſoit aſſez tendue, puis on arrête le bout de ce garrot dans une mortaiſe qui eſt pratiquée dans le derriere du ſommier. (*Fig.* 3 & 4).

La ſcie à débiter ne ſert qu'à couper les bois après qu'ils ont été refendus, ce qui ſe fait ſur l'établi, où on les arrête avec un valet ; mais quand l'ouvrage eſt ſuſceptible de contours dans leſquels la ſcie à tourner des Scieurs de long ne ſauroit paſſer, les Menuiſiers ſont obligés de les refendre eux-mêmes avec des ſcies à tourner, leſquelles ſont de deux eſpeces : la premiere eſt faite comme une ſcie à refendre ordinaire, excepté qu'elle eſt plus petite & plus étroite de lame, & qu'un ſeul ouvrier ſuffit pour la conduire. (*Fig.* 2).

L'autre eſt faite comme la ſcie à débiter, & d'une grandeur à peu-près égale, excepté que la lame n'a que huit ou neuf lignes de largeur, & qu'elle eſt arrêtée dans deux tourillons de fer, leſquels paſſent à travers des bras de la ſcie, & ont chacun une ouverture pratiquée à leurs têtes pour pouvoir les tourner à droite ou à gauche, ſelon qu'on en a beſoin.

Il eſt encore d'autres ſcies à tourner qui ne different de celle-ci que parce qu'elles ſont plus petites, & que leur lame n'a quelquefois que quatre à ſix lignes de largeur, afin de pouvoir paſſer dans toutes ſortes de contours. (*Fig.* 5, 13 & 14).

Quand le bois eſt ainſi débité en longueur & largeur convenables à l'ouvrage que l'on veut faire, on commence par le corroyer, c'eſt-à-dire, le dreſſer & le dégauchir, le mettre à l'équerre ou angle droit, ce qui eſt la même choſe, & enſuite le mettre de largeur & d'épaiſſeur ; mais avant de parler de la maniere de le faire, il eſt néceſſaire d'entrer dans un détail exact des outils ſervants à cet uſage, parce qu'il eſt très-naturel de les connoître avant de s'en ſervir.

Planche
XIII.

Les outils propres au corroyage du bois, ſont les varlopes & les demi-varlopes,

Menuisier.   Q les feuillerets, les réglets, l'équerre, les trufquins, le fermoir & le cifeau, les bots tant droits que cintrés de tous fens, & le rabot de bout.

La varlope *Fig.* 1, eft compofée d'un fût, qui eft ordinairement de bois de cormier, d'un fer & d'un coin ; le fût doit avoir vingt-fept pouces de longueur fur deux pouces neuf lignes d'épaiffeur, & quatre pouces moins un quart ou quatre pouces au plus haut : cette hauteur ne doit pas être égale, mais elle diminue d'environ neuf lignes fur les extrêmités. Au milieu de l'épaiffeur de ce fût, & à feize ou dix-fept pouces de fon extrémité, eft percé un trou que l'on nomme *lumiere*, dans laquelle fe place un fer d'environ deux pouces de large, & qui y eft arrêté par un coin de bois. *Voyez les Fig.* 1, 2, 3 & 4, lefquelles repréfentent une varlope vûe en coupe & de tous les fens poffibles. C'eft de la maniere dont eft percée la lumiere de la varlope, & de la pente ou inclinaifon qu'on lui donne, que dépend fa bonté ; c'eft pourquoi on ne fauroit prendre trop de précautions en la faifant, ce que je vais expliquer.

La pente ou inclinaifon de la lumiere n'eft pas arbitraire, ainfi que beaucoup de gens fe le perfuadent ; car c'eft la plus ou moins grande inclinaifon qui rend tous les outils en général doux ou rudes à conduire. Lorfqu'elle eft beaucoup inclinée vers la bafe de l'outil, les copeaux qu'il fait fortent aifément, mais auffi pour peu que le bois foit un peu vert ou de rebours, il eft fort fujet à faire des éclats, & devient rude à pouffer * ; au contraire fi la pente eft trop élevée, on ne fait pas d'éclats, mais auffi les copeaux deviennent rudes à enlever, & fe reployant fur eux-mêmes, fortent difficilement de la lumiere, & fouvent même s'y engorgent.

Il faut donc éviter ces deux extrêmités, & prendre une pente qui mette hors de ces deux inconvéniens, ce qui fe fait de différentes manieres. La méthode la plus ordinaire dont fe fervent les Menuifiers pour déterminer la pente de leurs outils, c'eft de lever une perpendiculaire ou trait quarré fur le morceau dans lequel ils veulent percer une lumiere, fur laquelle ils marquent les quatre points *a*, *b*, *c*, *d*, à diftances égales les uns des autres ; puis avec un compas ils prennent la diftance *a b* ou *b c*, ou enfin *c d*, ce qui eft la même chofe, & font les deux fections *e f*, l'une en dedans & l'autre en dehors ; puis par les points *e* & *f*, ils font paffer une ligne qui eft la pente de la lumiere, laquelle fait avec la bafe de l'outil un angle d'environ cinquante degrés. (*Fig.* 5).

Cette pente eft affez bonne, mais ne peut convenir à toutes fortes d'outils ; c'eft pourquoi on donnera aux lumieres des varlopes, des guillaumes & des rabots, quarante-huit ou même cinquante dégrés de pente, quarante-cinq à celle des demi-varlopes & des feuillerets, & cinquante au moins aux varlopes à onglets, & aux outils de moulures. Lorfque le bois eft un peu rude, on ne

---

* Le terme de *pouffer* eft propre aux Menui- | *leret*, ainfi des autres outils à fût : on dit auffi fiers : on dit *pouffer la varlope*, *le rabot*, *le feuil-* | pouffer des moulures tant droites que cintrées.

risque rien d'en donner cinquante-deux, & même cinquante-cinq à ces derniers: pour ce qui est des rabots & des guillaumes de bout, il faut leur donner
soixante dégrés de pente, parce que ces outils sont faits pour finir & polir
l'ouvrage, (ce qui, en termes d'ouvriers, s'appelle *replanir*), & que leurs
fers ne mordant que foiblement, ils font des copeaux très-fins ; c'est pourquoi
il n'est pas à craindre qu'ils engorgent. *Voyez la Fig.* 6, où sont marquées
toutes les différentes pentes.

Le dessous de la lumiere d'une varlope doit être le plus mince qu'il est
possible, c'est-à-dire, qu'après avoir pris l'épaisseur du fer qui est d'environ
deux lignes à deux lignes & demie, on ne laisse qu'une bonne demi-ligne
pour le passage du copeau. Le derriere de la lumiere doit être bien dégauchi
& un peu creux sur sa longueur, afin que le fer porte bien dessus ; le devant
doit être moins en pente que le derriere, pour que le coin puisse y tenir & y
arrêter le fer, il faut qu'il soit bien uni & évasé environ aux deux cinquiemes
de sa hauteur en forme d'entonnoir, afin que le copeau en sortant avec ra-
pidité, ne s'y arrête pas.

Les deux côtés de la lumiere doivent être très-unis & le plus paralleles qu'il
est possible, ainsi que le coin qui fait partie de ces mêmes côtés dans lesquels
il entre en entaille. Ce coin est évidé par le milieu, & terminé par le haut en
forme d'un arc évasé pour lui donner plus de force, & pour faciliter le passage
du copeau : on doit avoir soin qu'il joigne bien des deux côtés de la lumiere,
& sur-tout par le bas, où il est bon qu'il serre un peu plus que du haut, afin
que le fer coupe plus vif & ne tremble pas. *Voyez les Fig.* 2 *&* 7. Au-dessus
& à trois ou quatre pouces du bout de la varlope, est une poignée de trois
pouces de haut, sur cinq à six pouces de longueur, laquelle est évidée par le
milieu d'une maniere assez commode pour qu'on puisse tenir la varlope sans
être gêné. (*Voyez les Fig.* 1, 2 *&* 3). A l'autre extrêmité, & à environ cinq
pouces du bout, est une autre poignée en forme de volute, laquelle, ainsi que
la premiere, sert à conduire la varlope. (*Voyez les mêmes Figures*).

Le fer de la varlope est un morceau de fer plat de sept à huit pouces de longueur, sur environ deux pouces de largeur, & une ligne ou une ligne & demie d'épaisseur, d'un côté & sur le plat duquel est adaptée une tranche d'acier
que l'on trempe après qu'elle a été soudée avec le fer qui est abattu en champfrain du côté opposé à l'acier, ce qui s'appelle *le biseau du fer. Voyez les Fig.*
8, 9 *&* 10, lesquelles le représentent vû de tous sens.

En général, presque tous les fers d'outils à fût nous viennent d'Allemagne,
du moins les meilleurs : ils s'aiguisent ou *s'affûtent* (en terme d'ouvriers) sur
un grais avec de l'eau ; il faut avoir soin que ce grais ne soit ni trop dur ni
trop tendre, parce que quand il est trop tendre, il rend le taillant des outils
gros & rude, ce qui les empêche de couper vif & long-temps : quand au
contraire il est trop dur, il affûte bien les outils, à la vérité, mais aussi don-

nent-ils beaucoup de peine , & l'on y paſſe beaucoup plus de temps. C'eſt pourquoi il eſt bon d'avoir deux grais , l'un tendre ſur lequel on commence à affûter les outils , & à atteindre leurs breches s'ils en ont; & un dur ſur lequel on
finit de les affûter , & de leur ôter le morfil : il faut avoir ſoin en affûtant , que
les biſeaux des outils ne ſoient pas trop courts , parce que s'ils l'étoient , ils ne
pourroient plus couper , la pente de la lumiere leur en ôtant une partie , ainſi
qu'on peut le voir dans la *Fig.* 2.

Le fer de la varlope doit être affûté très-quarré , excepté qu'on l'arrondit
inſenſiblement ſur les coins , afin d'éviter l'engorgement des copeaux , ce que
l'on doit obſerver ſur-tout lorſqu'on emploie du bois qui n'eſt pas parfaitement
ſec , ou bien du ſapin.

On ſerre & enfonce le coin avec un marteau , & on le deſſerre en frappant ſur l'extrêmité de la varlope , afin que le contre-coup le faſſe revenir ;
c'eſt pourquoi il faut faire attention de ne le pas trop ſerrer , parce que les coups
redoublés qu'on ſeroit obligé de frapper pour le faire ſortir , font quelquefois
ſauter les poignées & fendre la varlope.

La demi-varlope ne diffère de la grande , qu'en ce qu'elle eſt plus petite
d'environ ſix pouces ; ſa lumiere doit être un peu plus en pente , & ſon fer
affûté rond pour éviter les éclats.

Le feuilleret eſt un outil dont le fût a environ quinze pouces de longueur
ſur trois pouces & demi de largeur , & un pouce d'épaiſſeur : ſa lumiere eſt à
entaille , & de la profondeur du fer , qui eſt ordinairement de ſix à ſept lignes :
on y fait une feuillure ou conduite par deſſous , de trois à quatre lignes de ſaillie , ſur une largeur égale à celle du fer , que l'on enfonce d'une bonne
ligne de plus que le conduit , afin que faiſant uſage du feuilleret , il ne paſſe
pas de copeaux entre le fer & le fût. Cette obſervation eſt très-eſſentielle , &
doit s'appliquer à tous les outils à conduits : le fer doit un peu ſaillir en dehors ,
& être affûté ſur l'arrête , afin qu'il ne ſoit pas ſujet à fuir ; la lumiere doit
auſſi être un peu déverſée en dehors ſur ſon épaiſſeur , afin de faciliter la ſortie
du copeau.

Toutes les arrêtes extérieures du feuilleret ſont arrondies , & on y fait une
encoche ſur ſon extrêmité pour retenir la main. *Voyez les Figures* 11 , 12 , 13 ,
14 , 15 , 16 & 17 , leſquelles repréſentent le fût , le coin , & le fer d'un
feuilleret.

Les réglets ſont deux tringles d'environ dix-huit pouces de long , ſur un pouce
& demi ou deux pouces de largeur , & trois à quatre lignes d'épaiſſeur ; chacune deſquelles paſſe dans deux autres morceaux de bois percés d'une mortaiſe ,
de ſorte qu'ils puiſſent y couler à l'aiſe : ces morceaux de bois ont environ un
pouce & demi de plus long que leurs mortaiſes , & ſont creuſés en deſſous ;
il faut faire attention qu'ils ſoient bien paralleles entr'eux , & égaux en hauteur ;
car c'eſt dans leur juſteſſe que conſiſte leur bonté. Aux deux bouts des réglets ,

on

on met de petites chevilles pour empêcher ces morceaux de fortir. (*Fig.* 1
& 2).

L'équerre eft compofée de deux morceaux de bois que l'on affemble à angle
droit très-jufte, & le plus folidement poffible. On doit avoir foin que les morceaux de bois qui la compofent foient eux-mêmes bien quarrés, fans quoi elle
déverferoit & ne feroit pas jufte : fa longueur n'eft pas bornée, pourvû qu'elle
ait cinq à fix pouces de branche fur un pouce d'épaiffeur, cela fuffit. (*Fig.* 3).

Il eft encore une autre efpece d'équerre qui n'eft pas d'affemblage, mais qui
eft prife dans un même morceau de bois, lequel eft ordinairement de noyer.
Ces équerres fervent auffi de triangles quarrés d'un bout, & de triangle à onglet de l'autre par le moyen de deux conduits qu'on y ravale, ce qui eft très-
commode pour tracer les petits ouvrages ; mais en même temps ce ravalement
l'aminciffant ne la rend guere propre à mettre d'équerre que de très-petits morceaux de bois, pour les raifons que j'ai dites ci-deffus. (*Fig.* 4).

Les trufquins font compofés d'une tige de bois de dix à onze lignes en
quarré, fur neuf pouces & même un pied de long, d'une tête & d'une clef.

La tête eft longue de fix pouces au moins, fur trois pouces de large & un
pouce d'épaiffeur : elle eft percée au milieu de fa largeur d'un trou quarré
de la groffeur de la tige, laquelle paffe au travers, & eft placée à deux bons
pouces du haut. Au-deffus de la tige, & fur l'épaiffeur de la tête, eft percée
une mortaife de fix lignes de largeur d'un bout, & huit à neuf de l'autre,
laquelle doit defcendre d'une ligne au moins en contre-bas de la tige, afin que
la clef qu'on y fait paffer puiffe l'arrêter dans la tête du trufquin d'une maniere
ferme & ftable. Tout le bois d'un trufquin doit être très-fec, d'une qualité
dure, fur-tout la clef & la tige, que l'on garnit d'une pointe très-aiguë d'environ deux lignes de long tout au plus, laquelle eft pofée du côté qui regarde
le bas de la tête. (*Fig.* 5).

Il y a auffi des trufquins dont la tête eft cintrée fur le plan, & d'autres
qui ont de longues pointes pour atteindre dans le fond des gorges & des ravalements. (*Fig.* 6).

Il eft encore une autre efpece de trufquin que l'on nomme *d'affemblage*,
dont la tête eft d'une figure octogone, fur à peu-près la même largeur & épaiffeur que le précédent : ce qu'il y a de différence, c'eft que la clef paffe au milieu de la tige, laquelle eft évidée dans fon milieu en forme de couliffe ; cette
tige n'a guere que cinq à fix pouces de long, & eft garnie fur chacune des
faces de fes deux bouts de deux pointes de fer, lefquelles font diftantes l'une
de l'autre de la groffeur des affemblages, lefquels varient depuis deux lignes
jufqu'à huit & même plus. (*Fig.* 7). Chaque compagnon doit avoir trois trufquins de la premiere efpece, & un de chaque autre.

Le fermoir & le cifeau font des outils de fer de huit à neuf pouces de long
fur deux de large, depuis leurs bafes (ou *embafes*, en terme d'ouvriers) jufqu'à

R

leur extrêmité, laquelle est amincie en venant à rien. Le ciseau a un biseau, & n'a de l'acier que d'un côté, au lieu que le fermoir a deux biseaux, ou pour mieux dire n'en a point, puisqu'on l'affûte le plus long qu'il est possible, & que l'acier est placé au milieu de son épaisseur. Ces outils, ainsi que tous les autres, ne font pas de pur acier, parce qu'ils seroient trop sujets à casser, vû les grands efforts qu'ils ont à soutenir; c'est pourquoi ils sont tout de fer, le ciseau n'ayant de l'acier que du côté du taillant, & le fermoir au milieu de son épaisseur, ainsi que je viens de le dire plus haut.

Le fermoir & le ciseau font garnis chacun d'un manche de bois qui est pour l'ordinaire de frêne ou de charme, long de cinq pouces au moins, & d'une grosseur convenable; on aura foin qu'ils soient emmanchés bien droit, & qu'ils portent également sur la base de l'outil, de crainte qu'ils ne le fassent casser en frappant dessus, ce que l'on doit-obferver à tous les outils à manches, & sur-tout aux bec-d'ânes : le manche du fermoir doit être arrondi par le bout, & celui du ciseau arrondi & abattu en champ-frain du côté du biseau, afin que l'on ne se blesse point en le frappant avec la main. *Voyez les Fig.* 8, 9, 10 & 11, qui représentent ces outils de face avec leurs manches & de profil fans leurs manches.

Les rabots ont ordinairement sept à neuf pouces de longueur, sur trois pouces de hauteur & deux pouces d'épaisseur; leur lumiere est percée par-dessous à quatre pouces & demi ou cinq pouces de leur extrêmité; au reste elle est faite comme celle de la varlope, tant pour la pente que pour la forme : leurs fers font aussi faits comme ceux des varlopes, à l'exception qu'ils font plus petits, & on les retire en frappant le bout du rabot du côté opposé au derriere de la lumiere : il en est aussi de cintrés tant sur la longueur que sur la largeur; les meilleurs font de bois de cormier. (*Fig.* 12, 14 & 15).

Le rabot de bout ne differe des autres qu'en ce qu'il est plus petit, & que la pente de sa lumiere est plus droite, ainsi que je l'ai dit ci-dessus en parlant de la pente des lumieres. (*Fig.* 13).

Quand on veut corroyer le bois, on commence d'abord par prendre garde de quel côté il est plus de fil, s'il est bouge ou creux, ou s'il est gauche. Ces précautions prises, on commence par le corroyer sur le plat à la demi-varlope à grand fer, jusqu'à ce qu'il soit droit, & qu'on en ait atteint toutes les fautes; ensuite de quoi on finit de le dresser & de le dégauchir avec la varlope : pour voir si le bois est bien dégauchi, on le met sur le champ du côté du jour, & on le tient un peu incliné vers soi, ensuite de quoi on le bornoye. Si une des deux rives ne leve ou ne baisse pas plus d'un bout que de l'autre, & qu'elles se cachent également, c'est une marque que le bois est bien dégauchi : pour peu qu'il soit un peu large, il faut prendre une régle que l'on présente dessus de distance en distance, pour voir s'il n'est pas creux ou bouge sur la largeur.

Après que le bois est ainsi corroyé sur le plat, on le retourne sur le champ

pour le mettre à l'équerre, ce qui se fait en le dreffant de bout avec la demi-varlope; puis avant de paffer la varlope, on préfente l'équerre deffus de diftance en diftance, afin de ne pas ôter plus de bois qu'il ne faut, enfuite de quoi on le finit
à la grande varlope.

Quand le bois eft bien droit & à l'équerre, on le met de largeur en paf-
fant un trufquin, que l'on ajufte à la largeur convenable, le long de la rive
droite, de forte que fa pointe trace fur l'autre rive du bois une ligne parallele
à la premiere. On doit tenir le trufquin de la main droite, & le pouffer
devant foi en remontant du côté de la tête de l'établi, enfuite de quoi on retourne le bois, & s'il eft trop large, on le hache avec le fermoir & le maillet,
après avoir arrêté le bois fur l'établi avec le valet; puis on y paffe le feuilleret pour atteindre le trait du trufquin, & on finit par le mettre d'équerre avec
la demi-varlope & la varlope; quand le bois eft un peu épais on paffe le trufquin des deux côtés pour qu'il foit plus jufte de largeur.

Le bois étant de largeur, on le met d'épaiffeur, ce qui fe fait de la même
maniere que pour le mettre de largeur, à l'exception qu'il faut toujours paffer
le trufquin des deux côtés.

Quand le bois que l'on veut corroyer eft d'une certaine largeur, comme
dans la Figure 2, on commence par le dreffer fur le plat avec le feuilleret
que l'on y paffe des deux côtés, après avoir remarqué de quel côté il eft gauche;
enfuite de quoi on pofe les réglets fur les coups de feuilleret aux deux extrêmités de la planche, & on les bornoye pour voir fi elle eft bien dégauchie: fi elle
eft encore un peu gauche, on en ôte avec le feuilleret, ce qui eft néceffaire
pour la dégauchir; puis on la corroye à la demi-varlope, enfuite à la varlope,
comme je l'ai dit ci-deffus. Quand le bois eft dur & de rebours, après avoir
paffé le feuilleret, on le corroye à bois de travers avec la demi-varlope, enfuite avec la varlope toujours à bois de travers, en inclinant cependant un peu
du côté du fil du bois. Pour dreffer les planches fur le champ, on les arrête le long de l'établi avec les valets de pied, ou bien quand elles font trop
courtes, on les arrête d'un bout avec un valet de pied, & de l'autre avec un pied
de biche, qui eft arrêté lui-même fur l'établi avec le valet, & que l'on ferre contre le bout de la planche à coups de maillet. Le pied de biche eft un morceau de
bois dur, au bout duquel eft faite une entaille triangulaire, dans laquelle
entre le bout des planches (*Fig.* 19).

Quant aux bois cintrés en plan, on les corroye de deux manieres différentes.

La premiere eft de les dreffer fur le champ & de les mettre de largeur, enfuite de quoi on les met d'équerre par les deux bouts; puis on trace le cintre des deux côtés avec le calibre, & on les corroye enfuite avec le rabot
cintré. (*Fig.* 18).

La feconde maniere eft que quand les courbes font trop larges, & qu'on craint de les gauchir en les mettant d'équerre, comme je l'ai dit ci-deſſus, on tire ſur le plat de la courbe & à ſes deux extrêmités, deux traits quarrés, d'après leſquels on donne deux coups de guillaume en forme de feuillures; puis on poſe dans ces deux feuillures deux morceaux de bois d'égale largeur, leſquels ſont la même choſe que les réglets. Quand les deux extrêmités de la courbe ſont bien dégauchis, on y marque un trait des deux côtés, & on la corroye ainſi que je viens de le dire en parlant de la premiere maniere. (*Fig.* 20).

Celui qui corroye le bois, doit ſe tenir droit & ferme le long de l'établi, la jambe gauche tendue en avant, & le pied parallele à l'établi, la droite en arriere, un peu plus écartée de l'établi que la gauche, & la pointe du pied en dehors.

On tient la poignée de derriere de la varlope de la main droite, & celle du devant de la gauche : il faut avoir ſoin de la pouſſer bien droite, & plutôt en dedans de l'établi qu'en dehors. On ne doit jamais quitter la main droite de deſſus la demi-varlope, & au contraire ne la mettre ſur la varlope que pour la conduire & la lâcher à chaque coup, afin qu'on puiſſe la pouſſer de toute l'étendue du bras droit. *Voyez la Fig.* 21, laquelle repréſente un homme qui corroye du bois.

Quand on hache le bois, il faut ſe tenir droit & tourné vis-à-vis de ſon ouvrage, le corps un peu écarté de l'établi, la jambe gauche tendue en avant, & la droite en arriere : le feuilleret ſe pouſſe à peu-près comme la varlope, excepté qu'on le tient de la main droite par un bout, & que la gauche embraſſe l'autre bout du feuilleret dans toute ſa largeur, le pouce étant arrêté dans l'entaille qui eſt faite au-deſſus.

Le rabot ſe tient de la main droite, laquelle l'embraſſe & appuye deſſus ; la gauche l'embraſſe tout-à-fait par devant & en doit deſcendre à environ un pouce du bas : il faut obſerver d'appuyer ſur la main droite en commençant à raboter un morceau de bois, & au contraire la lever & appuyer ſur la gauche à l'autre bout. Cette obſervation eſt eſſentielle, ſur-tout quand on replanit des panneaux ou autres ouvrages dont il faut que les extrêmités ſoient vives & égales.

SECTION QUATRIEME.

Des Outils propres aux Ravalements, aux Joints & aux Aſſemblages.

Lorſque les bois ſont corroyés, on commence par les établir, ainſi qu'on a fait en les débitant, à l'exception qu'on ſe ſert de pierre noire ou rouge, parce que la craie s'efface trop facilement ; enſuite de quoi on les trace, c'eſt-à-dire, que l'on détermine la largeur de chaque morceau, relativement à la place qu'il occupe, les coupes, & le lieu des aſſemblages.

Les outils propres à tracer, ſont un ou pluſieurs compas, le grand truſquin

quin ou compas à verge, la pointe à tracer, les triangles tant à angle droit
que d'onglet, la fauffe équerre ou fauterelle, & le trufquin tant à pointe que
d'affemblage.

Le compas eft un inftrument trop connu pour que j'entreprenne d'en faire
la defcription ; tout ce que j'en dirai, c'eft que ceux dont fe fervent ordinairement
les Menuifiers, font de fer, d'une forme ronde lorfqu'ils font fermés, d'environ
fept à huit pouces de long : il en eft de la même forme, qui ont quinze à vingt
pouces, lefquels fervent à faire des compartiments, auxquels il eft très-bon
(ainfi qu'aux autres) de faire rapporter des pointes d'acier que l'on fait tremper, parce qu'en général toutes ces fortes de compas font d'un fer très-mou,
lequel s'émouffe aifément, & par conféquent empêche de faire les compartiments juftes. (*Fig.* 2).

On fait encore ufage d'un autre compas de fer plat, lequel eft beaucoup plus
folide que les autres, à caufe que la largeur de fes branches empêche qu'elles
ne ployent, & par conféquent qu'il ne s'écarte. Ce compas a ordinairement
deux à deux pieds & demi de longueur, & fe nomme *fauffe équerre de fer*, en
termes d'ouvriers. (*Fig.* 3).

Le compas à verge eft une tringle de bois qui porte ordinairement un pouce en quarré (quoiqu'il feroit meilleur qu'elle fût plus large qu'épaiffe, afin
qu'elle ployât moins), & de fix ou huit, ou même de douze pieds de long,
à l'un des bouts de laquelle eft affemblé un morceau de bois qui l'excede en
deffous d'environ deux pouces : ce morceau de bois eft arrondi par le bout,
& eft garni d'une pointe de fer; l'autre bout de la tringle entre dans un autre
morceau qui eft d'un bon pouce plus épais, & qui à cet effet eft percé d'un trou
quarré au milieu de fa largeur, au-deffus duquel & en fens contraire eft percée une mortaife, laquelle fert à placer une clef ainfi qu'aux trufquins ordinaires ; le deffous de ce morceau eft garni d'une pointe de fer, & eft d'une
longueur & d'une forme égale au premier. On fe fert de cet outil pour tracer les grands cintres, ce que l'on peut faire à toutes les diftances poffibles,
puifque le fecond morceau de bois eft mobile fur la tringle, & s'y arrête
par le moyen de la clef. (*Fig.* 1).

La pointe à tracer n'eft autre chofe qu'un morceau d'acier terminé en pointe,
& qui eft garni d'un manche, afin de pouvoir le tenir, ou pour mieux dire,
pour empêcher qu'elle ne fe perde. Les Menuifiers fe fervent ordinairement de
leurs vieux tiers-points, qu'ils font arrondir & retremper pour cet ufage. (*Fig.* 4).

Le triangle eft compofé d'une tige & d'une lame ; la tige a ordinairement
neuf à dix pouces de long, fur un pouce & demi de large, & environ dix
lignes d'épaiffeur : la lame doit avoir un pied à quinze pouces de long, fur
trois à quatre lignes d'épais, & deux à deux pouces & demi de largeur :
elle doit s'affembler bien quarrément dans le milieu de l'épaiffeur de la tige

Menuisier.   S à tenon & enfourchement sur sa largeur, & la déborder d'un demi pouce par le bout. (*Fig. 6*).

Les grands triangles ne different de ceux-ci qu'en ce qu'ils sont plus grands, ayant deux à trois pieds de lame & même plus, & en ce que la lame est soutenue par une écharpe, laquelle lui est égale d'épaisseur, & qui est assemblée à tenon & mortaise, tant dans la tige ou sommier, que dans la lame du triangle. (*Fig. 5*). En général l'usage des triangles dont je viens de parler, est d'appuyer ou de conduire la pointe pour tracer des angles droits sur le bois.

Le triangle à onglet est composé d'une lame de bois mince, d'environ un pied de long, sur quatre à cinq pouces de large, à l'un des bouts de laquelle est assemblé à angle de quarante-cinq degrés, un autre morceau de bois, lequel la déborde de trois à quatre lignes de chaque côté sur son épaisseur, afin de l'appuyer contre le bois & lui servir de conduite. Cet outil sert à tracer la coupe des moulures quand l'ouvrage est assemblé à angle droit. (*Fig.* 7). Il est encore un autre petit triangle à onglet, dont j'ai fait la description en parlant des outils propres au corroyage des bois. (*Voyez la page 65*).

La fausse équerre ou sauterelle, est composée, comme le triangle, d'une tige & d'une lame, à l'exception que la tige est ouverte dans le milieu de son épaisseur par une espece d'enfourchement qui a d'épaisseur celle de la lame, qui doit être environ le tiers de la tige, & de longueur celle de la lame, en observant de couper en pente le bout de cette derniere, ainsi que le fond de l'enfourchement, afin qu'elle ne puisse pas entrer plus avant, & qu'elle affleure la tige lorsqu'elle est fermée. La tige & la lame sont arrêtées ensemble par le moyen d'une vis ou d'un clou rivé, de maniere cependant que cette derniere est mobile & peut s'ouvrir ou se fermer selon qu'il est nécessaire. Cet outil sert à tracer toutes les coupes irrégulieres, c'est-à-dire, qui ne sont ni à angles droits, ni de quarante-cinq degrés ou d'onglet, ce qui est la même chose. (*Fig.* 8).

En général, le bois des triangles, du moins les lames doivent être de bois de cormier ou de noyer dur & de fil, afin qu'ils s'usent moins, & que par conséquent ces outils soient toujours justes.

J'ai parlé ailleurs des trusquins tant à pointes que d'assemblage. *Voyez* ce que j'ai dit page 65. En général, on doit savoir, avant de tracer l'ouvrage, que les mortaises & les enfourchements se placent, du moins pour l'ordinaire, dans les battants, & les tenons dans les traverses; que les battants sont toujours placés verticalement ou d'à-plomb, & que les traverses au contraire se placent horizontalement ou de niveau (ce qui est la même chose); & qu'il n'y a que les montants qui, quoique d'à-plomb, sont dans le cas d'avoir des tenons par les bouts. Quant à la maniere de tracer, *voyez les Fig. 9* , 10 , 11 *&* 12, sur lesquelles sont représentées toutes sortes d'assemblages & de coupes.

Après avoir tracé les bois, & avant de faire les assemblages, on commence

par y pouſſer les gorges ou les tarabiſcots, ou dégagements, quand l'ouvrage
eſt ſuſceptible de l'un ou de l'autre, & par y faire les ravalements néceſſaires *.
Les outils propres à cet uſage ſont les gorges, les gorgets & les tarabiſcots
de toutes formes & groſſeurs, les bouvets de deux pieces & à ravaler, les
guillaumes, & les rabots tant ordinaires que de bout.

En général, les gorges & les gorgets, ainſi que tous les autres outils propres à pouſſer les moulures, ſont compoſés d'un fer & d'un fût de neuf pouces de longueur, ſur deux pouces & demi à trois pouces de largeur, non
compris la ſaillie de la moulure, & d'une épaiſſeur relative à cette derniere, c'eſt-
à-dire, qu'il faut qu'il reſte huit à neuf lignes d'épaiſſeur au fût d'après le fond de
l'entaille ou lumiere, afin qu'il ne ſe tourmente pas, & qu'il puiſſe réſiſter à
la preſſion du coin. Pour la pente de la lumiere, on lui donnera cinquante degrés d'inclinaiſon au moins, ainſi qu'à celles des varlopes, & on obſervera de
la faire toujours déverſer en dehors, afin de faciliter la ſortie des copeaux, ce
qui eſt une régle générale pour tous les outils de moulures & à fût, ainſi
que je l'ai dit plus haut en parlant de la lumiere du feuilleret.

Quant aux gorges & aux gorgets, aux tarabiſcots & aux bouvets à ravaler,
il faut avoir ſoin d'y faire une conduite au point d'appui ſur le devant, afin qu'ils
portent également des deux côtés, ce qui les rend plus doux à pouſſer, & en
même temps ce qui empêche les gorges d'être d'une profondeur inégale,
ſur-tout ſur le derriere : pour l'ordinaire on applique ſur le côté de la gorge
oppoſé à la lumiere, un morceau de bois que l'on nomme une *joue*, pour
lui ſervir de conduit, ou quelquefois même on le ravale dans le même morceau. (*Fig.* 1, 2, 3, 4 & 5).

Mais comme les largeurs des moulures ne ſont pas toujours les mêmes, on
eſt alors obligé de changer ces joues, ce qui eſt très-incommode ; c'eſt pour
quoi on a imaginé de n'en point faire du tout, mais de les monter ſur des
bouvets de deux pieces à vis, ce qui eſt très-commode, vû que l'on peut les
ouvrir ou les fermer, ſelon qu'on en a beſoin.

Quant aux fûts de gorges, on n'en trouve pas de tout faits chez les Marchands ; c'eſt pourquoi les Menuiſiers ſont obligés de les faire eux-mêmes,
c'eſt-à-dire, qu'ils achetent des fers de feuilleret qu'ils détrempent, & auxquels ils donnent la forme convenable, enſuite de quoi ils les retrempent. Il
y en a qui ont pour uſage de mettre pluſieurs fers à une gorge, c'eſt-à-dire,
un qui forme le quarré & l'autre le creux, ce qui eſt ſujet à de grands inconvéniens, ces fers ſe retirant quelquefois, ce qui rend le profil d'une
forme inégale, tant ſur la largeur que ſur la profondeur; c'eſt pourquoi il vaut
mieux n'y mettre qu'un ſeul fer dans lequel on forme les quarrés que l'on
affûte avec une lime. Pour ce qui eſt du fût, il ſe fait avec du chêne bien ſec

* Par *ravaler le bois*, on entend la maniere de l'amincir ou d'en diminuer l'épaiſſeur en certains endroits, afin de donner du relief aux moulures.

afin qu'il ne se tourmente pas, & qu'il soit plus léger, sur lequel on applique une semelle de cormier ou d'autre bois dur pour faire la moulure & le conduit, à moins toutefois que l'on ne veuille le faire tout entier de ce dernier bois, ce qui cependant n'est pas fort nécessaire. Cette observation est générale pour tous les outils de moulures. *Voyez les Fig.* 6, 7, 8, 9, 10, 11, 12, 13, 14, 15, 16, 17, 18, 19, 20, 21, 22, 23, 24, 25 & 26, où sont représentées toutes les especes de gorges & de gorgets avec leurs fers vûs des deux faces. Pour ce qui est des tarabiscots, comme ils sont très-foibles il est bon d'y rapporter des languettes à bois de bout, lesquelles forment le dégagement; il seroit encore meilleur d'y rapporter une semelle de fer, laquelle s'attache avec des vis, ce qui soutiendroit mieux le fer que ne feroit un fût tout de bois, sur-tout dans d'aussi petites parties. (*Voy. les Fig.* 27, 28 & 29). Les *Fig.* 30, 31 & 32, représentent un bouvet à ravaler; celles 33, 34 & 35, un bouvet à embreuver, dont la distance qu'il y a entre le conduit & le fer est égale à la largeur de ce dernier, afin que deux morceaux de bois rainés avec ce bouvet, puissent aisément entrer l'un dans l'autre; ce bouvet se nomme encore *bouvet à coulisse*; dans ce cas on fait ensorte que le fer soit un peu plus large que la joue, afin que les bois que l'on raine avec, coulent facilement l'un dans l'autre, en quoi il différe du bouvet à embreuver qui doit être juste sans avoir de jeu.

Le bouvet de deux pieces est un des outils le plus nécessaire aux Menuisiers, vû son application à toutes sortes d'ouvrages: il est composé d'une principale piece ou conduit; d'une autre piece que l'on change quand il est nécessaire, de deux tiges & de deux clefs.

La principale piece, *Fig.* 36, 37 & 38, doit avoir neuf pouces & demi de longueur, sur trois pouces & demi de largeur, seize lignes d'épaisseur à l'endroit du conduit, & dix lignes au plus mince : ce conduit doit avoir neuf lignes de large au moins, & être fouillé par dessous pour pouvoir placer l'extrêmité des doigts de celui qui le tient. Au milieu de la largeur, & à vingt-trois lignes des bouts, sont percés deux trous ou mortaises de dix lignes quarrées, dans lesquelles passent les tiges : au-dessus de ces trous & en sens contraire, c'est-à-dire, sur la largeur de la piece sont percées deux mortaises qui sont disposées pour recevoir des clefs, lesquelles serrent & arrêtent les tiges ainsi qu'aux trusquins. Il faut observer que celle de derriere *Fig.* 38 est en dedans de la tige, & l'autre en dehors, afin qu'elles ne nuisent point à l'ouvrier pour tenir le bouvet, ce qui arriveroit si elles étoient disposées autrement. Les tiges doivent avoir sept à huit pouces de longueur, sur onze lignes en quarré : une de leurs arrêtes doit être abattue en champfrain, l'une en dessus & l'autre en dessous, afin qu'elles ne blessent point la main; on doit avoir soin qu'elles entrent juste dans leurs mortaises, auxquelles on observera de laisser plein l'angle qui sera abattu aux tiges, & qu'elles soient percées bien perpendiculairement,

afin

afin que les tiges foient bien paralleles entr'elles & à angles droits avec les
pieces : le bout des tiges eft affemblé à tenon double dans la piece du devant,
& on aura foin d'y faire un arrazement de chaque côté, afin qu'elle porte également des deux côtés. *Voyez la Fig.* 37, laquelle repréfente la coupe d'un
bouvet de deux pieces.

Planche
XVI.

La piece du devant doit avoir neuf pouces de longueur, afin que l'autre la
déborde de trois lignes par chaque bout, ce qui eft néceffaire afin de pouvoir
là frapper avec le marteau pour l'ouvrir : fa largeur doit être de deux pouces
huit lignes moins la faillie de la languette, de forte que le deffus des deux
pieces affleure, & qu'il y ait environ une ligne de jeu entre le deffous de la
feconde & le deffus du conduit de la premiere piece : pour l'épaiffeur de la
feconde piece, elle doit être déterminée par celle de la languette, plus par
celle de la joue, qui doit être de fept à huit lignes, ainfi que je l'ai déja dit.

Pour ce qui eft des languettes, elles font de deux fortes, les unes de bois,
& les autres de fer.

Les premieres ont depuis trois jufqu'à fix ou huit lignes d'épaiffeur, & font
prifes dans le même morceau que la feconde piece, laquelle doit être d'un
bois liant & dur, afin qu'il puiffe réfifter à la preffion du fer (*Voyez les Fig.*
ci-deffus).

Les fecondes font faites de lames de fer, lefquelles font attachées fur la
piece ou joue, ce qui eft la même chofe, avec des vis ou des clous rivés :
ces languettes font ordinairement de deux pieces, mais qui font féparées
par la lumiere ; il feroit beaucoup meilleur de les faire d'un feul morceau,
dans lequel on feroit une entaille à l'endroit de la lumiere, & qui s'atta-
cheroit par deffous la piece avec des vis dont les têtes feroient arrafées. (*Fig.*
40 *&* 41).

On fait auffi des languettes avec du cuivre ; mais celles de fer leur font préférables, parce qu'elles s'échauffent moins, & par conféquent tiennent moins
dans le bois. En général les languettes de fer ou de cuivre faillent le deffous
de la piece de fix à fept lignes ; pour leur épaiffeur, elle varie depuis trois
quarts de ligne jufqu'à deux lignes : la pente de la lumiere des bouvets doit
être de quarante-cinq à quarante-huit degrés. On la place à cinq pouces du
derriere de la languette en deffous, ce qui eft la même chofe pour tous les outils de moulures, & l'on doit avoir foin qu'elle déverfe un peu en dehors.
Le fer des bouvets de deux pieces, ainfi que des autres (*Fig.* 42 *&* 43) doit être
le plus mince poffible, fur-tout ceux qui font au-deffus de trois lignes de largeur :
on doit avoir foin qu'ils foient affûtés à vif des deux côtés, & qu'ils débordent un peu l'outil, lequel doit être lui-même bien parallele avec la
principale piece ou conduite ; il eft cependant bon qu'il ouvre un peu plus
du derriere que du devant, afin qu'il foit plus doux à conduire. La largeur
du fer doit diminuer un peu par le haut, afin qu'il ne tienne pas dans le bois ;

Menuisier. T

& l'on doit avoir soin qu'il soit bien placé dans son fût, afin qu'il ne soit pas sujet à fuir*. On doit avoir soin de bien arrondir toutes les arrêtes des bouvets, ainsi que de tous les autres outils, afin de les rendre plus aisés à manier. Pour ce qui est du bois propre à faire les bouvets de deux pieces, il doit être ferme & sec; c'est pourquoi le cormier est préférable à tout autre.

Les bouvets de deux pieces à vis, ne different de ceux dont je viens de parler, qu'en ce que leurs tiges ne sont pas arrêtées à demeure dans la piece de devant, mais seulement avec des vis, lesquelles les serrent & arrêtent par le moyen d'un écrou qui est placé dans le milieu de l'épaisseur de la tige. Le haut de ces vis est garni d'un collet d'environ neuf lignes de diametre, lequel porte sur une plaque ou rondelle de fer, qui empêche qu'en serrant la vis, ce collet n'entre dans le bois: leur tête est percée à jour en forme de piton, afin de pouvoir les serrer plus commodément; il faut que les tiges entrent de deux à trois lignes dans la piece de devant, en observant de faire un arrazement au pourtour, afin qu'elles portent bien quarrément. (*Fig.* 39).

Ces sortes de bouvets sont très-utiles, parce que non-seulement on peut y placer des joues de différentes grosseurs de languettes, mais encore des gorges de toute espece, & autres outils propres à fouiller & ravaler le bois; de plus ils épargnent de faire un grand nombre d'outils, lesquels sont souvent par la grosseur de leurs fûts, rudes & difficiles à mener; c'est pourquoi toutes les coupes d'outils à joue qui sont sur cette planche, sont disposées de cette maniere.

Il est des bouvets de deux pieces auxquels on ne met point de clefs, mais seulement deux vis, lesquelles sont arrêtées par des écrous dans le dessus du bouvet, & en les serrant font pression sur les tiges, en observant de mettre entr'elles & ces dernieres, un petit morceau de fer mince, lequel est arrêté dans la mortaise, & empêche le bout de la vis d'entrer dans le bois. (*Fig.* 39).

Il est encore une autre maniere de serrer les tiges des bouvets, qui est de faire la principale piece de deux morceaux joints ensemble à rainures & languettes, & de placer les tiges diagonalement au milieu de ce joint, que l'on a soin de faire un peu creux sur sa longueur, & de le faire porter également des deux côtés; ensuite de quoi on le serre avec une forte vis qui est placée au milieu de sa longueur, & laquelle passe au milieu de son épaisseur, & est arrêtée dans la partie du bas avec un écrou. (*Fig.* 47 & 48).

On fait aussi des bouvets de deux pieces, cintrés tant sur le plan que sur l'élévation, qui ne different en rien des premiers qu'en ce que le conduit ou bien le dessous de la joue de devant est cintré. Il est encore une autre espece de bouvet que l'on nomme *bouvet à noix*, lequel ne differe des autres dont j'ai parlé ci-dessus, que parce que la languette de la piece du devant est arrondie. Ce bouvet sert à faire des noix ou rainures creuses pour les croisées & au-

---

* En terme d'ouvriers, on dit qu'un outil *a fui* lorsqu'il se dérange de sa place, & qu'il ne se pousse pas bien parallèlement.

tres parties ouvrantes : il a de largeur depuis quatre jufqu'à huit lignes, &
une ligne de plus de profondeur qu'il n'a de largeur : fon fer doit être affûté
des deux côtés, pour l'empêcher de fuir. (*Fig.* 44 , 45 *&* 46).

Planche XVI.

Les bouvets de deux pieces fe pouffent à un homme feul ; mais lorfque les
fers des bouvets ou des gorges font trop gros, on fe met deux à les pouffer,
l'un derriere, lequel le tient & le conduit, & l'autre devant, qui le tire de
la main gauche par la tige , & de la main droite par le bout de la vis, ou par
une cheville que l'on place dans la joue de devant.

Le guillaume eft compofé d'un fût, d'un fer, & d'un coin : le fût a ordinairement quinze à feize pouces de longueur, fur trois pouces & demi de largeur, & un pouce ou quinze lignes d'épaiffeur, par deffous lequel & à environ neuf pouces de fon extrêmité, eft percée une lumiere, laquelle occupe
toute fa largeur jufqu'à environ quinze lignes de hauteur, d'après quoi elle fe
termine par une mortaife en forme de coin de quatre à cinq lignes d'épaiffeur : cette lumiere doit être d'une pente égale à celle des varlopes, excepté
celle du guillaume de bout, qui doit avoir foixante degrés ; elle doit être
le plus étroite poffible par le bas, c'eft-à-dire, qu'elle n'ait que l'épaiffeur
du fer & le paffage du copeau ; enfuite de quoi elle fe termine en rond vers
le commencement de la mortaife en forme d'entonnoir, afin que les copeaux
fortent plus aifément. *Voyez les Fig.* 1 , 2 , 3 , 4 *&* 5 , lefquelles repréfentent un guillaume vû tant de face, que de plan & en coupe. On doit faire
cette lumiere un peu creufe fur fa largeur, afin que le fer porte bien
fur fon extrêmité ; cependant il faut éviter de la faire trop creufe, parce
qu'alors le fer releve du bout, au lieu de porter comme il paroît naturel qu'il faffe, & que pour peu que l'on ferre le coin, on fait fendre le guillaume. Pour ce qui eft du coin, il n'a d'épaiffeur que quatre à cinq lignes, qui
eft la largeur de la lumiere ; il faille le deffus du guillaume d'environ deux
pouces , & on y fait une encoche par le haut pour le retirer, ce qui eft
mieux que de frapper fur le champ du guillaume, & le bas vient fe terminer en pointe le plus bas poffible, afin que le fer tienne mieux. (*Voyez les
Fig.* 6 *&* 7).

Planche XVII.

Le fer d'un guillaume eft fait en forme de pêle à four ; il doit être bien
quarré , un peu affûté fur les rives, & défaffleurer un tant foit peu le fût
de chaque côté. (*Fig* 8 *&* 9).

Le guillaume cintré tant fur le plan que fur l'élévation, ne differe de ceux
dont je viens de parler, qu'en ce qu'ils font plus courts, & que celui en plan
eft d'une forme femblable à celle d'une navette ; c'eft pourquoi on l'appelle
guillaume à navette. Voyez les Fig. 2 , 10 , 11 *&* 12 , où font repréfentées toutes les efpeces de guillaumes, tant de bout que cintrés.

Les bois ainfi préparés, on y fait les affemblages, c'eft-à-dire, les tenons &
les mortaifes, les rainures & les joints.

Avant de faire les tenons, on scie les arrazements; pour cet effet on prend un morceau de bois de trois à quatre pouces d'épaisseur, sur lequel est attaché un tasseau contre lequel s'appuye le bois que l'on veut scier : ce morceau se nomme *entaille à scier les arrazements*, lequel s'arrête sur l'établi avec le valet; ensuite de quoi on enfonce dans le bout de cette entaille un fermoir ou ciseau, lequel sert à retenir le bout de la traverse, & à soulager l'ouvrier, lequel la tient appuyée contre l'entaille de la main gauche, & scie l'arrazement de la droite, ce qu'il doit faire le plus d'àplomb qu'il sera possible, afin que le joint porte également par-tout. La scie à scier les arrazements n'a de longueur que vingt-deux pouces ou deux pieds, il y en a même de plus petites pour les petits bois & autres menus ouvrages, lesquelles se font avec des ressorts. En général la denture des scies à arrazements doit être peu inclinée, afin qu'elle soit moins rude, & on doit lui donner peu de voie. (*Fig.* 13).

Les arrazements se scient en travers de l'établi, cependant un peu incliné en remontant du côté du crochet, afin de ne pas nuire à son camarade : il est encore une scie à scier des arrazements, que l'on nomme *scie à arrazer*, laquelle est composée d'un fût d'environ neuf à dix pouces de longueur, sur lequel est attachée une lame de scie de même longueur : cet outil sert à scier les arrazements des portes emboîtées & autres tenons d'une grande largeur, en l'appuyant contre une tringle de bois que l'on attache le long du trait. (*Fig.* 14). Mais en général une scie ordinaire fait la même chose lorsqu'elle est bien dressée.

Les tenons & les enfourchements se font à la scie; autrefois on les faisoit au ciseau, & on réparoit ensuite au guillaume & au rabot, ainsi que les enfourchements que l'on faisoit au bec-d'âne, & que l'on réparoit au ciseau.

La méthode de faire les tenons à la scie est préférable, non - seulement parce qu'elle est plus prompte, mais encore parce que le sciage rend le tenon rude & cotonneux, ce qui fait qu'il tient mieux dans la mortaise : il n'y a donc que les tenons d'une très-grande largeur qu'on doive faire au ciseau. Pour ce qui est des enfourchements, après avoir donné deux coups de scie des deux côtés à la profondeur nécessaire, on vuide le bois qui reste entre deux avec un bec-d'âne, & on le recalle * avec un ciseau.

La scie à tenons doit avoir vingt-six à vingt-huit pouces de longueur; l'inclinaison de ses dents doit être entre celle de la scie à débiter, & celle à scier les arrazements : on doit y donner une voie raisonnable, & avoir soin que sa denture soit très-droite.

Quand on veut faire des tenons, on commence par arrêter les traverses ou les montants sur l'établi avec le valet, de maniere que le tenon sorte dehors tout-à-fait, & qu'il regarde le crochet le plus qu'il est possible, ensuite on prend le bras de la scie de la main droite par le côté du fer que l'on pose sur le

---

* En terme d'ouvriers, on entend par *recaller*, unir & dresser un tenon ou une mortaise avec le ciseau : on dit aussi *recaller les coupes & les onglets.*

bois vers les deux tiers de fa hauteur, & que l'on appuie contre le pouce de la main gauche, pour commencer le trait; après quoi on joint la main gauche au bras de la fcie du côté de la corde, & l'on fcie les deux côtés du tenon diagonalement, c'eſt-à-dire, depuis le bas juſqu'à l'arrazement, en obſervant de ne pas prendre le trait, mais de paſſer à côté. Quand le tenon eſt ainſi fcié d'un côté, on le retourne de l'autre, & on fait la même opération juſqu'à ce que les deux côtés tombent d'eux-mêmes.

Lorſqu'on fcie les tenons, on ne doit pas reſter à terre, c'eſt-à-dire, au niveau du bas de l'établi, mais au contraire s'élever de cinq à fix pouces; parce qu'étant ainſi élevé on ſe fatigue moins, & on a plus de force. Les outils propres à faire les mortaiſes, ſont les bec-d'ânes de toutes groſſeurs, le maillet & le ciſeau.

Le bec-d'âne eſt un outil de fer, qui a de longueur depuis fix juſqu'à neuf ou dix pouces, & de largeur depuis cinq lignes juſqu'à neuf ou dix, ſelon les différentes épaiſſeurs, leſquelles ſont depuis une ligne juſqu'à neuf ou dix, comme je l'ai dit plus haut. Le bec-d'âne eſt emmanché d'un manche de bois de frêne ou de charme, de cinq à fix pouces de longueur, & d'une groſſeur relative à celle de l'outil: on doit avoir ſoin qu'il porte bien également ſur la baſe, afin que les coups redoublés que l'on frappe deſſus ne le faſſent point ployer. Pour qu'un bec-d'âne ſoit bien fait, il faut qu'il ne ſoit pas trop large, & qu'il diminue un peu ſur ſon épaiſſeur, ſans cependant être trop dégagé, ce qui eſt un défaut. (*Voyez les Fig.* 16 *&* 17). Quant au choix de ces outils, il eſt très-difficile à faire, parce qu'on ne peut les connoître parfaitement que par l'uſage.

Cependant on doit rebuter ceux qui ſont ſuſceptibles de pailles & d'inégalités le long de leurs tiges, ſur-tout à l'endroit où l'acier eſt joint au fer; on doit auſſi prendre bien garde ſi l'acier & le fer ſont bien joints enſemble, parce que quand une fois il commence à ſe lever, il n'y a aucun moyen de le fixer, & qu'il ſe leve tout le long. On doit auſſi prendre garde que la tige ou pointe qui entre dans le manche, ſoit bien faite & d'à-plomb du reſte de l'outil; les bec-d'ânes ont encore le défaut d'être trop ſecs ou trop mous; il vaut cependant mieux qu'ils ſoient ſecs, parce que ce défaut ſe corrige par l'uſage, au lieu que l'autre ne fait que s'augmenter.

Quand on veut faire des mortaiſes, on commence par aſſurer le battant ſur l'établi avec le valet, & le plus proche des pieds qu'il eſt poſſible, afin que les coups que l'on frappe aient plus de force; enſuite on prend le maillet de la main droite & le bec-d'âne de la gauche, le biſeau tourné vers le bout de l'établi, & l'on commence la mortaiſe en frappant d'abord d'à-plomb, puis en pente en revenant à ſoi pour approfondir la mortaiſe & enlever le copeau: quand elle eſt aſſez profonde, on le retourne en ſens contraire, c'eſt-à-dire, le biſeau devers ſoi, puis on l'enfonce d'à-plomb en commençant le bas de la mortaife, & en reculant jufqu'à ce que l'on foit au bout. Il faut obferver de ne pas prendre trop de bois, de mouvoir le bec-d'âne dans la mortaife à chaque coup que l'on frappe, & d'en tirer le copeau en même temps : il faut auffi de temps en temps avoir foin de tremper le bec-d'âne dans une boëte à la graiffe que l'on a à côté de foi fur l'établi, afin qu'il tienne moins dans la mortaife. (*Fig.* 15).

Quand la mortaife eft ainfi fouillée, on la vuide avec un bec-d'âne plus mince, ou bien lorfqu'elle eft étroite, avec un bec-d'âne crochu, (*Fig.* 18 & 19), ce qui fe fait aux mortaifes de petits bois : quand les mortaifes paffent au travers des bois, on les fonce d'abord jufqu'à la moitié, & on les retourne enfuite afin de les percer plus jufte : il faut auffi avoir foin en faifant les mortaifes, de mettre le parement de l'ouvrage devers foi, & la plus grande longueur du battant par derriere, fur-tout aux mortaifes des bouts, afin de chaffer le bec-d'âne fur l'épaulement & non fur l'arrazement : cette obfervation eft effentielle, fur-tout pour les mortaifes des croifées. Celui qui fait les mortaifes, doit fe tenir droit devant fon établi, la jambe gauche un peu en avant, & le corps éloigné du bec-d'âne le plus qu'il fera poffible ; quand les profils font d'une certaine longueur, on coupe la moulure d'onglet, & on fait à l'endroit de la mortaife une entaille de la profondeur de la barbe, & de la largeur de la traverfe, laquelle diminue la profondeur de la mortaife, & rend l'affemblage plus jufte. *Voyez les Fig.* 20 & 21, lefquelles repréfentent deux ouvriers qui font, l'un des tenons, & l'autre des mortaifes.

Quand les affemblages font faits, on commence par épauler les tenons tant du côté de la rainure que de l'autre côté ; enfuite on raine l'ouvrage, ou l'on y fait des feuillures felon qu'il eft néceffaire, ce qui fe fait avec le bouvet ou le feuilleret, ainfi que je l'ai déja dit ; après quoi on joint les panneaux, ce qui fe fait avec des outils nommés *bouvets*, lefquels font de deux efpeces, favoir, ceux qui font deux pieces d'outils féparés, & qui font propres à joindre du bois depuis un pouce d'épaiffeur jufqu'à quinze ou dix-huit lignes, & les autres dont les deux pieces n'en font qu'une feule, & dont les languettes font de fer ; ces derniers font propres à joindre du bois depuis trois jufqu'à neuf lignes d'épaiffeur.

Les fûts de la premiere efpece de bouvets, ainfi que ceux de la feconde, doivent avoir neuf pouces de longueur au moins, (leur en donnant quelquefois jufqu'à dix ou onze felon qu'ils font deftinés à joindre du bois de forte épaiffeur), fur trois pouces & demi de large : leurs lumieres font difpofées ainfi que celles des autres outils à fûts dont j'ai déja parlé, tels que font les feuillerets, les gorges, &c ; quant à leur pente, elle doit être de cinquante degrés : on doit avoir grand foin que les joues des deux bouvets foient bien égales, c'eft-à-dire, que la diftance qui eft entre le fer & la joue du bouvet qui fait la rainure, foit égale à la largeur du devant du fer du bouvet qui fait la languette , non compris ce qui entre de ce fer dans le fût de l'outil.

On doit auffi avoir grand foin que les languettes foient bien juftes , parce que quand elles font trop fortes, elles font éclatter les joues des rainures : on doit auffi faire attention que les languettes portent bien au fond des rainures , afin que quand elles font découvertes, comme dans le cas des plates-bandes ou d'autre élégiffement, on ne voie pas le jour au travers; il ne faut pas non plus trop abattre l'arrête des rainures pour y donner de l'entrée , fur-tout dans les bois minces, parce que cela ôte la folidité du joint , en l'empêchant de porter également, & que les cavités que forment les champfrains font fujettes à fe découvrir en replaniffant l'ouvrage. (*Fig.* 1 , 2 , 3 & 4). Pour ce qui eft de ceux dont les deux pieces ne font qu'une , c'eft la même chofe que ceux-ci, ainfi qu'on peut le voir dans les *Fig.* 5 , 6 & 7. Quant aux fers des bouvets, il faut avoir foin qu'ils foient bien juftes, c'eft-à-dire , que celui qui fait la languette entre jufte dans l'autre , & même qu'il y foit un peu fort , fur-tout à ceux d'une forte épaiffeur, où il eft bon que les joints ne foient pas trop juftes , ou trop forts , ce qui eft la même chofe. (*Fig.* 8 , 9 , 10 & 11).

Pour ce qui eft de la maniere de joindre les panneaux, après qu'ils ont été blanchis ou corroyés, felon qu'ils font plus ou moins épais, on commence par les dreffer & les mettre de largeurs égales , en obfervant d'expulfer toute efpece d'aubier, de fentes & de nœuds, enfuite de quoi on les établit felon les différentes largeurs qu'ils doivent avoir, & on doit prendre la précaution de mettre les planches d'une même couleur enfemble, les plus étroites (que l'on nomme *alaifes*) au milieu, & les rives les plus tendres dans les joints; après qu'ils font ainfi établis, on fait les joints en commençant par faire les rainures, puis on fait les languettes après avoir pris la précaution de préfenter la planche où on a fait la rainure fur celle où l'on veut faire la languette, pour voir fi elles font bien droites toutes les deux, puis on fait la languette ; & quand le bois eft épais, on abat le derriere de la languette en champfrain avec la demi-varlope, afin que le bouvet foit moins rude à pouffer : quand le bois eft rude & très-épais, on fe met deux pour le pouffer , ainfi que je l'ai dit en parlant des bouvets de deux pieces, mais tant que l'on peut être feul, l'ouvrage n'en eft que mieux.

Il faut auffi avoir foin que les joints foient bien droits fur la largeur des planches, & qu'ils portent bien des deux côtés, quand même l'ouvrage ne feroit qu'à un parement, parce que les joints ainfi bien approchés, empêchent l'air d'y pénétrer, & par conféquent de faire tourmenter les panneaux.

Après avoir fait les joints avec toutes les précautions dont j'ai parlé ci-deffus , on les colle, & pour cet effet on défaffemble les planches les unes d'avec les autres, après les avoir numérotées, afin de ne pas confondre les planches d'un panneau avec celles d'un autre ; puis on chauffe les joints afin que la chaleur faifant ouvrir les pores du bois, le difpofe mieux à prendre la colle, laquelle les trouvant ouverts s'y agraffe & retient les joints ; il faut cependant faire attention que les bois ne soient pas trop chauds, parce qu'alors ils font sécher la colle trop promptement, & l'empêchent de prendre : quant à la colle, elle ne sauroit être trop chaude, parce que la chaleur en rend toutes les parties plus fines & plus subtiles, & par conséquent plus propres à pénétrer dans les pores du bois.

La colle dont se servent les Menuisiers, se nomme *colle forte*, laquelle est de deux sortes, savoir celle d'Angleterre & celle de Paris ; ces deux especes de colles sont faites avec des nerfs & des pieds de bœufs que l'on fait bouillir & résoudre en gelée, ensuite de quoi on la moule par tables de huit à neuf pouces de longueur, sur cinq à six de largeur, & deux à trois lignes d'épaisseur ; & lorsqu'elle est bien séche & qu'elle est d'une bonne qualité, elle est aussi dure & aussi fragile que le verre. Celle d'Angleterre est la meilleure, non-seulement parce qu'elle fait moitié plus de profit, mais encore parce qu'elle tient mieux, & que sa couleur étant d'un jaune clair, fait qu'elle ne paroît pas dans les joints, lorsqu'ils sont bien faits, au lieu que celle de Paris n'est pas si forte, qu'elle est d'une couleur noire & boueuse, & qu'elle paroît toujours dans les joints quelque bien faits qu'ils puissent être.

Quand on veut faire fondre la colle, on commence par la casser par petits morceaux, & on la met tremper dans de l'eau pendant cinq à six heures, ensuite de quoi on la fait fondre sur le feu dans une marmite ou chaudron de cuivre ; il faut observer de n'y point mettre trop d'eau d'abord, parce qu'elle lui ôteroit sa qualité : il faut aussi avoir soin de la remuer avec un bâton à mesure qu'elle se fond, & lorsqu'elle est tout-à-fait fondue, on la fait bouillir à petit feu afin de la faire recuire : il ne faut jamais quitter la colle lorsqu'elle commence à bouillir, parce que dans ce temps la force de la chaleur la fait mousser & la pousse hors du chaudron, ce qu'on empêche en y versant un peu d'eau fraîche lorsqu'elle est prête à fuir. La colle est facile à se tourner & à se corrompre lorsqu'on la fait fondre ; c'est pourquoi les hommes seuls sont propres à cet ouvrage.

La colle se vend à la livre, & les Menuisiers qui ont beaucoup d'ouvrage ont soin d'en faire provision, afin qu'elle soit toujours bien seche ; lorsqu'on veut la faire fondre, on doit avoir soin de n'en pas trop faire fondre à la fois, c'est-à-dire, qu'il ne faut pas en avoir de fondue de plus de huit jours, surtout en Été, parce qu'elle se moisit & perd de sa qualité. On la fait chauffer dans un pot de cuivre, lequel a trois pieds & un manche de fer : les pieds doivent être évasés pour lui donner de l'assiette, mais non pas crochus & relevés par les bouts, parce qu'étant ainsi disposés ils sont sujets à emporter du feu avec eux, & à le faire tomber dans les copeaux, ce qui est fort à craindre. Les Ébénistes se servent d'un pot à colle à double fond, dans le premier desquels ils mettent de l'eau, & de la colle dans l'autre ; cette maniere

de

de chauffer la colle fe nomme *au bain-Marie*, & eft très-commode, parce
que l'eau étant bien chaude, entretient plus long-temps la chaleur de la colle,
& l'empêche de fe brûler au pourtour du pot. (*Fig.* 12 & 13).

Quand la colle eft chaude, on l'étend fur les joints avec un pinceau ou broffe
faite de poils de fanglier, lequel doit être plus ou moins gros felon les différents ouvrages. *Voyez les Fig.* 14 & 15. Enfuite on approche les joints, &
on les frappe avec le maillet; quand il y a plufieurs joints, & qu'on craint
de les gâter avec le maillet, on les retourne & on les frappe fur l'établi, ce
qui fe fait en levant d'abord un bout de panneau & le faifant tomber d'à-plomb
& avec violence fur l'établi; enfuite on en fait autant à l'autre bout, ce que
l'on continue de faire jufqu'à ce que les joints foient parfaitement en place :
enfuite on les met à plat fur l'établi où on les arrête avec des valets & des
barres qui les prennent dans toutes leurs longueurs, & on les ferre avec des
fergents.

Les fergents font des outils de fer, lefquels font compofés d'une barre
ou verge de fer, dont le bout eft recourbé & en forme de crochet ou de
mantonnet, lequel paffe dans un autre morceau de fer que l'on nomme *la
patte du fergent*, laquelle gliffe le long de la tige, felon qu'on le juge à
propos : le bout de cette patte eft recourbé en forme de mantonnet, ainfi
que l'autre bout de la tige, & eft rayé par le bout à peu-près comme une lime,
afin quelle ne gliffe pas lorfqu'on la ferre, mais qu'au contraire elle s'arrête fur
le bois.

La mortaife ou œil de la tige, doit être le plus jufte poffible, fur-tout fur
la largeur, & être faite un peu en pente en dedans de la patte du côté du
mantonnet, afin que quand le fergent eft ferré, il foit toujours à angle
droit avec fa tige, du moins le plus qu'il eft poffible : le bout eft refoulé,
afin que la patte ne forte pas. (*Fig.* 16).

Cet outil fert à faire joindre & approcher les joints, tant des panneaux
que des affemblages : on le ferre en frappant fur fa patte avec le maillet en
deffous de la tige, & on le defferre en frappant cette derniere en deffus avec
le marteau, c'eft-à-dire en fens contraire.

La longueur des fergents varie depuis dix-huit pouces jufqu'à fix & même
huit pieds de longueur; pour leur largeur de tige, elle doit être depuis neuf
lignes jufqu'à un pouce & demi felon les différentes longueurs, & leur épaiffeur doit être les deux tiers de leur largeur : la patte doit excéder le deffous du
fergent de trois à quatre pouces aux plus petits, & de fix pouces aux plus grands :
le fer des fergents doit être doux, fans aucune efpece de foudure, fur-tout la
patte, laquelle doit être forgée avec tout le foin poffible.

Il eft bon que les Menuifiers foient bien fournis de fergents, fur-tout ceux
qui ont beaucoup d'ouvriers, ce qui eft très-commode pour accélérer l'ouvrage :
il y a des boutiques où il y en a jufqu'à vingt de toutes fortes de longueurs.

Quand l'ouvrage eſt d'une ſi grande largeur qu'on ne peut le ſerrer avec des ſergents, on ſe ſert d'une tringle de bois, que l'on appelle *entaille à ralonger les ſergents*, laquelle a trois à quatre pouces de largeur, ſur huit à neuf pieds de longueur, & un pouce & demi d'épaiſſeur au moins, & à l'un des bouts de laquelle eſt fait un mantonnet pris dans la largeur du bois, laquelle ſert à ſerrer l'ouvrage : de l'autre côté de ſa largeur, & en ſens contraire, ſont pluſieurs entailles à douze ou quinze pouces les unes des autres, dans leſquelles on place le bout du ſergent, lequel ſe ſerre ſur l'autre rive de l'ouvrage. Il faut faire attention que les entailles doivent être faites à angles aigus, afin que le ſergent s'y arrête & ne ſe retire pas. (*Fig.* 17).

Il eſt encore une autre maniere de ſerrer les panneaux, ce qui ſe fait avec des outils de bois nommés *étreignoirs* (du verbe *étreindre* ou ſerrer de près) , leſquels ſont compoſés de deux fortes pieces de bois nommées *jumelles*, de quatre à cinq pieds de long, ſur quatre à cinq pouces de large, & deux pouces d'épaiſſeur, à ſix ou huit pouces des bouts deſquelles eſt percée une mortaiſe quarrée d'environ un pouce & demi, laquelle eſt au milieu de leur largeur, & dans leſquelles on fait paſſer une tige de huit à neuf pouces de long.

Dans la partie ſupérieure des étreignoirs, ſont encore percées deux ou trois autres mortaiſes ſemblables aux premieres, dans leſquelles on paſſe une autre tige de même forme & longueur que la premiere. (*Fig.* 18).

Quand on veut faire uſage des étreignoirs pour ſerrer un panneau, on commence par le paſſer entre les deux jumelles, & on l'appuye ſur la tige du bas; enſuite de quoi on approche les jumelles l'une de l'autre, ſur leſquelles le panneau tient très-droit, puis on paſſe la tige de deſſus dans la mortaiſe la plus proche du panneau, entre laquelle & ce dernier, on fait paſſer un coin de bois que l'on enfonce à force avec le maillet.

Il faut toujours deux étreignoirs au moins pour ſerrer un panneau, & même quand il eſt d'une certaine longueur, on fait fort bien d'en mettre trois; au reſte l'uſage de ces outils eſt très-bon, parce qu'ils ſerrent les panneaux ſans les meurtrir & ſans y faire d'éclats, ce qui arrive quelquefois avec les ſergents; mais encore parce qu'ils les tiennent très-droits, & qu'ils laiſſent la liberté de les voir des deux côtés ; ce que l'on ne peut pas faire lorſqu'ils ſont couchés à plat ſur l'établi. (*Fig.* 19).

Section Cinquieme.

Des Outils propres aux Chantournements ; de ceux qui ſervent à pouſſer les Moulures tant droites que cintrées, & de ceux qui ſont propres à finir & à poſer l'Ouvrage.

Lorsque la Menuiſerie eſt ſuſceptible de contours dans ſes traverſes, on ne les chantourne ordinairement que quand les aſſemblages ſont faits, ſur-tout

quand les cintres ont beaucoup de retombée, afin d'éviter qu'ils ne se cassent
en faisant les assemblages. On chantourne les traverses avec la scie à tourner,
ainsi que je l'ai dit plus haut; ensuite de quoi on atteint le trait, & on le
met d'équerre avec le rabot cintré, du moins autant qu'il est possible : les
endroits des cintres où le rabot ne peut pas aller, se font avec le ciseau &
avec la rape à bois, & se terminent avec le racloir.

La rape à bois est une espece de lime, dont les dents sont piquées en
forme d'un demi-cercle, & beaucoup plus saillantes que celles des limes propres à limer les métaux : il en est de différentes especes, savoir, les rudes, lesquelles sont propres aux gros ouvrages ou à ébaucher les autres; les douces qui
sont propres à finir; celles qui sont plates d'un côté & rondes de l'autre, &
celles qui sont plates des deux côtés, lesquelles sont propres à vuider des angles : il en est encore de coudées qui servent à finir le fond des gorges &
autres endroits difficiles. (*Fig.* 1 , 2 , 3 & 4).

Les racloirs sont des morceaux de fer plats, ou pour mieux dire d'acier, de
deux à trois pouces de long, sur environ un pouce de large, lesquels entrent en
entaille dans un morceau de bois qui sert à les tenir : on affûte le fer de ces
outils à l'ordinaire, puis avec la panne d'un marteau ou un autre morceau d'a-
cier, on reploie le fil en dedans à contre-sens du biseau, de sorte qu'en
le passant sur le bois, il enleve des copeaux très-minces, ce qui fait le même
effet que le rabot de bout, à l'exception que le racloir polit davantage le
bois que ne fait ce dernier. (*Fig.* 5)

Quelquefois on se sert de fers de varlopes au lieu de racloirs, en les affûtant comme je viens de dire, ce qui est la même chose.

Après que les traverses sont chantournées, on les raine avec les bouvets
cintrés, ou bien lorsque ces derniers ne peuvent pas aller, on se sert d'un
bec-d'âne de la grosseur de la rainure.

Avant de pousser les moulures, on fait les ravalements s'il y en a à faire, ensuite de quoi on coupe ou recalle les onglets tant des battants que des traverses; puis on ajuste une tringle dans la rainure, laquelle excede en dehors, &
sert à porter le bas de l'outil.

En général, quoique les outils des moulures soient en fort grand nombre,
la maniere de les faire & de s'en servir est toujours la même : il me suffira
donc de dire que les outils des moulures doivent avoir neuf pouces de longueur, sur trois pouces à trois pouces & demi au plus large, & une épaisseur
relative à leurs formes; que les lumieres doivent avoir cinquante dégrés de
pente au moins, & être déversées en dehors pour faire sortir le copeau, &
que leurs fers ainsi que leurs coins, doivent entrer derriere le conduit d'environ une ligne, ce qui est une regle pour toutes ces sortes d'outils, ainsi qu'on
peut le voir dans la *Fig.* 48 , où la ligne ponctuée indique le fond de la lumiere, ce qui est la même chose pour tous les autres outils. On doit aussi avoir

attention que les outils des moulures portent non-feulement fur la tringle que l'on met dans la rainure, mais encore fur le nud du champ, afin qu'ils ne prennent pas plus de bois dans un lieu que dans l'autre, & que l'ouvrage profile bien.

Pour les outils qui ont deux fers, tels que les doucines à baguettes, & les talons renverfés, on ne les fera diftants l'un de l'autre, que de l'épaiffeur de celui de deffus, & on aura foin que l'autre entre un peu derriere, afin que le copeau fe coupe net, & qu'il ne paffe pas entre deux.

Pour les outils à dégagement, tels que les boudins, les doucines à baguettes, & les talons renverfés, comme fouvent le dégagement de la baguette eft très-mince, & par conféquent fujet à fe caffer, on en rapporte un à bois de bout, lequel eft de cormier ou de buis, ou bien on les fait d'os ou d'yvoire, ou enfin de cuivre, ce qui eft meilleur : ces fortes de dégagements foutiennent mieux le fer, & l'empêchent de fe caffer. (*Fig.* 48). Pour ce qui eft de la forme des fers & des fûts des outils de moulures, *voyez les Fig.* 6, 7 & 8, qui repréfentent un bouvement fimple ; & celles 9, 10 & 11, un bouvement tarabifcoté ; celles 12, 13 & 14, un rond entre deux carrés ; celles 15, 16 & 17, un congé ; celles 18, 19 & 20, un boudin à baguette ; celles 21, 22 & 23, un bouvement avec quarré ; celles 24, 25 & 26, un bouvement ou doucine à baguette, ce qui eft la même chofe ; celles 27, 28 & 29, un talon renverfé avec quarré ; celles 30, 31 & 32, un talon renverfé à baguette ; & celles 33, 34 & 35, une mouchette à joue ; enfin celles 36, 37, 38, 39, 40, 41, 42, 43, 44, 45, 46 & 47, des rabots ronds, & des mouchettes de différentes groffeurs.

Les fers des outils de moulures dont je parle, fe trouvent tout faits chez les Marchands, c'eft-à-dire, qu'il n'y a plus qu'à les affûter, ce qui fe fait d'abord fur le grais (du moins pour les plus gros), & enfuite fur une efpece de pierre que l'on nomme *affiloire* ou *pierre à affiler* : ces pierres viennent d'Anjou, du moins pour les meilleures ; on choifit celles qui font grifes, dont le grain eft entre-mêlé de petites paillettes brillantes femblables à de l'argent : les meilleures de ces pierres fe fendent aifément fur leur épaiffeur, de forte que l'on en voit qui n'ont que deux lignes d'épais. Quand ces pierres font ainfi fendues, on les place fur le champ dans un morceau de bois où il y a plufieurs entailles, dans lefquelles elles font arrêtées avec des coins : ce morceau de bois fe nomme *entaille à affiloire*, & s'arrête fur l'établi avec le valet ; on doit auffi avoir foin de creufer dans le milieu de fa longueur un petit efpace de deux à trois pouces quarrés, & le plus profond poffible pour y mettre de l'eau lorfqu'on s'en fert fur l'établi. (*Fig.* 49).

Quand on affûte les fers des outils de moulures, on doit avoir grand foin de bien ménager les dégagements, afin qu'ils tombent bien à plomb ; que les côtés de ces mêmes dégagements coupent bien fur-tout ; qu'ils regardent le

dehors

dehors de l'outil, afin qu'ils ne foient pont fujets à fuir. Quant à leurs différentes formes & à la grace qu'il faut leur donner, voyez ce que j'ai dit en parlant des profils. (*pag.* 34 *& fuivantes*).

A l'égard de la maniere de les pouffer, c'eft à peu-près la même chofe que
pour le feuilleret ; il faut cependant avoir foin d'abattre le devant du bois avec
la demi-varlope, afin que l'outil n'ait pas plus de bois à prendre qu'il ne faut,
ce qui eft une diligence, & en même temps ce qui ménage beaucoup les
outils. Lorfqu'on pouffe les moulures, on arrête le bois contre le crochet avec
le valet, il n'y a que les petits bois de croifées, qui fe mettent dans une
entaille pour avoir la commodité de les arrondir par-deffus, ce qu'on ne pourroit faire fi on fe fervoit du valet pour les arrêter : quant à la forme de cette
entaille, *voyez la Fig.* 50.

Quand les moulures font pouffées, on les finit, c'eft-à-dire, qu'on les dé-
gage, & que l'on arrondit les talons & les baguettes (ce qui en termes d'ouvriers s'appelle *relever les moulures*) : les outils propres à cet ufage font les
mouchettes à joues, les grains d'orges, les mouchettes de toutes groffeurs,
les bec-de-canes & les gorges fouillées.

Les mouchettes à joues ne different des autres mouchettes, que parce
qu'elles ont une joue ainfi que les autres outils de moulures dont j'ai déja
parlé ; au lieu que les autres mouchettes, ainfi que les rabots ronds, n'en ont
point : quant à la forme des outils dont je viens de parler, voyez ce que j'ai
dit *pag.* 84.

Les bec-de-canes font des outils qui fervent à dégager le deffous des talons
ou des baguettes lorfque les mouchettes à joues n'y peuvent pas aller, comme dans le cas d'un ravalement ou d'une gorge : ils different des autres outils
de moulures, en ce qu'ils coupent horizontalement, au lieu que les autres coupent d'à-plomb, & que leur fer eft placé droit dans fon fût, ou du moins
très-peu incliné (il y en a beaucoup même qui ne le font point du tout),
toute l'inclinaifon de ce fer, n'eft que fur fa largeur, c'eft-à-dire, fur l'épaiffeur de l'outil, par derriere lequel il fe vuide ; c'eft pourquoi cette pente fe
fait en dedans, non feulement pour faire vuider le copeau, mais encore pour
donner de la prife au fer.

Comme la pointe des bec-de-canes eft très-mince, le bois de leurs fûts ne
peut gueres fubfifter long-temps ; c'eft pourquoi on fait fort bien d'y mettre des
femelles de cuivre ou de fer, ce qui eft encore mieux, ainfi que je l'ai dit
ailleurs. *Voyez les Fig.* 1, 2, 3, 4, 5, 6 *& 7*, lefquelles repréfentent un
bec-de-cane vû de tous fens, ainfi que fon fer & fon coin.

Les gorges fouillées font des efpeces de bec-de-canes, qui ne different des
premiers qu'en ce que leur extrêmité eft arrondie en forme de gorge, &
qu'elle porte un quarré. Le fer de ces outils ne fe trouve point tout fait chez

<table>
<tr><td>━━━━━━━━
Pʟᴀɴᴄʜᴇ
XIX.</td></tr>
</table>

<table>
<tr><td>━━━━━━━━
Pʟᴀɴᴄʜᴇ
XX.</td></tr>
</table>

Menuisier.   Y

les Marchands, du moins pour l'ordinaire; c'eſt pourquoi les Menuiſiers les font eux-mêmes.

Leur uſage eſt de fouiller le deſſous des talons, pour élargir & terminer le fond des gorges (*Voyez les Fig.* 8, 9, 10 & 11) ; mais quand ce ſont des cadres à plates-bandes, qui ont de ces gorges fouillées, on ſe ſert d'une gorge ordinaire que l'on pouſſe ſur le champ du cadre, en obſervant ſeulement de le faire vuider en dedans. (*Voy. les Fig.* 21 , 22 & 23. *Pl.* 16 , *page* 72.)

Il eſt encore un outil dont le fer eſt placé d'à-plomb, & qui coupe horizontalement, lequel ſe nomme *guillaume de côté* : ſon uſage eſt d'élargir les rainures, & de redreſſer celles qui ſont mal faites. (*Fig.* 12 , 13 , 14 & 15).

Quand les panneaux ſont bien ſecs, c'eſt-à-dire, que la colle eſt bien priſe, on les met à la largeur & à la longueur qui leur eſt convenable, ce qui, en termes d'ouvriers, ſe nomme *équarrir les panneaux* ; enſuite de quoi on y pouſſe les plates-bandes, ce qui ſe fait avec un outil nommé *guillaume à plates-bandes*, lequel eſt ſemblable aux autres guillaumes, à l'exception qu'il a un conduit, que la pente de la lumiere eſt inclinée en dedans ſur la largeur du fer pour le rendre plus doux & plus propre à couper le bois de bout & de rebours. Il y a deux fers à cet outil, l'un qui forme ce qu'on appelle la plate-bande, & l'autre le quarré, leſquels font, les deux enſemble, environ quatorze à ſeize lignes de largeur: au-deſſus du guillaume, & vers le bout, eſt une encoche ſemblable à celle du feuilleret d'établi, laquelle ſert à appuyer la main de celui qui le pouſſe. (*Voyez la Figure* 16).

Il eſt auſſi des guillaumes à plates-bandes cintrées tant ſur le plan que ſur l'élévation, leſquels ne different de celui-ci que parce qu'ils ſont plus courts & cintrés. (*Voyez les Fig.* 16 , 19 , 20 , 21 , 22 , 23 , 24 , 25 & 26 , leſquelles repréſentent cet outil vu de tous ſens avec ſes fers.

Quand on pouſſe les plates-bandes, on doit avoir ſoin d'abattre l'arrête du bois de la largeur de la plate-bande, ainſi qu'on le fait aux autres outils de moulures.

Après avoir pouſſé le guillaume à plate-bande à la profondeur néceſſaire, on répare le quarré avec un guillaume ordinaire, que l'on affûte le plus quarrément qu'il eſt poſſible, afin qu'il morde également des deux côtés, & que le côté du fer ne gâte point le quarré. On borne enſuite la hauteur de ce quarré avec un petit feuilleret, dont le conduit n'a de hauteur que celle du quarré. (*Fig.* 17).

Quand le bois des plate-bandes eſt trop de rebours, on le reprend à ſens contraire avec un guillaume à adoucir, lequel n'a que huit à neuf pouces de long, & ne differe des autres qu'en ce que ſes arrêtes ſont arrondies, & que la pente de ſa lumiere eſt d'environ ſoixante degrés. (*Fig.* 18).

Il faut avoir ſoin en pouſſant les plates-bandes, qu'elles penchent un peu

en dehors, afin qu'elles profilent mieux; il faut cependant éviter d'y donner
trop de pente, ce qui est un défaut considérable.

Quand l'ouvrage est à double parement, on pousse les plates-bandes des deux
côtés, en commençant d'abord par le parement, & le mettant ensuite au molet par derriere *: on se sert pour cet effet d'un morceau de bois de trois à
quatre pouces de long au plus, où l'on fait une rainure, dans laquelle
on fait entrer la languette en l'amincissant avec le guillaume à plate-bande
quand l'ouvrage est à double parement, ou bien avec le feuilleret à mettre
au molet, quand elle n'en a qu'un. Il faut avoir soin de changer souvent de
molet quand on a un grand nombre de panneaux à faire, parce qu'ils s'usent
par le frottement, & que si on n'en changeoit pas, les languettes deviendroient trop fortes. Le feuilleret à mettre au molet n'a que neuf à dix pouces
de long; son fer est en pente en dedans, ainsi que celui du guillaume à
plate-bande, & a sept lignes de largeur depuis le nud du conduit. (*Figures
27 & 28*).

Après avoir poussé les plate-bandes autour des panneaux, on les replanit,
c'est-à-dire, que l'on ôte toutes les inégalités, ce qui se fait d'abord avec un rabot à grand fer, ensuite avec un autre rabot dont le fer prend moins ; puis on
le finit avec le rabot de bout. Après que les panneaux ont été replanis avec
les rabots, ainsi que je viens de le dire, on les termine avec le racloir, lequel sert à les polir ; mais on ne doit faire usage de cet outil qu'aux bois
d'un grain ferme & serré, & qui sont extrêmement secs ; car pour ce qui
est des bois gras, & qui sont un peu verts, au lieu de les polir, il ne fait
que les rendre rudes & cotonneux.

Quand on a fini les panneaux, on assemble l'ouvrage, c'est-à-dire, que l'on
présente & ajuste chaque piece à la place qui lui est destinée, & on a soin
de présenter la piece quarrée à chaque assemblage pour voir s'ils sont bien
quarrément, (*cette piece quarrée n'est autre chose qu'un morceau de bois d'environ un pied de long, qui est coupé bien à angle droit* : (*Fig.* 1), ce qui se
fait après qu'on en a recallé les onglets avec le cizeau ou le guillaume,
comme je l'ai dit ci-devant. Les cadres & les autres pieces qui sont tout
d'onglet, se recallent avec la varlope à onglet, laquelle ne differe du rabot, qu'en ce qu'elle est plus longue, ayant douze à quatorze pouces de longueur, & que la pente de la lumiere est plus droite, ainsi que je l'ai dit plus haut,
page 62 ; quant à la forme *voyez la Fig.* 3, & pour cet effet on se sert
d'un outil de bois, que l'on nomme *boëte à recaller*, laquelle est composée
de quatre morceaux de bois joints ensemble à angles droits ou d'équerre, ce
qui est la même chose : un des bouts de cette boëte est coupé d'onglet, de
sorte que quand on veut en faire usage, on passe dedans le cadre que l'on

PLANCHE
XX.

PLANCHE
XXI.

---

* Par *mettre un panneau au molet*, on entend mettre ses languettes d'une épaisseur égale à
celle de la rainure, de sorte qu'elle entre juste dans cette derniere.

veut recaller, & on l'arrête avec un valet, de maniere que le trait de l'arrazement affleure le dehors de la boëte ; après quoi on recalle le bout du cadre qui excede cette derniere avec la varlope à angle , jufqu'à ce qu'elle ne trouve plus de bois à prendre. (*Fig.* 2).

Quand l'ouvrage eft ainfi affemblé , on met les panneaux dedans afin de le cheviller & de le fixer ; mais quand il y a des traverfes cintrées, on les affemble avant de les pouffer, puis on les profile par les bouts avec une pointe à tracer, après quoi on les défaffemble , & on les pouffe enfuite, c'eft ce qu'on appelle *pouffer à la main.* Les outils propres à pouffer à la main , font les cizeaux & les fermoirs de toutes grandeurs, les fermoirs à nez rond, les gouges de toute efpece, les carrelets ou burins, les petites rapes, les fcies à dégager , tant droites que coudées, celles à découper, & la peau de chien de mer. Les cizeaux & les fermoirs dont il eft ici queftion, ne different en rien des autres, qu'en ce qu'ils font plus petits, n'ayant quelquefois que deux lignes de large. (*Fig.* 4 *&* 5). Le fermoir à nez rond eft fait d'une forme biaife par fon extrêmité , ce qui le rend très-commode pour ragréer les moulures , & fouiller & vuider les angles. (*Fig.* 6).

Les gouges font des efpeces de fermoirs creux, lefquels fervent à creufer & arrondir les moulures ; je dis que ce font des efpeces de fermoirs, parce qu'ils ont deux bifeaux, & qu'ils s'affûtent tant en dedans qu'en dehors , leur acier étant au milieu de leur épaiffeur. Il y a des gouges de toutes groffeurs, depuis une ligne jufqu'à deux pouces de large : il y en a de coudées en dedans, & d'autres en dehors; il y en a enfin de creufes & de plates, felon les différents befoins : elles s'affûtent fur les affiloires ainfi que les fers des outils des moulures. (*Fig.* 7, 8 *& 9*). Les carrelets ou burins, font de petits fermoirs qui font reployés à angle droit & évidés dans le milieu : ils font très-propres à couper & évider les filets. (*Fig.* 10). Pour les rapes, j'en ai fait la defcription ailleurs. *Voyez* ce que j'en ai dit, page 83. Les fcies à dégager font de petits outils de fer garnis d'un manche dont l'extrêmité eft reployée à angle droit , & garnie de dents comme une fcie ; il y en a de différentes épaiffeurs pour faire les dégagements plus ou moins forts ; celles qui font coudées font l'office du bec-de-cane dans les cintres. (*Fig.* 11 *&* 12). Les fcies à découper font des petits morceaux de fer minces, qui font dentés par un bout , & qui s'affemblent dans la tige d'un trufquin ordinaire où elles font arrêtées avec un coin, ou bien elles s'affemblent dans une efpece de trufquin à verge, dont la tête eft percée d'une mortaife deftinée à les recevoir. (*Fig.* 13, 14, 15 *&* 17). Cet outil fert à découper les parties circulaires, à lever le devant des filets & des baguettes, en y ajuftant un fer de mouchette comme dans la *Fig.* 14. La peau de chien de mer, fert à polir les moulures tant droites que cintrées; il y en a de douces & de rudes dont on fe fert fuivant les différentes occafions.

On

On se sert aussi pour pousser les moulures cintrées, de petits outils nommés *sabots*, lesquels ne different des autres outils de moulures que parce qu'ils sont cintrés & beaucoup plus courts, n'ayant quelquefois qu'un pouce de long de chaque côté du fer. L'usage de ces outils est très-commode, parce que non-seulement l'ouvrage est de moitié plutôt fait, mais encore parce qu'il est beaucoup mieux, les moulures poussées à la gouge, quelque bien faites qu'elles puissent être, n'étant jamais aussi parfaites que celles poussées au sabot.

En général on fait des sabots de tous les outils possibles, de sorte qu'il ne reste à pousser à la gouge que les angles & les contours qui sont absolument trop petits. (*Fig.* 16).

Lorsque l'ouvrage est prêt à cheviller, on le serre avec les sergents, afin d'en faire approcher les joints; ensuite de quoi on perce avec un vilbrequin deux trous à chaque tenon, lesquels doivent être le plus près de l'arrazement qu'il est possible aux traverses du milieu : pour les traverses des bouts, le premier trou du côté de la moulure se perce proche de l'arrazement, & l'autre au milieu du champ, afin que les deux trous ne rencontrent pas le fil du bois, ne le fassent pas fendre; quelquefois on colle les assemblages, mais ce n'est que dans de petits ouvrages, ce qui n'arrive que très-rarement.

Les chevilles doivent être de bois bien de fil & très-sec, pour qu'il ne soit point sujet à se retirer. On les fait rondes ou quarrées, ce qui est arbitraire : on doit avoir soin qu'elles ne diminuent pas trop par le petit bout, afin qu'elles serrent également dans toute la profondeur du trou : il ne faut pas non plus les trop enfoncer, parce que cela est inutile, & ne sert qu'à faire fendre le bois : les chevilles ne se rompent pas, mais on les coupe avec une scie à chevilles, après quoi on les replanit avec les rabots & le racloir, ainsi que je l'ai déja dit en parlant des panneaux.

Le vilbrequin, *Fig.* 1, est un outil de bois évidé à peu-près comme un demi-ovale, à l'un des bouts duquel est placée une poignée, laquelle a un tourillon qui passe au travers de la tête du vilbrequin : ce tourillon a à son extrémité un bouton qui l'empêche de sortir de cette tête, son autre bout étant collé dans la poignée; à l'autre bout du vilbrequin est percé un trou quarré dans lequel entre un morceau de bois que l'on appelle la boëte : c'est dans cette boëte que doit s'assembler ou emmancher, en termes d'ouvriers, les méches de fer qui servent à percer le bois, lesquelles prennent différents noms selon leurs différentes largeurs & grosseurs : on les appelle *méches à chevilles* grosses ou petites, c'est-à-dire, qui ont depuis deux jusqu'à quatre lignes de large, sur trois pouces de long : *méches à lumieres,* celles qui ont la même grosseur que les précédentes, mais qui ont cinq pouces de longueur : *méches à goujons,* celles qui ont cinq à six lignes de diametre, sur cinq à six pouces de longueur; enfin *méches à vis,* lesquelles ont depuis six jusqu'à neuf lignes de largeur, sur dix pouces & même un pied de longueur.

Menuisier.   Z

PLANCHE
XXI.

PLANCHE
XXII.

Chacune de ces méches est garnie d'une boëte que l'on change & arrête dans le vilbrequin par le moyen d'une cheville ou d'une vis (ce qui est la même chose) chaque fois qu'on en a besoin. (*Fig. 2, 3 , 4 & 5*).

La scie à cheville est un morceau de fer plat, & recourbé, dont les deux côtés sont garnis de dents comme une scie, à l'exception qu'elles n'ont point d'inclinaison , & que la voie est toute en dessus pour ne point gâter l'ouvrage ; cette scie est emmanchée pour pouvoir la tenir. (*Fig. 6*).

Les outils propres au posage de l'ouvrage sont les niveaux , le plomb , les tire-fonds , les vrilles , la scie à main , & les tenailles ou triquoises ; mais comme la pose des ouvrages appartient à la description de la Menuiserie mobile , je me réserve d'en parler dans ce temps , afin de le faire d'une maniere plus intelligible. *Fig. 7 , 8 , 9 , 10 , 11 & 12* , où sont dessinés ces différents outils.

CHAPITRE SIXIEME.

De la Menuiserie Mobile , de ses Formes , Profils & Assemblages.

Des Croisées en général.

On nomme *Croisées* des ouvertures pratiquées dans les murs d'un bâtiment pour procurer du jour & de l'air à l'intérieur des appartements.

Dans ces mêmes ouvertures sont placés des chassis ou venteaux de Menuiserie , lesquels servent à les fermer & à recevoir des carreaux ou tables de verre dans des feuillures qui y sont pratiquées à cet effet : on nomme aussi ces chassis *Croisées* , ce nom leur étant commun avec leurs bayes.

Les croisées prennent différents noms selon leurs différentes formes & usages.

Par rapport à leurs formes , on les nomme *Croisées éventails* ou *plein cintre, Croisées bombées* ou *surbaissées, à impostes* ou *sans impostes , Croisées entrèsols , à la Mansarde , à coulisses double* ou *simple , à l'Angloise , à la Françoise; Croisées pleines* , celles qui portent des volets; & *Croisées cintrées en plan* , celles qui sont creuses ou rondes sur le plan.

Par rapport à leurs ouvertures , on les nomme *Croisées à côtes doubles* ou *simples , à gueule de loup , à doucine , à champfrain double* ou *simple , à noix & à feuillure.*

Par rapport à leurs profils , on les nomme *Croisées à pointes de diamants , à grandes* ou *à petites plinthes , à rond entre deux carrés* (ce qui est le profil le plus usité) , *à treffles , à cœurs , à petit cadre* : on appelle *Croisées à glaces* celles dont on a supprimé les montants dans les chassis , & qui n'ont que deux ou trois traverses de petits bois sur la hauteur du chassis.

Enfin on nomme *Croisées à doubles parements* , celles qui sont ornées de moulures après les feuillures , ou qui ont des moulures par derriere de la largeur du petit bois , lesquelles sont rapportées avec des vis.

Comme toutes ces différentes efpeces de croifées demandent d'être traitées à part, je les diviferai en deux parties. Dans la premiere, je traiterai de celles qu'on appelle *grandes*, & qui portent des volets ; & dans la feconde, de celles qu'on nomme *Manfardes*, à *l'Angloife*, à *la Françoife*, &c.

Avant d'entrer dans le détail des croifées, il eft néceffaire de connoître les pieces dont elles font compofées, qui font pour le dormant, les deux battants, la piece d'appui, la traverfe d'en haut, l'impofte s'il y en a une, & le montant.

Pour le chaffis à verre, ce font les deux battants, dont l'un eft nommé *battant de noix*, & l'autre *battant de côte* ou *meneau*, fi c'eft le chaffis à droite, ou bien d'un battant de noix & d'un petit battant nommé communément *de gueule de loup* ; d'une traverfe d'en haut, d'un jet d'eau, de plufieurs traverfes de petits bois, de petits montants, fi les petits bois font affemblés à pointes de diamants ; ou d'un grand montant, s'ils font affemblés à plinthes. *Voyez la Pl. XXIII, Fig.* 1, 2, 3 & 4, où j'ai deffiné une croifée avec impofte & fans impofte, & dont le nom de chaque piece eft coté & écrit à la marge.

PLANCHE
XXIII.

SECTION PREMIERE.

Des grandes Croifées.

ON doit mettre au rang des grandes croifées toutes celles qui ont depuis dix pieds jufqu'à douze ou quinze pieds de hauteur, auxquelles pour l'ordinaire on met des impoftes, afin de donner moins de hauteur, & par conféquent moins de lourdeur au chaffis ; ces croifées ont toujours des volets, ou du moins fi l'on n'y en met pas, on doit toujours les difpofer pour y en avoir.

PLANCHE
XXIV.

Les battants de dormants de ces croifées doivent avoir deux pouces neuf lignes d'épaiffeur, ou deux pouces fix lignes, ou deux pouces au moins, fur quatre pouces ou quatre pouces fix lignes s'il y a des embrafements, & trois pouces s'il n'y en a pas : on doit avoir foin qu'ils défaffleurent la baye d'un quart de pouce au moins ; quelquefois même lorfque la baye a beaucoup de largeur, on orne le pourtour du dormant en dehors d'une moulure, laquelle regne & vient s'affembler avec le montant de deffus l'impofte.

Ce qui détermine la largeur des battants de dormants, font les deux épaiffeurs des volets, plus celle du paneton, lequel fert à porter l'efpagnolette, lequel panneton fe trouvant entre les deux feuilles de volets, les empêche de fe joindre l'un fur l'autre.

On doit faire à ces battants une feuillure deffus l'arrête de devant de cinq à fix lignes de profondeur, fur fix à fept de largeur, laquelle feuillure fert à porter le volet, & on y pouffe un congé, ainfi que fur l'arrête du chaffis, afin que les deux enfemble forment un demi-cercle dans lequel entre lamoitié de la fiche.

On doit auffi y creufer une noix ou rainure d'une forme circulaire pour recevoir le chaffis, laquelle aura de largeur les deux cinquiemes de l'épaiffeur de ce même chaffis; on ravalera auffi le champ du battant d'environ une ligne depuis la noix jufqu'au congé, afin de faciliter l'ouverture de la croifée.

Pour ce qui eft de leurs affemblages, ainfi que de ceux des pieces d'appui & des traverfes d'en haut, ils fe font à tenons & enfourchement; à moins que par un cas extraordinaire, les traverfes d'en haut ne foient très-larges, alors on y fait des mortaifes. L'épaiffeur de ces affemblages doit avoir les deux feptiemes de celle du battant, ou le tiers au plus. (*Fig.* 1 & 2).

Les pieces d'appui doivent avoir depuis trois jufqu'à quatre pouces d'épaiffeur, felon les différentes manieres dont font faites les feuillures de la baye: ces feuillures fe font de trois manieres.

La premiere & la plus parfaite, eft de laiffer faillir la pierre de l'épaiffeur de huit à neuf lignes dans la largeur de la feuillure de la baye, & de faire une feuillure fur la piece d'appui de la même largeur & hauteur de ce que la pierre excede. (*Fig.* 3).

La feconde maniere eft de faire une feuillure à l'appui de pierre qui régne pour la largeur avec celle de la baye fur un pouce ou environ de profondeur, fur l'arrête de laquelle on réferve un liftet ou reverdeau, lequel entre dans la piece d'appui; cette feconde maniere, quoique plus compliquée que la premiere, n'eft pas meilleure; au contraire elle ne fert qu'à affoiblir la piece d'appui, & par conféquent l'expofe à fe pourrir plutôt. (*Fig.* 4).

La troifieme enfin, eft de faire à l'appui de pierre une feuillure comme à la précédente, mais à laquelle on fupprime le reverdeau: cette derniere maniere eft la plus vicieufe; car non-feulement elle affoiblit la piece d'appui, mais auffi elle favorife l'écoulement des eaux dans l'intérieur des appartements. (*Fig* 5).

Les pieces d'appui doivent affleurer le dormant en parement, & les défaffleurer par derriere d'un pouce au moins, laquelle faillie paffe en enfourchement par deffus le battant, & eft arrondie: le liftet qui eft entre la feuillure de deffus & l'arrondiffement, doit être abattu en pente en dehors, afin de faciliter l'écoulement des eaux; ce liftet doit auffi faillir d'environ trois lignes d'après le battant.

La feuillure du deffus doit être peu profonde pour plus de folidité, & n'avoir de largeur que depuis le devant du dormant jufqu'au devant de joue de l'enfourchement du jet-d'eau: cela donne plus de largeur au liftet, & empêche que la partie reftante de l'enfourchement du jet-d'eau, ne vienne à s'éclatter, ce qu'elle ne peut faire, puifqu'on la fupprime tout-à-fait.

Pour l'affemblage des pieces d'appui, voyez ce que j'ai dit en parlant des battants de dormants, en obfervant, que quand le tenon n'ira pas jufqu'au derriere de la noix, de réferver dans l'enfourchement une barbe * pour remplir le vuide

---

* On nomme *barbe* une petite partie faillante qu'on laiffe au fond de l'arrazement d'un tenon ou d'un enfourchement, laquelle remplit le vuide que font les rainures dans les affemblages des battants, fur-tout quand elles déiaffleurent de beaucoup ces derniers.

qu'il

qu'il pourroit y avoir, ce qu'on observera à tous les assemblages des dormants en général.

Les impostes sont des traverses, lesquelles, ainsi que je l'ai déja dit, servent à diminuer la trop grande hauteur du chassis : elles doivent avoir trois à quatre pouces de hauteur, & désaffleurer en parement les battants de dormant de l'épaisseur de la côte réservée à porter les volets, (à moins que, comme dans le cas d'une croisée plein-cintre, les volets ne montent que jusqu'à la naissance du cintre ; alors elles doivent affleurer les dormants,) & les excéder en dehors de la saillie de son profil, lequel est plus ou moins riche, selon que le cas l'exige.

La feuillure de dessous doit avoir six à sept lignes de hauteur sur l'épaisseur du chassis pour profondeur, afin que le devant du chassis & l'imposte affleurent ensemble : celle de dessus doit être moins haute, & on observera pour sa profondeur la même chose qu'aux pieces d'appui. Les impostes s'assemblent à tenon & enfourchement dans les battants de dormants, & on observera une joue au-devant du tenon ; l'épaisseur de la côte n'étant pas suffisante, on fait au milieu de l'imposte une mortaise pour recevoir le montant de la largeur de la côte, laquelle ne percera pas au travers, mais viendra à un demi-pouce de la feuillure. On fera par le devant de l'imposte une entaille de l'épaisseur de deux à trois lignes sur la largeur de la mortaise, dans laquelle entrera la côte du montant. *Voyez les Fig 6, 7 & 8*, où les profils, les assemblages, & les feuillures sont marquées séparément.

Lorsque les croisées sont plein-cintre ou surbaissées, on place les impostes au niveau du point de centre, ou bien on fait régner le dessus avec le dessus des impostes de la baye, ce qui est la même chose ; mais quand les croisées sont quarrées, après avoir fait le compartiment total des carreaux de la croisée, en y observant la largeur des impostes, des jets-d'eau & des traverses, on mettra deux carreaux de hauteur au chassis d'en haut, si le compartiment est à petits carreaux ; & s'il est à grands carreaux on n'en mettra qu'un, ce qui déterminera la hauteur de l'imposte.

Lorsqu'il y aura des impostes aux bayes de croisées, on fera régner celles de bois avec celles de pierre, quand elle ne seront pas d'une largeur trop-considérable, soit en continuant les mêmes moulures, ou en les profilant en plinthe (*Fig.9*).

Les traverses d'en haut doivent avoir la même épaisseur que les battants de dormant, sur deux pouces & demi à trois pouces de largeur, & un pouce de plus aux croisées qui sont disposées à recevoir des embrasements.

La largeur de ces traverses est déterminée, premiérement par celle de la feuillure, puis celle de la gâche de l'espagnolette, ou par le recouvrement des volets, plus, environ un pouce de jeu pour pouvoir les dégonder. Pour leurs assemblages, c'est la même chose que pour les battants de dormant (*Fig.* 10 & 11).

Menuisier.   A a

On fait des montants de dormant aux croisées à imposte pour plus de solidité, & pour donner plus de légéreté aux chassis d'en haut; ces montants
sont de l'épaisseur des battants de côte, c'est-à-dire, qu'ils ont l'épaisseur des
chassis, plus celle de la côte de devant, qui est de cinq à six lignes, & celle
de la côte de derriere, qui est de six à sept lignes, lesquelles prises ensemble
font aux environs de deux pouces ou deux pouces & demi d'épaisseur sur la
largeur de la côte du battant, sur lequel il vient tomber en passant en enfourchement par dessus l'imposte.

On fait ces montants de trois façons différentes.

La premiere en y pratiquant des feuillures pour recevoir les chassis qui entrent dedans tout en vie, c'est-à-dire, de toute leur épaisseur. Cette maniere
est la plus simple & la plus commode, sur-tout lorsqu'on veut ouvrir le chassis; mais aussi elle a cette difficulté que l'on est obligé de tenir le montant
plus large par derriere que le côté du battant de la largeur de deux feuillures,
qui est de huit lignes pour les deux. Ce défaut est à la vérité couvert par
l'imposte; mais on s'en apperçoit toujours par la différence qu'il y a entre la
largeur des champs des chassis du haut & de ceux du bas. (*Fig. 2*).

La seconde maniere est de faire dans le montant deux rainures de l'épaisseur
du chassis, & profondes de quatre à cinq lignes, plus la longueur de la noix,
ce qui fait en tout huit à neuf lignes, afin que le chassis étant entré premiérement dans le montant, ait de la refuite pour entrer dans la rainure du battant de dormant. (*Fig. 3*).

La troisiéme enfin, est de refendre le montant sur son épaisseur en deux
parties, dont celle de derriere, qui par conséquent reste en place, aura
d'épaisseur les deux tiers de celle du montant : elle aura aussi deux feuillures
de six lignes de largeur pour recevoir les chassis; & dans la partie de dessus
du montant, que l'on nomme *piéce à queue*, on fera deux autres feuillures de
la même largeur que les premieres, lesquelles viendront jusqu'à l'épaisseur
de la côte. (*Fig. 4*).

Ou bien lorsqu'on veut donner plus de solidité à la piece à queue, on fait
des feuillures dans le devant des chassis d'environ six lignes de profondeur,
pour diminuer celles qu'on fait à la piece à queue : ces feuillures doivent être
très-justes pour la largeur, afin que le joint du chassis & de la piece à queue
paroisse le moins qu'il sera possible. (*Fig. 5*).

Lorsqu'on fera des pieces à queues aux montants, on pourra se dispenser de
faire des feuillures au devant de l'imposte; mais on les fera par derriere, ce
qui facilitera l'écoulement des eaux, & qui en même temps dispensera de
mettre les impostes & les jets-d'eau de la largeur ordinaire, cette maniere
donnant près d'un pouce de moins à leur largeur : on aura soin de faire les feuillures de la partie dormante du montant, de huit à neuf lignes de profondeur,
afin d'avoir de la refuite pour les noix. (*Fig. 7 & 9*).

Lorsque les montants sont d'une seule piece, ils s'assemblent à tenon & enfourchement dans l'imposte, & à tenon dans les traverses d'en haut. Lorsqu'il
y a des moulures autour du dormant, on pousse ces mêmes moulures sur la
côte de derriere du montant, laquelle s'assemble d'onglet avec la traverse.

Lorsqu'ils ont des pieces à queue, la partie restante du montant s'assemble
ainsi que je viens de le dire; pour la piece à queue, elle s'assemble à tenon
dans la traverse d'en haut, entre en entaille dans l'imposte, & s'attache sur
le montant avec une vis.

Quand les croisées sont cintrées plein-cintre, on est obligé de faire régner
la même largeur des battants de dormant au pourtour de la croisée, & on fait
la traverse cintrée de trois à quatre morceaux que l'on joint ensemble en enfourchement, ou pour plus de solidité à traits de Jupiter: les deux bouts de
la traverse viennent s'assembler à tenon dans l'imposte, ainsi qu'on peut le voir
dans la *Fig.* 1 cotée *a c*.

Quelquefois on fait descendre les deux bouts de la traverse d'un pied ou environ en contre-bas de l'imposte, qui pour lors est assemblée dedans à l'ordinaire ; & on assemble les deux battants avec les deux retombées de la traverse à traits de Jupiter. (*Fig.* 1. cote *b d*).

Comme il est nécessaire que le champ qui reste au battant après le tableau,
régne autour de la baye, on fera la feuillure de la traverse cintrée, pour
recevoir le chassis du nud du ravalement de la côte du battant, & on feindra
pourplus de symmétrie le congé double au pourtour du chassis.

Quand les croisées plein-cintre ouvriront de toute leur hauteur, on fera
une feuillure & un congé aux battants de dormant ainsi qu'à la traverse (*Fig.*
6. cote *e g*); ou bien on fera des noix aux battants, dont on ravalera le
devant de deux à trois lignes, afin de donner naissance à la feuillure de la
traverse, que l'on fera haute de sept à huit lignes dans le milieu, en surbaissant
le point de centre (*Voyez la même Fig.* cotée *f h*).

Lorsque les tableaux des croisées seront cintrés, & que les bayes en seront
quarrées, on fera le dessus de la traverse droit, & on la ravalera de l'épaisseur
de la côte, en passant droit au nud du cintre pris du fond de la feuillure. (*Voyez
la Fig.* 8).

Les battants de chassis different de largeur selon leurs hauteurs & les différents profils que l'on employe à la décoration des croisées; cependant dans celles d'une largeur ordinaire, c'est-à-dire, qui ont depuis quatre jusqu'à cinq pieds
de tableau, on donnera deux pouces de champ aux battants de noix, plus la
largeur de la noix, & celle de la moulure, ce qui fait aux environs de trois
pouces à trois pouces & demi en tout.

La noix doit être peu saillante, & plus arrondie sur le derriere que par
devant, afin d'éviter le frottement, & de rendre l'ouverture du chassis plus aisée.

Pour ce qui est des croisées dont la grandeur est extraordinaire, comme celles

P l a n c h e
XXV.

P l a n c h e
XXVI.

des appartements d'un Palais, des Orangeries, &c; non-seulement elles different des premieres en longueur des bois, mais aussi en épaisseur, les bois des chassis de ces croisées ayant quelquefois deux ou trois pouces d'épaisseur, sur quatre à cinq pouces de largeur.

L'assemblage des battants à noix doit être placé au milieu de leur épaisseur, & en avoir tout au plus le tiers, afin que la joue du derriere, divisée en deux parties égales, soit assez épaisse pour faire un enfourchement solide à l'endroit des jets-d'eau.

Lorsque les bois n'ont pas beaucoup d'épaisseur, & que l'on craint que la saillie du profil n'excede l'épaisseur de la joue, on fait un épaulement au-devant de l'assemblage du bout des battants, d'environ trois à quatre lignes, ce qui sauve la difficulté. (*Fig.* 1, 2, 3 & 4).

Les battants de côte ou meneaux, doivent avoir de largeur, premiérement, celle de la côte, qui est de deux pouces & demi au moins, plus celle du champ, qui doit être depuis six lignes jusqu'à un pouce (selon la plus ou moins grande largeur des croisées); & celle de la moulure sur l'épaisseur des dormants, qui, comme je l'ai déja dit, doit être de deux pouces & demi ou deux pouces un quart au moins. Pour ce qui est des petits battants, ils auront de largeur celle du champ & de la moulure du battant meneau, plus, la moitié de leur épaisseur.

Quant à l'épaisseur des bois des chassis, en général elle doit être depuis quinze jusqu'à vingt lignes, selon que l'exige la grandeur des croisées, ou selon ce dont on est convenu par le devis ou marché que l'on a fait.

L'assemblage des petits bois dans les battants de chassis, se fait à tenons & mortaises, lesquels se placent au nud de la feuillure, afin de ne se point rencontrer dans les moulures. (*Fig.* 7, 8 & 9).

Pour les croisées qui ouvrent à doucines ou à champfrains, les deux battants de côtes doivent être de même largeur, & avoir d'épaisseur celle des chassis, plus, celle de la côte de dessus, ou de dessous selon qu'ils sont placés à droite ou à gauche. (*Fig.* 8 & 9).

Les battants de côte doivent toujours être aux chassis à droite, comme les *Fig.* 7 & 8, excepté que par un cas extraordinaire on soit obligé de les mettre à gauche, ce qui n'arrive que dans le cas des portes à croisées ou de perons, dont on doit toujours pousser devant soi le chassis à droite en entrant. (*Fig.* 9).

Les ouvertures des croisées à gueule de loup, sont préférables à toutes, tant en ce qu'elles sont plus solides, qu'en ce qu'elles tiennent les croisées plus closes, & on ne doit employer les ouvertures à doucines ou à champfrains, qu'aux portes croisées, aux croisées qui donnent sur les balcons & sur les terrasses, & dans le cas d'une croisée cintrée en plan, dont le creux est en parement, & dont l'ouverture ne peut pas être à gueule de loup, parce qu'elle ne pourroit pas ouvrir. Quant aux portes croisées, cette ouverture seroit trop

incommode,

incommode, en ce qu'elle obligeroit d'ouvrir les deux venteaux à la fois pour entrer ou fortir fur les terraffes, & que quand on feroit dehors, on ne pourroit plus les ouvrir.

Les traverfes du haut des chaffis ont ordinairement trois pouces ou trois pouces & demi, & même quatre pouces de largeur fur l'épaiffeur du battant; & on doit leur donner ces différentes largeurs à raifon de la hauteur & de la largeur du chaffis, fur-tout lorfque les petits bois font affemblés à pointes de diamants, parce que le roide que l'on eft néceffairement obligé de leur donner, feroit bomber les traverfes fi elles n'avoient pas affez de largeur. (*Fig.* 5 & 6).

Pour ce qui eft de leurs affemblages, voyez ce que j'ai dit en parlant des battants.

Les jets-d'eau doivent avoir depuis trois jufqu'à quatre pouces de hauteur, & avoir un pouce & même un pouce & demi de plus épais que le chaffis, afin que cette faillie étant creufée en doucine, facilite l'écoulement des eaux; on doit éviter de les faire trop creux, parce que cette maniere eft vicieufe en ce qu'elle oblige les eaux à y féjourner plus long-temps, ce qui les fait pourrir plus vîte : on doit auffi fouiller le deffous du jet-d'eau en forme de larmier, & on obfervera que ce canal excede le quarré de la piece d'appui de trois lignes au moins.

Aux croifées à gueule de loup, on tiendra le jet-d'eau plus long de fix lignes au moins, qui excédera le battant de côte, & on abattra cette faillie en pente, en venant à rien fur la côte, afin que la croifée puiffe ouvrir aifément, & que les deux bouts des jets-d'eau fe joignent étant fermés, ce qui ne pourroit être s'ils étoient coupés quarrément & à fleur de chaffis. Les jets-d'eau s'affemblent à tenon & enfourchement dans les battants; & on aura foin du côté du battant de côte, de faire un double enfourchement à la côte du nud du ravalement du battant, fous laquelle paffe le jet-d'eau, & fur lequel la côte vient mourir : ces affemblages doivent être faits très-juftes, afin de donner plus de folidité aux chaffis, & en même temps pour empêcher l'eau d'y féjourner.

Les feuillures de deffous des jets-d'eau, doivent avoir de largeur la faillie du jet-d'eau, plus l'épaiffeur de la joue de l'enfourchement (ainfi que je l'ai dit en parlant des pieces d'appui) fur fept lignes de hauteur, afin qu'il y ait toujours du jeu entre le deffus des pieces d'appui & le deffous des jets-d'eau. (*Fig.* 10 & 11).

Ce fera la même chofe pour les jets-d'eau & les traverfes des petits chaffis, à l'exception qu'ils feront moins larges que les premiers, pour donner plus de jour & faire moins de largeur de bois dans la partie de l'impofte.

Les croifillons ou rempliffages de chaffis, fe font de deux manieres.

La première en divifant la largeur du chaffis par un ou plufieurs rangs de montants, & la hauteur par un nombre de traverses proportionné à la hauteur & à la largeur du chaffis.

La feconde maniere eft de les faire à glaces, c'eft-à-dire, de ne donner qu'un carreau à la largeur du chaffis, & de le divifer fur fa hauteur par deux ou trois traverfes felon qu'il eft néceffaire.

Les petits bois de la premiere efpece fe font de deux manieres: la premiere à pointe de diamant, c'eft-à-dire, que les montants n'ont de longueur que la hauteur de chaque carreau, plus les deux barbes des extrêmités: ils s'affemblent dans les traverfes des petits bois en enfourchement & en onglet (*Voyez la Fig.* 12), ainfi que dans celles des chaffis, & dans les jets-d'eau, à moins qu'il n'y ait point de moulures au pourtour du chaffis, alors on les affemble à tenon dans les traverfes & dans les jets-d'eau feulement.

La feconde maniere eft de les faire à grands montants, c'eft-à-dire, ceux qui vont de toute la hauteur du chaffis, lefquels s'affemblent en entaille à moitié bois dans les traverfes de petits bois, & à tenon dans la traverfe des chaffis, & dans les jets-d'eau, à la rencontre des montants & des traverfes; la moulure de ces montants eft terminée par une plinthe, laquelle porte (en quarré) toute la largeur du petit bois, ce qui s'appelle *à grande plinthe*, ou bien on ne donne à la plinthe que la largeur du rond ou du boudin, & on coupe d'onglet les baguettes ou les quarrés. (*Fig.* 13 & 14).

Les petits montants font plus en ufage, & même plus propres que les autres; mais ils ont le défaut de ne pas être fi folides que les grands, parce que comme ils ne s'affemblent dans les traverfes que par des enfourchements, qui, lorfque les petits bois font étroits, deviennent très-foibles, & par conféquent très-aifés à fe pourrir, fur-tout quand les croifées font expofées au grand air ou à la campagne, ou que la trop grande largeur des chaffis obligera de mettre deux rangs de montants: on évitera de les faire à pointes de diamant, parce qu'ils n'auroient pas affez de folidité.

La largeur des petits bois, dont nous venons de parler, doit être déterminée par celle de la moulure qui régne intérieurement autour du chaffis, dont on prendra deux fois la largeur moins une ligne aux plus petits profils, & moins deux aux plus grands, ce qui fera la largeur du petit bois.

On fait, dis-je, les petits bois plus étroits que deux fois la largeur du profil, afin que quand l'onglet eft coupé, il refte encore du bois entre le fond de l'onglet & le quarré de la moulure. (*Fig.* 15 & 16).

On n'employe à ces fortes de croifées que des profils fimples, comme les ronds entre deux quarrés, les trefftes, les cœurs, &c, ainfi qu'ils font marqués aux figures ci-deffus, & jamais les profils à petits cadres, à moins que la gorge ne tourne feulement autour du chaffis, & que le petit bois profile feulement avec la moulure de devant, comme dans la *Fig.* 17;

ou bien si l'on employe les profils à petits cadres aux petits bois, ce ne doit
être que dans les croisées d'une grandeur extraordinaire, & auxquelles on
ne veut pas mettre deux rangs de montants.

Planche XXVI.

L'épaisseur des petits bois est égale à celle des chassis à verre, moins
le quarré de la moulure, si cette moulure est un rond entre deux quarrés
ou un boudin; car si c'est une autre moulure, ils doivent leur être égaux
ainsi qu'aux grands montants, dont la saillie de la plinthe doit égaler le quarré de de la moulure.

L'assemblage des petits bois doit, ainsi que je l'ai dit, être placé au fond de la
feuillure, que l'on fera la plus profonde possible, sur trois à quatre lignes de
largeur au plus, & par conséquent donner plus de force au derriere des petits bois.

Pour ce qui est des croisées à glaces, elles font susceptibles de toute la richesse possible, tant dans leurs profils, que dans les formes chantournées que
l'on donne à leurs traverses, & dans les orniements de sculpture que l'on y in-
troduit.

Ces croisées donnent plus de jour & de magnificence aux appartements;
aussi ne doit-on les employer qu'aux bâtiments d'une certaine importance, &
non pas indifféremment à tous.

On doit aussi éviter de les employer à la campagne & aux endroits exposés aux grands vents, à moins qu'on ne pose à l'extérieur des tableaux de
ces croisées, des doubles croisées, ou bien des croisées jalousies, lesquelles
puissent garantir des injures de l'air.

Quant aux contours de ces croisées, on doit les faire le plus doux qu'il sera
possible, y évitant les petites parties, les ressants ou ressauts, & généralement
toute forme vicieuse & tourmentée, dont on ne trouve que trop d'exemples.

Lorsqu'on met des oreilles aux angles des carreaux de ces croisées, il est
plus expédient de les faire creuses que rondes, parce que cette forme est
moins lourde, & qu'en général les oreilles rondes ne font presque jamais bien.
L'usage fait assez connoître que les oreilles creuses font moins sujettes à se
tourmenter que les rondes, & plus faciles à réparer, supposé qu'elles fassent quelque effet. *Voyez les Fig.* 17, 18, 19, 20 & 21, où font marqués les assemblages
des traverses des croisées à glaces; *& celles* 22, 23, 24, 25, 26 & 27, où
font marqués les assemblages des trois especes de montants dans leurs traverses.

Pour ce qui est de la forme qu'on doit donner aux carreaux de toutes les
especes de croisées, ce doit être une forme oblongue, c'est-à-dire, qu'il faut
qu'ils ayent un quart de leur largeur de plus haut que large, ou un tiers au
plus.

En général, toute la solidité des croisées consiste dans leurs assemblages,
lesquels doivent être extrêmement justes, & avoir toute la précision possible;
il ne faut cependant pas croire qu'il faille que ces assemblages soient forts, ce
qui exposeroit les bouts des battants à se fendre : pourvû que l'assemblage soit

Planche XXVII.

jufte fur fon épaiffeur, cela fuffit, tout le roide ne devant être que fur les épau-lements, ou fur la largeur des tenons, ce qui eft la même chofe. Pour ce qui eft de leurs différents profils, *voyez les Fig.* 1 , 2 , 3 , 4, 5 , 6 , 7 & 8 , lef-quelles repréfentent ceux qui font les plus en ufage.

Quand on fera des croifées éventails, ou plein-cintres, on les difpofera de façon que le point de centre fe trouve au-deffus du champ du chaffis éventail, & on terminera le haut des battants meneaux en forme de demi-cercle, dans lequel vient s'affembler le montant qui reçoit les deux traverfes cintrées, lef-quelles tombent à plomb du montant des chaffis d'en-bas. (*Fig.* 10).

Ce que je viens de dire ne fouffre aucune difficulté, lorfque les bayes des croifées ne font point décorées d'impoftes; mais lorfqu'elles le font, on eft obligé de placer le point de centre au-deffus de l'impofte, & par conféquent au-deffous du champ de la traverfe du chaffis, ce qui oblige alors à fur-hauffer le point de centre de la traverfe de petit bois de la moitié de la largeur du champ, afin de rendre les carreaux égaux. (*Fig.* 12).

Lorfque ces croifées font à glaces, il n'y a aucune difficulté ; mais de quelque maniere que ce foit, on ne peut fe difpenfer de faire régner le deffus de l'im-pofte d'une croifée avec celle de fa baye.

Que les croifées éventails ayent un ou plufieurs montants ou des traverfes cintrées, on doit toujours faire tendre au centre les montants de divifion, & on fera tout fon poffible pour que la divifion des carreaux fur la traverfe du chaffis éventail, foit égale à celle des battants de chaffis du bas.

SECTION SECONDE.

Des Portes Croifées.

Les portes croifées ne different des croifées dont nous venons de parler, qu'en ce qu'elles ouvrent toujours à doucines ou à champfrains, pour les rai-fons que j'ai dites ci-devant en parlant des ouvertures des croifées, & qu'en ce qu'elles ont des panneaux par le bas, autour defquels régne en parement la même moulure qu'au deffus, à moins que l'on ne veuille les décorer d'une moulure plus riche, ce qui arrive quelquefois.

Ces panneaux font arrazés par dehors, ou bien font corps fur le bâti, ce qu'on appelle *panneaux recouverts.* (Voyez ceux cotés *a b*, *Fig.* 9).

On détermine la hauteur des appuis des portes croifées de deux manieres, la première eft de faire régner le deffus de la traverfe d'appui avec le deffus des jets-d'eau des croifées, avec lefquels elles fe trouvent d'enfilade, ce qui don-ne quinze ou dix-huit pouces de hauteur au panneau pris du deffus de la tra-verfe, les banquettes ou appuis des croifées, ayant pour l'ordinaire aux en-virons d'un pied. (*Fig.* 11).

La feconde maniere eft de les faire à hauteur d'appui, c'eft-à-dire, de leur
donner

donner deux pieds & demi ou trois pieds du deſſus de la traverſe, ou de faire
régner le deſſus de l'appui avec le deſſus des ſocles ou retraits du bâtiment,
ce qui fait un fort bon effet, à condition toutefois que ces ſocles n'auront
pas une trop grande hauteur.

PLANCHE XXVII.

On doit auſſi obſerver de rapporter ou de ravaler ſur les traverſes d'appuis,
des portes croiſées, des ſimaiſes méplattes d'un ou deux pouces de largeur,
ſelon la grandeur des portes, leſquelles auront d'épaiſſeur celle de la côte pour
ſervir à porter les volets. (*Fig. 9*).

S E C T I O N T R O I S I E M E.

Des Croisées Entresols.

Les croiſées entreſols doivent auſſi être miſes au nombre des grandes croiſées, puiſqu'elles en ont l'apparence en dehors.

PLANCHE XXVIII.

On les appelle de ce nom, parce que dans leur hauteur elles ſervent à éclai-
rer deux pieces, dont celle de deſſus eſt appellée *ſoupente* ou *entreſol*.

On fait ces croiſées de deux manieres : la premiere, eſt de faire à l'endroit
du plancher qui ſépare l'appartement, une friſe, laquelle deſcend en contre-
bas du plancher de deux pouces au moins, ce qui eſt néceſſaire pour l'échap-
pée de l'eſpagnolette, & d'un pouce de plus s'il y a un plafond qui regne
avec les embraſements ; ces friſes ont quinze à dix-huit pouces de hauteur,
y compris les champs, & on les décore quelquefois d'un rond ou d'un ovale
au milieu : les profils de ces friſes doivent être ſimples, & avoir depuis un
juſqu'à deux pouces de large.

On les aſſemble dans le dormant avec des clefs ; ou bien on fait paſſer les
tenons des traverſes, leſquelles viennent s'aſſembler dans le dormant.

Ils doivent être arrazés en dedans & affleurer le dormant, afin que ce
qui excede le chaſſis ſerve de côte pour porter les volets. Les chaſſis ouvrent
dans ces friſes à moitié champ, ou bien lorſque les champs deviennent trop
étroits, ils ouvrent dans le dégagement de la moulure, & emportent le
champ avec eux ; dans ce cas on ne doit pas faire les friſes d'aſſemblage, mais
les ravaler pour plus de ſolidité. (*Fig. 1, 2, 3 & 4*).

Quelquefois, & ſur-tout dans des croiſées d'une largeur conſidérable, ces
friſes affleurent le dormant par dehors, & par conſéquent font corps ſur le
chaſſis ; dans ce cas on met des jets-d'eau au chaſſis d'en haut. (*Fig. 5 & 6*).

Lorſque les friſes affleureront les chaſſis, on n'y mettra pas de rond comme
dans la *Fig. 11*, mais on y feindra au milieu une côte ſemblable à celle des
chaſſis à verre. (*Fig. 10*).

La ſeconde maniere de faire des croiſées entreſols, eſt de pratiquer à l'endroit des planchers un panneau ou table arrazée, lequel étant aſſemblé dans
les dormants, affleure en dehors les chaſſis à verre, moins l'épaiſſeur de la

feuillure des petits bois, dont on feint le compartiment en appliquant fur ces tables de faux battants & des tringles , lefquelles repréfentent les côtes des petits bois en dehors.

Pour plus de vraifemblance , on fait aux faux battants & aux tringles des feuillures pour recevoir des verres , ce qui fait mieux que la peinture que l'on met ordinairement fur ces tables. *Voyez les Fig.* 7 , 8 & 9 , où ces différentes manieres font deffinées , ainfi que la maniere d'attacher les faux battants & les tringles fur ces tables.

De ces deux manieres de faire des croifées entrefols , la premiere eft la plus folide ; mais elle ne doit être employée que dans un étage en foûbaffement, dont toutes les croifées pourroient être de même , ainfi qu'on l'a pratiqué à la place de Vendôme & ailleurs , ou bien dans d'autres étages , lorfqu'il n'y auroit pas de grandes croifées ouvrantes fur la même ligne , ou qu'elles ne feroient pas fur la principale face d'un bâtiment ; car autrement on eft obligé de fe fervir de la feconde maniere , qui eft d'autant moins folide que l'on eft obligé de faire ouvrir les chaffis dans la largeur d'une traverfe de petit bois , quoique quelquefois on les ravale en dehors , ce qui donne plus de largeur à la traverfe, mais en même temps ce qui rend le carreau du haut du chaffis plus court que les autres de la hauteur du ravalement , ainfi qu'on peut le voir dans la *Fig.* 9.

Quant à l'ouverture de ces croifées , on les fait à gueule de loup , à doucine , ou à champfrain , & quelquefois même à couliffe , felon les différentes piéces qu'elles éclairent , à condition toutesfois qu'elles foient fymmétriques par dehors , quoiqu'elles ouvrent de deux ou trois manieres différentes fur la hauteur.

Il faut auffi éviter de faire les croifillons des chaffis de ces croifées , de différentes façons , comme on peut le remarquer à plufieurs endroits , où les uns font à montants , & les autres à glaces , ce qui eft une faute groffiere.

S E C T I O N   Q U A T R I E M E.

Des doubles Croifées.

L es doubles croifées font faites pour fermer , tenir plus clos les appartements , & les rendre moins froids en hyver. On les pofe dans la partie extérieure des tableaux des croifées de trois manieres différentes : la premiere eft de les faire entrer à vif dans les tableaux des croifées , & de les arrêter avec des crochets : la feconde eft de les pofer dans des feuillures pratiquées pour cet effet au pourtour du tableau : la troifieme eft de faire des feuillures au dormant , dont l'arrête extérieure eft ornée d'une moulure. (*Fig.* 14 , 15 & 16).

De ces trois manieres , la premiere eft la plus propre , fur-tout lorfqu'un bâtiment eft fufceptible de quelque forte de décoration , & que les croifées font ornées de chambranles, ce qui empêche d'y faire des feuillures: elle est aussi préférable à la troisieme ; parce que la faillie du dormant de cette derniere, fait un mauvais effet, & qu'il altere les proportions des chambranles.

Quant à leurs ouvertures, elles ouvrent de trois manieres : la premiere à noix & en dedans, à l'exception qu'il ne faut point de côte aux dormants, & qu'il faut tenir les chaffis des doubles croisées plus courts que ceux du dedans de quinze lignes, afin qu'ils puiffent paffer entre la piece d'appui & la traverfe d'en haut du dormant, ou l'impofte de ces derniers. (*Fig.* 12 & 13).

L'ouverture du milieu fe fait à doucine, à champfrain ou à feuillure, & non pas à gueule de loup ; on aura foin auffi de tenir le bois de ces croisées le plus étroit poffible, fur-tout ceux des dormants, lefquels étant à vif dans le tableau ne bouchent que trop de jour. Il fuffit qu'ils aient de largeur ce que les jets-d'eau du chaffis du dedans excedent, afin que les chaffis du dehors puiffent ouvrir quarrément. (*Fig.* 14).

Quand les dormants de ces croisées font à recouvrement fur le tableau ou dans des feuillures, & qu'on craint que les chaffis ne puiffent pas ouvrir quarrément, on les fera avec des fiches coudées ou bien avec des fiches à longues ailes, lefquelles en ouvrant les rejettent de ce qui eft néceffaire. (*Fig* 15).

La feconde maniere de faire l'ouverture de ces croisées, eft de les faire ouvrir en dehors : cette maniere eft préférable à la premiere, en ce qu'elle ôte moins de jour aux appartements, n'étant pas obligé d'y mettre des impoftes, & par conféquent pouvant faire les chaffis de toute la hauteur, du moins du deffus de l'appui du balcon, la partie du bas reftant dormante.

Cette maniere eft bonne lorfque les croisées font d'une moyenne grandeur ; mais lorfqu'elles font trop grandes, il ne faut pas l'employer, la trop grande portée des chaffis étant fort à craindre par rapport aux accidents qui pourroient arriver s'ils venoient à tomber.

De plus, les chaffis ouvrants ainfi font plus expofés aux injures de l'air, & par conféquent plus fujets à fe pourrir.

Les chaffis des doubles croisées ouvrantes en dehors, entrent à feuillures dans leurs dormants, & font ferrés de fiches à vafes, ou de pommelles, & ouvrent à feuillure dans le milieu. (*Fig.* 16).

La troifieme maniere eft de faire ouvrir ces croisées à couliffes : alors on obvie aux inconvéniens des deux premieres manieres ; mais on ne peut s'en fervir que dans les grandes croisées ; de plus, les chaffis de ces croisées étant moins hauts que les autres, ôtent plus de jour & d'air aux appartements.

On peut faire les dormants de ces croisées des trois manieres que j'ai dites ci-deffus ; on peut auffi y mettre des impoftes, lefquelles répondent à celles des croisées en dedans, & donner au montant du milieu la même forme & largeur que fi elle ouvroit à côte. Dans le cas où il y auroit des impoftes, le chaffis de deffus de l'impofte, doit être dormant à l'ordinaire, & celui du bas coupé en deux à l'endroit d'un petit bois, la partie du haut restant dormante, & celle du bas se mouvant à coulisse. (*Fig.* 17 & 18).

Lorsque ces croisées n'ont point d'impostes, on les partage en deux par le milieu, afin de les rendre plus légeres, & on recouvre le joint du montant par une côte que l'on rapporte en dehors, & que l'on ravale dans le bois pour plus de solidité. (*Fig.* 19).

Les profils des doubles croisées doivent être très-simples, & on ne doit y employer que de grands montans, parce qu'ils sont plus solides que les petits.

S E C T I O N   C I N Q U I E M E.

Des Croisées Jalousies d'assemblage.

Il est encore une autre espece de doubles croisées, que l'on nomme *jalousies*; elles différent des premieres en ce qu'elles ne reçoivent point de verres, & qu'en leur place on met dans les chassis de ces croisées des tringles de bois de l'épaisseur de quatre à cinq lignes, lesquelles sont assemblées obliquement dans les battants du chassis, afin d'empêcher les rayons du soleil de pénétrer dans l'intérieur des appartements, & de les rendre plus frais pendant l'été.

Ces croisées ouvrent presque toujours en dehors, & on peut en faire les dormants des trois façons que j'ai dites en parlant des doubles croisées: elles ouvrent à feuillures ou noix dans les dormants, & toujours à feuillures dans le milieu.

Les bois des chassis ont depuis trois jusqu'à quatre pouces de large, sur quinze & même vingt lignes d'épaisseur, selon que l'exige la hauteur des croisées. Les tringles ou lattes, sont assemblées dans les bâtis de trois manieres différentes; la premiere est de les faire entrer en entaille dans les battants, en observant de faire les entailles plus profondes par le haut, afin que les lattes se serrent en entrant, & on les arrête par le bas avec une pointe de chaque côté. (*Fig.* 1 & 10).

La seconde maniere est de les faire entrer en entaille comme les premieres, & de faire un goujon, lequel entre dans un trou que l'on fait au milieu de l'entaille. (*Fig.* 2 & 9).

La troisieme enfin, est de ne point faire d'entaille ni de goujon, mais de faire à chaque latte un tenon de cinq à six lignes de largeur. Cette derniere maniere est la plus solide & la plus propre; elle est d'autant plus commode, que l'on n'est pas obligé de mettre de traverse large dans la hauteur du chassis comme dans la *Fig.* 4; mais on laisse sur la hauteur du chassis les tenons de deux ou trois lattes d'une longueur suffisante pour être chevillées. (*Figures* 3, 6, 7 & 8).

Quelquefois les lattes sont mouvantes en tout ou en partie sur la hauteur du chassis;

chaffis ; mais cela n'arrive que rarement, par rapport à la trop grande dépenſe de la ferrure , & par le défaut qu'elles ont de ne pas ſe recouvrir les unes les autres horizontalement, ainſi qu'on peut le voir dans la *Fig.* 5.

Quant à la pente des lattes , ce doit être la diagonale d'un quarré , ou du moins on ne doit gueres s'en écarter : on doit avoir ſoin qu'elles ſe recouvrent d'une ligne au moins , comme la cote *a* , *Fig.* 3 , ou du moins qu'il n'y ait point de jour entr'elles. (*Voyez* la cote *b b*).

Les lattes ſaillent quelquefois le bâti de trois à quatre lignes , & ſont arrondies ſur leurs faces & ſur leurs extrêmités , comme dans la *Fig.* 4 ; mais la meilleure maniere eſt de les affleurer au bâti, comme celle cotée *c d*.

Lorſque les lattes ſeront mouvantes , on les poſera de façon que quand elles ſeront fermées , elles ſe rejoignent les unes aux autres ; quelquefois on y pouſſe ſur l'arrête des doucines , comme celle cotée *e f* , ou des feuillures à moitié de leur épaiſſeur , comme celle cotée *g h* , *Fig.* 5 , ce qui eſt plus ſolide que le reſte des champfrains.

Il faut auſſi mettre les traverſes du haut & du bas, ſelon la pente des lattes ainſi que celles du milieu, que l'on met , comme je l'ai déja dit , au nombre de deux ou trois, ſelon la hauteur de la croiſée. *Voyez les Fig.* ci-deſſus , où les pentes & les aſſemblages de ces traverſes ſont marquées , ainſi que celles du milieu, lorſque ces croiſées ſont coupées à la hauteur du balcon.

SECTION SIXIEME.

Des Jalousies connues ſous le nom de Persiennes.

CES eſpeces de jalouſies ne ſe font point d'aſſemblages , mais ſeulement avec des lattes de chêne , de quatre pouces de large , ſur environ deux lignes d'épaiſſeur , leſquelles ſont retenues enſemble par trois rangs de rubans de fil diſpoſés à cet effet.

Ces jalouſies ne ferment pas ſi bien le dehors des appartements , & ne ſont pas ſi ſolides que celles d'aſſemblage ; mais auſſi elles ont l'avantage de procurer plus de fraîcheur aux appartements, de ne pas nuire dans les tableaux de croiſée, de pouvoir ſe mouvoir de toutes les manieres poſſibles , & d'être moins coûteuſes que les autres , ce qui eſt un très-grand avantage.

Quant à leur conſtruction , elle ſe fait de cette maniere : après avoir corroyé les lattes & les avoir coupées à la longueur néceſſaire , en obſervant qu'elles ſoient d'environ deux à trois pouces moins longues que le tableau de la croiſée n'a de largeur , on perce à quatre pouces de leur extrêmité , & au milieu de leur longueur, des trous ou mortaiſes de cinq à ſix lignes de large , ſur environ un pouce de longueur , laquelle eſt priſe ſur la largeur des lattes ; enſuite on prend du ruban de fil que l'on choiſit le meilleur poſſible , auquel on

MENUISIER.   D d donne de longueur deux fois la hauteur de la croifée ; enfuite de quoi on y rapporte d'autres rubans, qui ont de longueur la largeur de la latte, plus ce qui eft néceffaire pour les attacher aux premiers, ce qui fait environ fix pouces de longueur en tout : ces rubans font attachés fur les premiers à quatre pouces les uns des autres, afin que quand on renverfe la jaloufie, toutes les lattes viennent fe joindre les unes aux autres ; il faut obferver en attachant ces rubans, que la partie que l'on coud, foit en contre-haut de la latte, & non en contre-bas, ainfi que plufieurs l'ont fait.

Les rubans ainfi difpofés, on les arrête par les deux extrêmités fur des lattes d'une largeur & d'une longueur égale aux autres, mais qui ont un pouce d'épaiffeur, ce qui eft néceffaire à celle du haut pour placer à fes deux extrêmités deux tourillons de fer *i i*, qui entrent dans deux autres morceaux de fer évidés qui tiennent au fommier *p*, *Fig.* 11, lefquels portent toute la jaloufie.

Celle du bas doit auffi être épaiffe, afin de lui donner plus de poids & de mieux retenir les lattes lorfque la jaloufie eft levée.

Après avoir arrêté les rubans fur les lattes du haut & du bas, on place toutes les autres fur les rubans, auxquels on perce des trous qui correfpondent à ceux des lattes, par lefquels on fait paffer les cordes *l*, *m*, *n*, *Fig.* 11, qui font arrêtées à la derniere latte *o*, *Fig.* 12, qui n'eft percée que par des trous ronds de la groffeur des cordes, lefquelles vont paffer par des poulies qui font placées dans le fommier de la jaloufie : on appelle *fommier* une planche de fix pouces de largeur, fur quinze lignes d'épaiffeur, & d'une largeur égale à la largeur du tableau de la croifée, au haut duquel elle eft arrêtée ; quelquefois on la fait plus longue de deux à trois pouces afin qu'on puiffe la fceller, ce qui la rend plus folide : cette planche ou fommier eft percé au milieu de fa largeur par des trous qui correfpondent à ceux des lattes & au-devant defquels font placées des poulies en entaille dans l'épaiffeur du fommier, lefquelles fervent à porter les cordes.

Vers l'extrêmité & fur le devant du fommier, font placées trois autres poulies fur lefquelles les cordes paffent pour redefcendre en bas ; il faut obferver que toutes ces poulies ne font pas paralleles avec le devant du fommier, mais au contraire qu'elles font biaifes, s'alignant chacune avec celles qui leur font correfpondantes, ainfi que font celles *q q*, *rr*, *s s*, *Fig.* 11 ; on doit auffi avoir foin que les poulies foient affez creufes pour pouvoir contenir les cordes, & que ces dernieres tombent bien perpendiculairement, afin d'éviter le frottement, & de rendre le mouvement de la jaloufie plus facile. Lorfque la jaloufie eft montée, on tend toutes les cordes, & on les attache enfemble, afin que quand on la hauffe ou qu'on la baiffe, elle foit toujours de niveau.

Au bas & à la droite du tableau de la croifée, on place un crochet de fer auquel on arrête les cordes de la jaloufie, de forte qu'on la tient ouverte à la hauteur qu'on le juge à propos. Lorsque la jalousie est tout-à-fait baissée, on doit avoir soin de toujours attacher les cordes, & faire ensorte qu'elles soient toujours tendues, pour éviter qu'elles ne sortent de leurs poulies.

PLANCHE XXIX.

Quant au mouvement des lattes, il se fait par le moyen d'une corde *t t*, *Fig.* 11, qui passe sur une poulie qui est placée à l'extrêmité du sommier & en travers de sa largeur, laquelle corde est attachée à la latte du haut sur l'arrête *u*, *Fig.* 11, de sorte qu'en la tirant en dedans ou en dehors, on fait hausser ou baisser les lattes ainsi qu'on le juge à propos : il y a aussi un crochet de fer scellé dans le bas du tableau de la croisée, lequel sert à attacher cette corde, & par conséquent conserve aux lattes l'inclinaison que l'on a jugé à propos de leur donner.

En dehors & au haut du tableau de la croisée, on pose une planche, laquelle est quelquefois chantournée & est d'une largeur assez considérable pour cacher toutes les lattes de la jalousie lorsqu'elles sont remontées en haut : cette planche sert à les mettre à couvert des injures de l'air, & à empêcher les rubans de se pourrir.

Il est aussi des occasions où l'on fait au pourtour des jalousies un bâti qui affleure le devant du tableau, & qui cache le jeu qu'il y a entre la jalousie & ce dernier ; ce bâti empêche aussi la jalousie de sortir en dehors de la croisée, & par conséquent de se mouvoir au gré du vent.

CHAPITRE SEPTIEME.

Des Volets ou *Guichets.*

AVANT de passer à la seconde espece de croisées, il est nécessaire d'entrer dans le détail des volets ou guichets qui couvrent celles de la premiere espece ; ce n'est pas que celles de la seconde ne soient aussi sujettes à en recevoir, mais c'est que les volets sont comme une suite nécessaire des premieres, & que l'on fait rarement de ces croisées sans volets, à moins qu'elles ne soient posées sur un escalier, ou que par un cas extraordinaire on ne veuille ou ne puisse pas y en mettre ; quoi qu'il en soit, on doit toujours les disposer pour en recevoir. Les volets sont des venteaux de menuiserie, destinés à fermer les croisées plus sûrement, & à empêcher le jour de pénétrer dans l'intérieur des appartements, selon la volonté de ceux qui les occupent : ils sont composés de battants, de traverses, de panneaux & de frises disposés par compartiments, & sont susceptibles de toute la richesse possible, selon le rang de la piece où ils sont posés.

PLANCHE XXX.

Ces volets sont presque toujours brisés en deux, ou même trois parties, selon la largeur du chassis qu'ils couvrent, & selon la profondeur des embrazements. Pour qu'ils foient d'une feule piece, c'eft-à-dire, fans brifure fur leur largeur, il faut que les embrazements foient d'une largeur affez confidérable pour pouvoir les contenir, ce qui n'arrive que dans un étage en foûbaffement, & dans le bel étage d'un Palais, où la décoration extérieure eft fufceptible d'avant & d'arriere-corps, ce qui donne quelquefois de différentes épaiffeurs de murs dans une même piece, & par conféquent des embrazements d'une largeur affez confidérables pour pouvoir contenir des volets fans brifure. Lorfque les embrazements font ainfi difpofés, on peut faire les volets d'une feule piece; ils font beaucoup mieux, & font plus faciles à décorer d'une maniere relative à la piece dans laquelle ils font, & peuvent fervir de revêtiffement aux embrazements; ce n'eft pas qu'on doive fe difpenfer d'en mettre, mais c'eft que quand ils font ouverts, ils doivent former une décoration qui réponde aux plafonds ou aux vouffures qui les couvrent, auxquels ils femblent plutôt appartenir qu'à la croifée. Lorfque les volets font ainfi difpofés, on n'y fait point de feuillures au pourtour, & on les ferme avec des fiches à nœuds fur l'arrête, ou, pour plus de propreté, avec des pivots. (*Fig.* 1).

Lorfque les embrazements ne font pas d'une largeur affez confidérable pour contenir les volets de toute leur largeur, on eft obligé de les brifer, ce qui fe fait de trois manieres différentes. La premiere, & la plus ordinaire, fe fait à rainure & languette, comme les *Fig.* 2 *&* 4.

La feconde à feuillure, comme la *Fig.* 3 *&* 5, & la troifieme à feuillure, dont le joint fe trouve dans le dégagement de la moulure du côté de la petite feuille. (*Fig.* 6).

Les parties ou feuilles de volets brifés, doivent être inégales de quinze lignes au moins, afin que la faillie de la boucle de l'efpagnolette ne nuife point en les brifant, & que l'on ne foit point obligé de faire des entailles dans le dormant pour faire entrer ces ferrures. Je dis qu'il faut que la feuille de volet du côté de l'efpagnolette, foit plus étroite que l'autre de quinze lignes au moins, parce que l'efpagnolette étant pofée au milieu de la côte du battant meneau, occupe d'abord un pouce au moins, depuis le recouvrement du volet jufqu'à fon milieu, plus la moitié de fon épaiffeur & celle de la boucle, ce qui fait aux environs de dix-huit à vingt lignes, largeur qui eft égale à celle de quinze lignes que la grande feuille a de plus que l'autre, plus la faillie de la fiche & le jeu néceffaire, lequel fe réduit à très-peu de chofe, pour le peu que l'embrazement aie de pente ou de déverfement, ce qui eft la même chofe. (*Fig.* 7).

De la néceffité où l'on eft de faire les feuilles des volets inégales, il fuit que l'on eft obligé de faire les panneaux des deux feuilles plus larges l'un que l'autre de neuf lignes au moins, ne pouvant pas faire le battant qui porte la ferrure, que de fix lignes plus large que l'autre, défaut qui eft tolérable lorfqu'il n'y a que des panneaux & des frifes dans le compartiment des volets; mais

lorfqu'il

lorſqu'il y a des ronds ou des lozanges, il n'eſt preſque pas ſupportable, ſur-tout lorſque les deux feuilles ſont ouvertes.

Pour remédier à cet inconvénient, on a fait dans la feuille large un rond & dans l'autre un ovale, dont le grand diametre eſt égal à celui du rond, ce qui rend la différence moins ſenſible, mais qui en même temps ne fait que rendre l'ouvrage plus ſujet, ſans pour cela en ôter toute la difformité. (*Fig.* 2).

Mais on peut chaſſer cette difficulté en faiſant les deux panneaux égaux, ce qui en même temps oblige de rendre les deux battants de milieu inégaux, toute la différence ne pouvant pas être ſur les battants de derriere. *Voyez la Fig.* 3. Cette maniere eſt la plus commode & la moins ſujette; mais elle entraîne encore cette difficulté, que la briſure ne peut pas venir au milieu du montant des chaſſis, ainſi qu'à la premiere.

Lorſqu'on fait les panneaux des volets égaux, il faut toujours faire les bri-ſures à rainures & languettes, parce que quand les briſures ſont à feuillures, la petite feuille doit être de huit lignes plus étroite que quand ils ſont à rai-nure & languette, à cauſe que les feuillures rejettent les petites feuilles de deux fois leur largeur, ainſi qu'on peut le voir dans la *Fig.* 8.

En ne faiſant qu'un champ aux deux feuilles de volets, on remédie à tous les inconvénients des deux premieres manieres, pouvant faire les deux pan-neaux égaux & la briſure à feuillure; de plus le champ qui reſte à la feuille de volet eſt d'une largeur ſuffiſante pour répondre à ceux des plafonds; au lieu que les champs de volets de la premiere eſpece, deviennent trop étroits lorſqu'ils ſont briſés, & trop larges lorſqu'ils ſont enſemble.

Pour donner plus de ſolidité à la feuille de volet qui ouvre dans la mou-lure, on tient le battant de briſure de cette feuille d'une largeur égale à celui de l'autre feuille priſe du milieu du point, & on la ravale en parement juſ-qu'à la largeur de la moulure, plus celle de la feuillure. *Voyez la Fig.* 6, où le ravalement & les aſſemblages de ces battants ſont deſſinés.

Les volets ſe rangent dans leurs embrazements ſelon que la profondeur de ces derniers le permet; & en général ils doivent toujours être rangés der-riere les chambranles, afin qu'ils ne ſoient pas apparents ſur leur épaiſſeur.

Il arrive cependant quelquefois, & même très-ſouvent, que les chambran-les des croiſées ne déſaffleurent les embrazements que de quatre à cinq lignes, & que par conſéquent les volets ſont apparents ſur leur épaiſſeur, ce qui fait un aſſez mauvais effet, défaut que l'on évitera le plus qu'il ſera poſſible, parce qu'il n'eſt tolérable que dans les appartements de peu d'importance. Quand les embrazements ſont aſſez larges pour contenir les volets de toute leur lar-geur, il n'y a aucune difficulté, ainſi que je l'ai déja dit, & qu'on peut le voir dans la *Fig.* 9.

Mais lorſqu'ils ſont moins profonds que la largeur totale du volet non briſé, & en même temps trop larges pour ne contenir que la grande feuille de volet , & que cependant on veut que les volets forment embrazement , on fait alors la feuille qui tient au dormant de toute la largeur de l'embrazement ; & de ce qui reste pour faire la largeur du chassis , on fait une petite feuille , que l'on ravale si elle est trop étroite pour la faire d'assemblage. *Voyez la Fig.* 10. Cette maniere n'est bonne qu'aux croisées des appartements qui ne sont pas sujets à une grande décoration , à cause du mauvais effet que font les volets lorsqu'ils sont fermés. Il seroit beaucoup mieux , dans le cas où les embrazements seroient trop larges pour faire les volets à l'ordinaire , de pratiquer derriere le chambranle un pilastre , lequel regagneroit la trop grande largeur & recevroit le volet , dont le champ seroit commun avec le pilastre. *Voyez la Fig.* 13 ; ou bien si l'on craignoit que ce pilastre ne devînt trop large , on lui feroit faire avant-corps sur le volet. (*Fig.* 14).

Lorsque les volets servent d'embrazements , comme dans les Figures ci-dessus , on doit toujours les briser à feuillure , parce que quand ils sont à rainures & languettes , la saillie de cette même languette , & le jeu qu'on est obligé de donner entre les volets & le chambranle , fait un mauvais effet ; de plus , les feuillures sont plus commodes , en ce qu'elles portent contre une saillie qu'on laisse derriere le chambranle , laquelle les empêche d'entrer plus avant qu'il ne faut. (*Fig.* 11 & 12).

Quant à la hauteur des volets , elle est déterminée par celle des chassis des croisées , plus leur recouvrement sur le dormant. Au-dessous des volets & à leur à-plomb , on remplit le vuide de l'embrazement par un petit panneau nommé *banquette* , & dont les champs doivent , ainsi que les moulures , répondre à ceux des volets : le dessus de ces banquettes est couronné d'une simaise d'un pouce ou d'un pouce & demi de hauteur , laquelle a de largeur toute l'épaisseur des volets , plus un pouce pour recevoir l'embrazement ainsi qu'on peut le voir aux *Fig.* 15 , 16 & 17.

Lorsque les volets sont sur des croisées éventails , auxquelles il y a des impostes , & que le haut des embrazements est terminé par une archivolte , ils ne montent alors que jusqu'à la hauteur de l'imposte , laquelle est aussi épaisse que le dormant , & la retombe de l'archivolte entre dans une espece de plinthe , laquelle a de hauteur la largeur de l'imposte , moins le recouvrement des volets. (*Fig.* 16).

Ou bien si on ne veut pas mettre de plinthe entre les volets & l'archivolte , on fait monter les volets jusqu'au nud du point de centre , en observant de faire l'imposte des croisées plus mince que le dormant à l'ordinaire , & le champ du volet sert à l'archivolte. (*Fig.* 17).

Les battants de volets doivent avoir des largeurs & des épaisseurs proportionnées ; mais en général ils ont depuis 2 pouces jusqu'à 2 pouces 9 lignes de champ pour ceux qui portent les fiches , plus les feuillures & la moulure : ceux des rives doivent avoir trois ou même six lignes de moins ; ceux de brisure doivent avoir trois à quatre pouces de champ les deux enfemble : ces deux battants doivent être égaux, non compris la languette, excepté que quand on fait les panneaux d'égale largeur, on fait le champ du battant de brifure qui tient à la grande feuille, plus large de fix lignes que l'autre, fans cependant fortir de la largeur que doivent avoir les deux enfemble.

PLANCHE
XXX.

Pour leur épaiffeur, elle doit être de quatorze à feize lignes pour ceux d'un profil fimple, & de dix-huit à vingt lignes pour ceux qui font à cadre ravalé.

Les traverfes des volets doivent avoir de largeur, tant celles du haut & du bas que celle du milieu, deux pouces & demi ou trois pouces de champ, plus la largeur des moulures & des feuillures; pour leurs affemblages ils doivent être toujours placés, du moins autant qu'il eft poffible, au derriere de la rainure, & avoir d'épaiffeur les deux feptiemes de celle des volets : on fera paffer ces affemblages au travers des battants de brifure pour plus de folidité. (*Voyez la Fig.* 4).

Le compartiment des volets doit être déterminé par leur hauteur; lorfqu'ils auront depuis neuf jufqu'à douze pieds de hauteur, on y mettra deux panneaux & trois frifes ; à ceux qui auront moins de neuf pieds de hauteur, on y mettra deux panneaux & une frife, ainfi des autres, felon qu'ils auront plus ou moins de hauteur.

PLANCHE
XXXI.

Les frifes feront quarrées, c'eft-à-dire, qu'elles auront de hauteur leur largeur à la plus grande feuille, celle de la petite feuille étant par conféquent plus haute que large.

Quelquefois pour plus de richeffe, on met des ronds ou des lozanges au milieu des volets au lieu de frifes : ces ronds doivent être affemblés dans les battants à bois de fil, c'eft-à-dire, du même fens que les battants, & non à bois de bout, parce qu'ils font moins d'effet étant moins larges ; au contraire lorfqu'ils font couchés, ils font fujets à fe fendre, & par conféquent à fe déjoindre. On affemble les ronds à bois de fil dans les battants avec des clefs que l'on colle dans ces mêmes ronds, & qu'on place dans leurs extrêmités, afin qu'elles ne fe découvrent point lorfqu'on vient à alléger les frifes du milieu. (*Fig.* 1 *&* 2).

Quand les volets ne font qu'à un parement, on ravalera le rond par derriere de la largeur de la moulure : cela eft plus folide & moins fujet, à caufe des coupes que l'on évite.

Les lozanges font des efpeces de frifes quarrées, dont la diagonale eft perpendiculaire & parallele avec les battants : les moulures du dedans de ces frifes touchent dans leurs extrêmités au nud du champ des battants, ainfi que celles des ronds.

Lorfque les feuilles des volets feront inégales, & qu'il y aura des lozanges, on en fera une quarrée, & l'autre plus alongée, afin que leurs deux pointes foient égales ; c'eft la même chofe pour les ronds, dont on fait l'un plein-cintre & l'autre ovale. *Voyez les Fig.* 1 & 2, où les frifes, les ronds & les lozanges font deffinés des différentes manieres que j'ai dites ci-deffus.

Les volets font, ainfi que je l'ai déja dit, fufceptibles de toute la richeffe poffible, fur-tout lorfqu'ils font fans brifure ; on peut chantourner leurs traver-fes & leurs panneaux taillés d'ornement, comme trophées, guirlandes, &c. (*Fig.* 3 & 4).

Pour leurs profils, on les fait fimples, à double parement, à petit cadre, à cadre ravalé, parce que les moulures embreuvées ne font pas affez folides : on peut enfin tailler leurs moulures d'ornement, felon que le cas l'exigera. (*Fig.* 1, 2, 3, 4, 5, 6 & 7).

Lorfque les croifées font d'une forme quarrée par le haut, comme dans la *Fig.* 1, ou lorfqu'elles font plein-cintre, qu'il y a des impoftes, & que les volets ne montent pas plus haut, il n'y a aucune difficulté ; mais lorfque dans les croifées cintrées, on veut que les volets ouvrent de toute la hauteur, on eft obligé de faire au-deffus des croifées, des arrieres-vouffures de Marfeille, & pour lors les volets fervent d'embrazement, à condition toutefois que les embrazements foient affez profonds pour contenir les volets de toute la largeur ainfi qu'on peut le voir dans la *Fig.* 1, ou dans la *Fig.* 2, 3 & 4, où d'un côté le volet eft fermé, & de l'autre ouvert en forme d'embrazement.

Lorfque les embrazements ne feront pas affez profonds pour contenir les volets de toute leur largeur, & que par conféquent on fera obligé de les brifer, on fera alors aux croifées cintrées une baye quarrée, afin que les volets puiffent fe loger facilement. Lorfque les volets monteront de toute la hauteur des croifées cintrées, on ne mettra point d'impofte à ces croifées ; mais on fera monter les chaffis de fond, parce que lorfqu'il y a des impoftes, il refte un jour entre les deux volets à l'endroit du chaffis éventail. (*Fig.* 3).

Lorfque les croifées font cintrées, furbaiffées, ou en anfes de paniers, & que les chambranles font plein-cintres, on y fait des arrieres-vouffures, nom-mées *contre-parties de Marfeille* ; & pour que les volets montent jufqu'au haut du cintre, & qu'ils puiffent ouvrir dans l'embrazement, on cintre la retombe de la vouffure par le côté, ainfi que par la face. (*Fig.* 5 & 6).

Toutes ces différentes efpeces d'ouvertures de croifées, demandent une attention infinie, & il eft de la fageffe de ceux qui préfident à la diftribution des plans & des façades d'un bâtiment, de prévoir toutes les difficultés qui peuvent fe rencontrer lors du revêtiffement des appartements, & avoir auffi égard à la diftinction de la piece, afin de pouvoir préférer des plafonds quarrés aux archivoltes & aux arrieres-vouffures, lefquelles, non-feulement coûtent très-cher, mais encore n'ont d'autre mérite que la difficulté de leur exécution. C'eft pourquoi j'ai mis des coupes de chaque efpece de baye dont je

viens

viens de parler, afin d'être plus clair, & de faire connoître la difficulté de ces fortes d'ouvertures. (*Fig.* 2 , 4 , 6 & 7).

Pour la division des carreaux des croisées bombées, ou en cintres furbaissés, on la fera du milieu de la traverse à l'endroit du petit bois : que les croisées soient à glaces ou à montants, c'est la même chose. (*Figures* 1 & 5).

PLANCHE
XXXIII.

CHAPITRE HUITIEME.

Des petites Croisées en général.

QUOIQUE j'aie mis les croisées ouvrantes au-dessous de neuf pieds au rang des petites croisées, ce n'est que dans le cas qu'elles ne porteroient pas de volets; car lorsqu'elles en portent, n'eussent-elles que quatre pieds de hauteur, elles doivent être mises au rang des grandes, ne différant en rien de ces dernieres que par la largeur des bois, que l'on peut diminuer à proportion de leur grandeur; car pour l'épaisseur, ce doit être toujours la même.

PLANCHE
XXXIV.

Les petites croisées different des autres, en ce qu'elles n'ont point de côtes au dormant ni au-devant des battants meneaux, quoique quelquefois on puisse, pour plus de solidité, en mettre aux meneaux, & non aux dormants; pour lors les ouvertures de ces croisées sont semblables à celles des grandes; mais lorsqu'elles n'ont point de côtes, on fait leurs ouvertures des trois manieres suivantes.

La premiere à noix, & où quelquefois on arrondit l'arrête du battant meneau, & on fait sur ce même battant une rainure dont on arrondit aussi une arrête pour répéter le même jour que celui que produit le jeu que l'on est obligé de donner à l'ouverture. (*Fig.* 1).

La seconde maniere est de les faire ouvrir à feuillures dans le milieu, & à chamfrains simples, comme la *Fig.* 2 , ou bien à doucine, comme la *Fig.* 3 : lorsque ces croisées ouvrent dans le milieu, comme dans les deux Figures ci-dessus, on y fait une baguette méplatte, de six à huit lignes, laquelle sert à corrompre le joint; ainsi on fait l'ouverture plus loin que le milieu de la moitié de la largeur de la baguette.

La troisiéme maniere est de faire les deux battants du milieu d'une largeur égale, & de faire des feuillures à moitié bois avec des baguettes. *Voyez* la *Fig.* 4. Cette derniere maniere est la moins solide, & on ne doit s'en servir que le moins qu'il sera possible.

Section Première.

Des Croisées Mansardes & à Coulisses.

CES croisées prennent le nom des étages où on les employe ordinairement; je dis ordinairement, parce que dans les maisons à loyer & de peu d'importance on les employe indifféremment à tous les étages, les étages en mansardes rétréciffant trop les chambres pour que les croisées puiffent être ouvrantes; de plus, ces croisées ne nuifant en aucune maniere, & n'étant fujettes à aucune efpece de dépenfe par rapport à la ferrure, puifqu'il n'y en a aucune. On met ordinairement des impoftes aux croisées mansardes pour plus de folidité, & elles font quelquefois difpofées pour recevoir des volets.

En général elles font compofées d'un dormant, avec montant & impofte de quatre chaffis, dont deux font immobiles, c'eft-à-dire, arrêtés dans le dormant & les deux autres à couliffes.

Lorfque ces croisées n'ont point de volets, les dormants doivent avoir d'épaiffeur, premiérement celle du chaffis dormant, plus deux lignes de jeu, & celle des deux languettes, ce qui fait en tout deux pouces d'épaiffeur, fur deux pouces à deux pouces & demi de large. (*Fig.* 5).

Quand ces croisées font difpofées pour recevoir des volets, il faut que les dormants ayent trois pouces d'épaiffeur, afin qu'après l'épaiffeur des deux chaffis, & celle du jeu qu'il faut entre deux, ils défaffleurent le chaffis de quatre à cinq lignes, ce qui forme une côte pour porter les volets; ces battants doivent avoir trois pouces à trois pouces & demi de large, afin que les volets puiffent fe brifer facilement. (*Fig.* 7, 8 & 9).

Lorfque les croisées mansardes ne portent pas de volets, on fait des rainures fur le derriere des battants de dormant, pour recevoir les chaffis dormants : cette rainure doit tomber fur l'impofte s'il y en a, & s'il n'y en a pas, elle doit être bornée à la hauteur du chaffis dormant; on la difpofera de façon qu'il refte entr'elle & celle de la couliffe, une joue de quatre à cinq lignes au moins.

La rainure de ces battants doit être pouffée du haut en bas; il faut que la languette ou joue reftante, foit d'une épaiffeur égale à celle de la rainure, moins le peu qu'il faut pour que le chaffis coule facilement : on arrondit les arrêtes de ces languettes, ainfi que celles des chaffis, afin d'éviter le frottement que ces arrêtes pourroient produire. (*Fig.* 5).

Lorfque ces croisées portent des volets, on raine le derriere des battants de dormant comme aux autres : pour ce qui eft des couliffes du devant, elles fe font de trois manieres différentes.

La premiere eft de faire une rainure d'après la côte difpofée pour porter le volet. (*Fig.* 7).

La seconde est de les rainer du derriere du chassis à coulisse comme la *Fig.* 8.

La troisiéme est de faire deux rainures, l'une devant, & l'autre derriere le chassis. (*Fig.* 9).

La premiere de ces trois manieres est la plus simple, ou du moins la plus commode; mais elle a le défaut de ne pas tenir assez closes les croisées, à cause du jour qui se trouve néccssairement à l'endroit où la feuillure que l'on fait à la traverse d'en bas du chassis, coupe la languette.

La seconde maniere remédie à cet inconvénient; mais le jeu que l'on est obligé de donner sur la largeur du chassis, fait un mauvais effet.

La troisiéme est la plus sujette; mais aussi elle a l'avantage de remédier aux défauts des deux autres. (*Fig.* 7, 8 & 9).

Les montants des dormants des croisées mansardes, ont ordinairement deux pouces ou deux pouces & demi de largeur sur l'épaisseur des dormants, plus une côte que l'on réserve par derriere d'après l'épaisseur du chassis, laquelle passe en enfourchement par-dessus la traverse d'en haut, à moins que par un cas extraordinaire, les dormants soient de même épaisseur que le montant, & que la moulure, qui est sur l'arrête de ce dernier, ne régne aussi au pourtour de la croisée. (*Fig.* 6).

Lorsqu'il n'y a point d'imposte aux croisées, on fait les montants de toute la hauteur; mais lorsqu'il y en a, ils sont coupés à la hauteur de cette même imposte, dans laquelle ils s'assemblent à tenon flotté. (*Fig.* 12).

On pousse sur l'arrête extérieure de ces montants une moulure, qui est ordinairement un bouvement de six à sept lignes de largeur, ou un rond, lequel vient s'assembler d'onglet avec le dessous de l'imposte, comme dans la *Fig.* 12, ou bien avec le dessus & le dessous de cette même imposte, lorsqu'elle est profilée en plinthe comme dans la *Fig.* 10.

La partie supérieure des montants est refendue en deux parties, dont une est dormante, & dans laquelle on fait deux feuillures pour recevoir les chassis, lesquels y entrent tout en vie : cette partie du montant doit être moins épaisse de trois lignes que le chassis en parement, afin qu'avec le jeu qui est entre les deux chassis, cela fasse une joue suffisante à la piece à queue.

Cette épaisseur que l'on donne de plus à la barre à queue, oblige de faire une feuillure à chacun des deux chassis d'en haut, lesquels doivent être le plus justes possible, afin que le joint paroisse moins. (*Fig.* 6).

Quant aux rainures du devant des montants, elles se font des quatre manieres que j'ai dites ci-devant en parlant des battants de dormant.

Les montants de ces croisées s'assemblent à tenon dans la piece d'appui, & on aura soin de tenir l'arrazement de derriere assez long pour le faire suivre le contour de la piece d'appui. L'autre bout s'assemble à tenon & enfourchement dans l'imposte, d'après & de dessus laquelle on réserve dans le bout du montant une queue ou tenon pour assembler la piece à queue.

On fait auſſi dans le devant de l'impoſte une entaille de la largeur du montant, laquelle a de profondeur ce qui reſte du devant de l'impoſte, & le devant de la partie dormante du montant d'en haut : comme on aſſemble les deux montants à tenon flotté, il faut avoir ſoin que le tenon du montant d'en bas ſoit du côté du parement pour retenir l'enfourchement, & le rendre plus ſolide. (*Fig.* 12 *&* 15).

Les impoſtes doivent affleurer le chaſſis dormant en parement, & le déſaffleurer par derriere de ſix à ſept lignes, laquelle épaiſſeur paſſe en enfourchement par deſſus le dormant ; quelquefois on les fait déſaffleurer le chaſſis en parement dans la moitié de leur largeur, de deux lignes au plus (qui eſt le jeu qu'on laiſſe entre les deux chaſſis), laquelle faillie, jointe à une pareille que l'on obſerve au chaſſis, empêche le trop grand air d'entrer, & s'appelle *attrappe-mouches*. Quant à leurs profils & aſſemblages, *voyez les Fig.* 10, 11 *&* 12.

Pour les pieces d'appui, elles ſont ſemblables à celles des autres croiſées pour ce qui eſt des feuillures du deſſous ; mais pour celles du deſſus, elles ſont différentes : lorſque les croiſées portent des volets, elles affleurent le dormant à l'ordinaire, & ſont ravalées par deſſus de quatre à cinq lignes de profondeur : ce ravalement ſe fait par derriere & à-plomb du tiers de l'épaiſſeur du chaſſis à couliſſe, pris du devant de ce même chaſſis, afin que les deux tiers reſtants donnent plus d'épaiſſeur à la joue de la traverſe.

Le ravalement du deſſus de ces pieces d'appui, ſe fait en adouciſſement & un peu en pente pour faciliter l'écoulement des eaux ; & à deux ou trois lignes d'après l'épaiſſeur du dormant, on y forme un filet, & on arrondit le reſte. (*Fig.* 13).

Lorſque ces croiſées n'ont point de volets, on fait les pieces d'appui des deux manieres ſuivantes : la premiere eſt de les faire affleurer au dormant, & d'y former une languette, laquelle régne avec celle des battants, & entre dans le deſſous du chaſſis, lequel eſt rainé ainſi que les côtés. (*Fig.* 15).

La ſeconde eſt de faire excéder la piece d'appui de trois à quatre lignes en parement, en la faiſant paſſer en enfourchement par-deſſus les battants de dormant, & d'y faire un ravalement ſemblable à celles qui portent des volets. *Voyez la Fig.* 14. Lorſqu'on fera les pieces d'appui de cette façon, on aura ſoin qu'elles n'excedent pas le dormant plus que ne fait le quarré de la moulure qui régne autour du chaſſis : cette derniere maniere eſt la meilleure & la plus ſolide, tant pour la piece d'appui que pour le chaſſis, la languette des premiers étant toujours très-mince, & par conſéquent ſujette à s'éclatter, & les joues des traverſes trop ſujettes à ſe pourrir. Toute la difficulté de faire les pieces d'appui de la ſeconde maniere, eſt que quand on ne met point d'impoſte aux croiſées, l'entaille que l'on eſt obligé de faire à la languette

des

des chassis pour les faire entrer dans les rainures du montant, se trouve découverte à l'endroit de la traverse où l'on fait une feuillure au lieu d'une rainure, ce qui donne beaucoup d'air aux appartements, pour peu qu'il y ait de jeu aux chassis.

On ne peut remédier à cet inconvénient qu'en faisant la piece à queue du montant plus longue qu'à l'ordinaire, de la largeur de la traverse du chassis à coulisse, ce qui ôte la nécessité de faire des entailles aux languettes des chassis, mais aussi ce qui oblige de faire entrer la piece à queue en contrebas dans le montant, quand les chassis du bas sont en place, & à la faire entrer à queue dans la traverse de dormant, & on l'arrête avec une vis, laquelle pour lors se pose en haut de la piece à queue.

Les traverses du haut des dormants de ces croisées, portent de deux pouces à deux pouces & demi de largeur, sur l'épaisseur des battants de dormant, dans lesquels elles s'assemblent à tenon ou enfourchement: elles reçoivent les montants qui s'y assemblent de même, & d'après l'élégissement de ce même montant, on y fait une mortaise pour recevoir la piece à queue, ou bien lorsqu'elle se met par en bas, on y fait une entaille à queue. La feuillure de ces traverses doit régner avec le derriere de la rainure des battants de dormant, & avoir six lignes de hauteur.

Lorsque les croisées mansardes ont des impostes, on met des jets-d'eau aux chassis d'en haut pour faciliter l'écoulement des eaux, en les empêchant de tomber dans la feuillure de l'imposte; on pourroit cependant s'en passer en faisant les feuillures de l'imposte par derriere à rainure: je l'ai déja dit en parlant des grandes croisées.

Les chassis s'assemblent à pointes de diamants ou d'onglet, ce qui est la même chose, à moins que pour plus de simplicité on ne les fasse quarrés dans les bâtis: on y met des petits montants lorsque les croisées ne passent pas six à sept pieds de hauteur; car quand elles sont plus hautes, ce qui arrive aux doubles croisées que l'on fait à coulisses, on y fait de grands montants, parce que le roide qu'on est obligé de donner aux petits montants, pousseroit trop au vuide, les traverses de ces chassis n'ayant pas assez de force pour retenir l'effort d'une travée de cinq ou six montants.

On doit aussi mettre de grands montants aux chassis de ces croisées, quand même elles seroient basses, lorsque pour donner plus de jour aux appartements, non-seulement on supprime l'imposte, mais aussi lorsqu'on réduit les deux traverses du chassis à la largeur d'un petit bois, ou bien quand on est obligé de mettre plusieurs rangs de montants sur la largeur du chassis, ce qui arrive toujours aux demi-mansardes, ainsi que je le dirai en son lieu.

Les battants de ces chassis, ainsi que les traverses, doivent avoir deux pouces à deux pouces & demi de largeur, lorsqu'il n'y aura point de moulure sur les bâtis, & un demi pouce de plus lorsqu'il y en aura, sur l'épaisseur de

quatorze à seize lignes : on arrondit l'arrête des chassis à coulisses , & quelque
fois pour plus de richesse on y pousse un rond entre deux quarrés.

Les demi-mansardes n'ont , comme je l'ai déja dit , qu'un chassis sur leur
largeur , qui est ordinairement depuis deux jusqu'à trois pieds & même trois
pieds & demi : elles ont quelquefois des impostes. Pour ce qui est de leurs
formes & façons , c'est la même chose que pour les autres , excepté que la
piece à queue se place dans un des battants de dormant , & que l'on est
obligé d'assembler en chapeau la traverse du haut du dormant , du côté de
la piece à queue : lorsque ces croisées n'auront pas d'impostes , on observera
de faire descendre la piece à queue jusqu'au dessous du chassis d'en haut , ainsi
que je l'ai déja dit en parlant des croisées mansardes sans impostes. *Voyez la
Fig. 5* , où est marquée la forme & la grosseur de cette piece à queue , laquelle se place dans le battant à droite , à moins qu'on ne soit obligé de faire
autrement , comme dans le cas où il y auroit des volets qu'on seroit obligé de
ferrer sur ce battant.

Les croisées à coulisses different de celles à mansardes , en ce que le chassis d'en haut de ces premieres tient avec les dormants qui leur servent de battants , dans lesquels les traverses sont assemblées : elles n'ont point d'impostes
ni de piece à queue : les chassis à coulisses se glissant par en haut , elles ont
un montant au milieu , lequel se brise quelquefois en deux. (*Voyez Fig.* 16).

Quant au compartiment de largeur de ces croisées , comme les carreaux du
haut deviennent plus larges que ceux du bas , on prend la différence entre l'arrazement du haut & du bas , que l'on partage en deux , & d'après cette largeur on fait le compartiment à l'ordinaire.

Les croisées à l'Angloise , sont des especes de demi-mansardes , aux deux
côtés desquelles on pratique des coulisses dans lesquelles tombent des con-
tre-poids qui servent à enlever le chassis par le moyen de deux cordes auxquels
ils sont attachés , lesquelles tiennent aux deux extrêmités supérieures du chassis
& sont ordinairement de corde de boyau , & qui passent sur des poulies qui sont
placées au haut du dormant. Ces croisées sont peu en usage , & ne peuvent être
tolérées que dans le cas où on ne pourroit pas approcher d'une croisée pour l'ouvrir : au reste elles sont mal dans leur décoration , & sont sujettes à blesser ceux qui
en font usage , dans le cas où la corde viendroit à se casser. (*Fig.* 17 & 18.)

Je ne parlerai point des croisées à la Françoise , parce qu'elles ne sont plus
en usage à présent , vû leurs défauts ; on n'en voit plus que dans quelques
maisons à loyer , ou dans les Communautés , encore sont-elles toutes vieilles ,
leurs ouvertures devenant trop gênantes dans un appartement d'une moyenne
grandeur , & ne les fermant presque jamais bien ; de plus les panneaux de vi-
trerie en plomb , ainsi que la grande largeur des bois ôtant trop de jour ,
ce qui leur a fait préférer les croisées ouvrantes pour les grands appartements ,
& celles à mansardes pour les petits. (*Fig. 19*).

Il eſt encore beaucoup d'autres eſpeces de croiſées dont je ne parle point ici, parce que ce détail deviendroit inutile, vû que ce ne ſeroit qu'une répé- tition de ce que j'ai déja dit.

PLANCHE XXXIV.

CHAPITRE NEUVIEME.

Des Portes en général.

ON appelle *Portes* proprement dites, les ouvertures pratiquées dans les murs de face & de refend d'un bâtiment ; quant à celles des murs de face, leurs formes & leurs décorations dépendent de l'ordonnance totale de l'édifice, & du goût de l'Architecte : je ne parlerai donc ici que des portes mobiles ou vantaux de menuiſerie qui ferment & rempliſſent les bayes de ces portes.

Il y a de trois ſortes de portes, les grandes, les moyennes & les petites.

Les grandes ſont celles qui ont depuis huit pieds juſqu'à douze & même ſeize pieds de largeur les deux vantaux enſemble, leſquelles ſont nommées *Portes de villes*, comme celles de la porte Saint-Martin, Saint-Antoine,* & généralement toutes celles qui ſervent à fermer l'entrée des villes, les portes-cocheres ou d'Hôtel, les portes charretieres & de baſſe-cour, & géné- ralement toutes les portes ſervant à paſſer des voitures & charrois.

On doit auſſi mettre au rang des grandes portes, celles des Temples & des Palais, quoique d'une décoration toute différente des premieres.

Les moyennes portes ſont celles qui ont depuis quatre juſqu'à ſix pieds de largeur ; telles ſont les portes appellées *bâtardes*, qui ſervent d'entrées aux maiſons bourgeoiſes, les portes de veſtibules, & toutes les portes d'appar- tements qui ont deux vantaux, & qui ont au-deſſus de quatre pieds de largeur.

Les petites portes ſont celles qui n'ont qu'un vantail ou *vanteau*, & qui ont depuis deux juſqu'à trois pieds de largeur, comme les portes des petits appar- tements & des cabinets de dégagement.

SECTION PREMIERE.

Des Portes-Cocheres.

LES portes-cocheres ou d'Hôtels, ſont pour l'ordinaire compoſées de deux vantaux, leſquels montent de fond & ouvrent de toute la hauteur de la baye ; mais s'il arrivoit qu'elles fuſſent circulaires, on y mettroit des impoſ- tes, au-deſſus deſquelles on pratique des entreſols.

PLANCHE XXXV.

* Pour l'intelligence de ce que je dis ici, on doit voir la Planche XXXV, où eſt deſſinée une porte-cochere, avec le nom de toutes les parties qui la compoſent.

Lorfqu'il y a des impoftes à la baye, on eft obligé d'y faire régner celle de la porte, du moins pour le deffus, alors on fupprime l'entrefol qui devient trop bas, à moins que la baye de la porte ne foit d'une largeur confidérable, & à la place de l'entrefol, on remplit le cintre par un panneau de menuiferie, dont les champs & les moulures font en rapport avec celles de la porte, dans le milieu defquelles on peut placer des armes, un bas-relief, ou quelqu'autre ornement analogue au refte de l'ouvrage.

On doit éviter de feindre les battants montants de fond, ainfi que l'ouverture du milieu, lorfqu'il y aura une impofte : cette ouverture feinte ne doit fe tolérer que quand il n'y a pas d'impofte, ou bien quand le deffous de la porte eft voûté en berceau ; ou que pour éviter la trop grande lourdeur des vantaux, on les coupe à la retombée du cintre, ce qui fait qu'ils ne peuvent ouvrir de toute leur hauteur ; dans ces deux cas, on doit feindre l'ouverture de toute la hauteur, mais en même temps ne point mettre d'impofte, pour éviter la contrariété qu'il y auroit entre l'ouverture feinte du deffus de la porte, & l'impoffibilité de la faire ouvrir.

Lorfque ces deffus de portes auront une moyenne grandeur, c'eft-à-dire, quatre pieds à quatre pieds & demi de haut, & que le plafond du deffous de la porte defcendra jufqu'au deffous de l'impofte, on pratiquera dans le milieu du deffus de porte une petite croifée ronde ou ovale, laquelle éclairera l'appartement qui fe trouvera au-deffus de la porte. *Voyez les Fig. 1, 2 & 3,* où font deffinées ces différentes efpeces de deffus de portes.

Quand le plafond de la porte ira jufqu'au haut du cintre, & que par conféquent on n'aura pas befoin de jour dans fon deffus, on pourra toujours y mettre un rond ou un ovale dont les moulures & les champs régneront avec ceux de la porte, ce qui donnera moins de grandeur au panneau, & en même temps plus de fimplicité que ne font les bas-reliefs & autres ornements qui deviennent inutiles & défectueux lorfque la décoration d'un bâtiment eft fimple & peu ornée.

Lorfque les deffus de portes auront au-deffus de quatre pieds & demi de hauteur, on pourra y faire une croifée dont le haut fuivra le cintre de l'arcade, & au-deffus de laquelle on laiffera le moins de champ que l'on pourra, afin de lui donner plus de hauteur.

Lorfqu'il n'y aura point d'impoftes aux arcades, comme dans le cas d'un étage en foûbaffement, on pourra faire defcendre l'impofte de menuiferie de fix à huit pouces en contre-bas du cintre de l'arcade, afin de donner plus de hauteur à l'entrefol ; mais c'eft une licence qu'on ne doit fe permettre que dans des bâtiments de peu d'importance, comme les maifons à loyer, les Manufactures, &c. *

---

* On obfervera que j'ai confervé dans la décoration des Figures des Planches 36 & 37, une gradation de richeffe convenable à chacune d'elles, & relative à l'expreffion des Ordres qui les décorent ; ceux qui connoiffent l'Architecture, comprendront aifément que la premiere Fi-

Les

Les espaces qui restent entre la croisée & les deux côtés de l'arcade, doivent toujours être revêtus en bois, & non en plâtre comme il s'en voit à beaucoup d'endroits, dont la décoration devient pesante & peu en rapport avec les portes de menuiserie, auxquelles ils servent de couronnement.

La décoration de ces côtés doit être conforme à celle de la porte ; on peut n'y faire qu'un seul panneau, & quelquefois même une table saillante, selon que la porte est plus ou moins ornée. Lorsqu'elle est d'une certaine richesse, on orne ces panneaux de deux consoles, lesquelles viennent buter contre le chambranle ou le bandeau de la croisée, & semblent les soûtenir.

L'ornement de ces consoles doit être grave, & on doit y éviter les petites parties & celles qui deviendroient trop saillantes, afin qu'elles soient moins sujettes à s'éclatter : toute leur beauté doit consister dans la forme de leur contour & dans leur simplicité.

Le pourtour des croisées doit être orné d'un chambranle qui doit faire avant-corps sur les deux côtés ; à la place d'un chambranle, on pourra, pour plus de simplicité, n'y mettre qu'un bandeau, dont l'arrête intérieure sera ornée d'une moulure : lorsqu'on sera borné par la hauteur, on ne mettra pas de traverses, du moins en apparence, à ces bandeaux, afin de donner plus de hauteur à la croisée, faisant affleurer la traverse de dormant au nud du cintre de l'arcade.

Le bas de la croisée ne doit jamais tomber sur l'imposte ; mais on doit faire une plinthe qui régne de toute la longueur de l'imposte ; laquelle recevra les chambranles, & servira de piece d'appui à la croisée. (*Fig.* 2 & 3).

Le dessus de l'imposte doit, ainsi que je l'ai dit, être de niveau avec le dessus de celles de la baye, avec lesquelles on fera régner la moulure de dessous, le reste étant profilé en plinthe, afin de leur donner moins de saillie, & par conséquent diminuer moins de la hauteur du dessus de porte (au moins en apparence).

Ces impostes doivent être d'une richesse relative à celle de la porte, & selon l'Ordre ou l'expension de l'Ordre qui la décore ; car quoiqu'il n'y ait point de colonnes ou pilastres à la décoration d'une façade, cela n'empêche point que toutes les parties qui composent cette décoration ne soient relatives à un Ordre.

Ainsi on ornera les impostes profilés en plinthes, de tables saillantes, de tables renfoncées, avec moulures & sans moulures : elles pourront être décorées de guillochis ou bâtons rompus de poste, d'entrelas & d'autres ornements convénables. (*Voyez les Figures* ci-dessus).

On aura soin de donner un peu de talus au-dessus des impostes, afin de faciliter l'écoulement des eaux, & on fera entrer les dessus de portes dans

gure appartient à l'Ordre Toscan, la seconde | gure 1, de la Planche 37, au Corinthien, com au Dorique, la troisieme à l'Ionique ; & la Fi- | me celles 2 & 3, à un étage en soûbassement.

les impoftes à recouvrement, & non à vif, parce que s'ils entroient de cette maniere, l'eau y féjourneroit, ce qui les expoferoit à fe pourrir. (*Fig.* 4 & 5).

On fera dans le deffous des impoftes, une feuillure de trois pouces de haut, à laquelle on affleurera celles de la baye, & on laiffera fur le devant une joue fuffifante pour foûtenir le coup des vantaux.

Lorfque la hauteur des impoftes ne fera pas déterminée, on leur donnera de hauteur le feptieme ou tout au plus le fixieme de la largeur de l'ouverture; pour leur profil, ce fera celui de l'Ordre qui fera employé à la décoration du bâtiment.

Les vantaux des portes-cocheres font pour l'ordinaire compofés chacun d'un gros bâtis, au haut duquel eft ordinairement un panneau faillant que l'on appelle *table d'attente*, & de deux guichets, dont l'un eft dormant, & l'autre mobile.

Il eft prefque impoffible de donner des régles certaines fur la décoration & la compofition de ces portes, tant les différents befoins & les goûts font variés fur cette matiere. Je ne vais donc que donner des régles générales fur la groffeur des bois que l'on employe à cet effet, les affemblages & leurs profils; la pratique & l'examen des ouvrages faits, étant le plus fûr moyen pour parvenir à traiter ces fortes d'ouvrages avec quelque fuccès.

L'épaiffeur des gros bâtis des portes-cocheres doit être proportionnée à leur hauteur; celles de douze pieds de haut auront quatre pouces d'épaiffeur; celles de quinze pieds auront cinq pouces, & celles de dix-huit pieds auront fix pouces. Les battants de rives doivent avoir de largeur leur épaiffeur pour le recouvrement de la feuillure, plus le champ qui fera de cinq, fix ou fept pouces, felon les différentes hauteurs; & la moulure de l'angle, qui aura de largeur un pouce quinze lignes, ou un pouce & demi.

Les battants de milieu auront la même largeur de champ & de moulure que les précédents, plus la moitié de leur épaiffeur à celles qui ouvrent à feuillure, & le tiers à celles qui ouvrent à noix. *Voyez les Fig.* 1, 2, 5 & 6, & celles 7, 8, 9, 10, 11, 12, 13 & 14, où font deffinées les différents profils que l'on pouffe fur l'arrête de ces battants.

Les traverfes, tant du haut que du milieu, doivent avoir la même épaiffeur & la même largeur de champ que les battants, plus deux pouces à deux pouces & demi de portée pour celles du haut, & les embreuvements, les recouvrements, & les moulures néceffaires tant pour celles-ci que pour celles du milieu. (*Fig.* 3 & 4).

Les traverfes du bas doivent avoir cinq pouces de largeur au moins, & fix pouces au plus, afin de ne pas gêner lorfqu'on paffe deffus; leur épaiffeur doit être égale à celle des battants, à moins qu'on ne la faffe faillir par-deffus en forme de plinthe. (*Fig.* 15 & 16).

Les battants qui portent le guichet dormant, doivent être rainés fur leur champ, & on doit laisser quinze lignes de joue en parement à ceux qui ont quatre pouces d'épaisseur, dix-huit lignes à ceux de cinq pouces, & vingt-une à ceux de six pouces; pour la largeur des rainures, ce doit être le tiers de ce qui reste d'après la joue, ou le tiers de l'épaisseur du guichet, ce qui est la même chose.

La traverse au-dessus du guichet, doit être rainée de même : pour celle du bas, on n'y en fera point, parce qu'elle ne feroit que conserver l'eau, ce qui pourriroit la traverse.

On doit mettre dans les guichets & les battants de bâtis, une clef sur la hauteur aux plus petites portes, & deux aux grandes d'une largeur & épaisseur convenables, lesquelles servent à retenir l'écart des battants, & empêchent la porte de fléchir. Quant au guichet ouvrant, c'est la même chose que l'autre, excepté qu'à la place des rainures on y fait des feuillures, lesquelles ainsi que les rainures, ont un pouce de profondeur. (*Voyez les Fig.* ci-dessus).

On remplit l'espace qui reste entre le dessus du guichet & le haut de la porte de différentes manieres.

Lorsque les portes sont circulaires, & qu'elles ouvrent de toute la hauteur d'après la naissance du cintre, on y fait un panneau embreuvé dans le gros bâtis, dont les champs & les moulures répondent à ceux des guichets ; lorsque les portes ont au-dessous de douze pieds de hauteur, on fait ces panneaux en tables saillantes, dont le dehors des champs tombe au dehors des moulures des bâtis ; dans les grandes portes, en contre-bas du point du centre, on y fait des tables saillantes qui sont arrazées dans les portes d'une décoration simple, ou bien ornées de moulures : quelquefois on les couronne de corniches, ou simplement d'un bandeau suivant l'exigence des cas. On peut aussi orner les deux côtés de ces tables de consoles méplattes ou chantournées, lesquelles servent à soutenir la saillie de la corniche : ces tables peuvent être ornées de chiffres & de guirlandes de feuilles ou de fleurs, selon qu'il sera convenable.

A la place de ces tables saillantes, on peut faire des cadres renforcés, dans lesquels on peut placer des bas-reliefs & des trophées, & autres ornements relatifs à l'usage du bâtiment dans lequel la porte est placée. *Voyez les Fig.* 17, 18, 19, 20, 21 & 22, où sont dessinées ces différentes especes de tables saillantes avec les ornements qui leur sont propres.

Il est assez ordinaire de faire des crosettes au bas des tables saillantes, au-dessous desquelles on met des gouttes ou des fleurons, selon la richesse de la porte : ces crosettes doivent avoir de longueur le quart de la largeur de la table aux portes d'une expression rustique, & le cinquieme & même le sixieme à celles qui sont plus délicates. La saillie des tables saillantes doit être le quart du champ du bâti, excepté que quand elles sont fort élevées on peut leur donner un peu plus de saillie, & la retombée des crosettes doit être égale à la saillie de la table.

Ces tables font pour l'ordinaire attachées fur les bâtis avec des vis , dont les têtes font enfoncées dans l'épaiffeur du bois à recouvrement ; mais il feroit beaucoup mieux de les embreuver dans les bâtis, ce qui à la vérité obligeroit à mettre des bois plus épais , mais en même temps donneroit plus de folidité , & mérite toute la confidération , fur-tout dans ces fortes d'ouvrages. *Voyez les Fig.* 3 *&* 4 , où ces deux manieres d'attacher les tables faillantes font deffinées. Les Figures 1 & 2 de la même Planche , repréfentent les embreuvements des frifes renfoncées ; & celles 5 , 6 , 7 , 8 , 9 , & 10 , les différents profils qu'on y employe.

Ce que je dis touchant les embreuvements des tables faillantes , devroit être la même chofe à l'égard des corniches , des bandeaux , & généralement de toutes les parties excédentes.

On obfervera auffi de né jamais rapporter les ornements de fculpture ; mais on doit les prendre dans la maffe , parce que , quelque foin que l'on prenne , il eft prefque impoffible que les ornements de rapport ne s'enlevent & ne fe décollent étant expofés aux injures de l'air.

Les panneaux embreuvés doivent être arrazés par derriere , & affleurés avec les gros bâtis ; & lorfque les portes font à doubles parements , on les orne de moulures. (*Fig.* 1 *&* 2).

Le derriere des tables faillantes eft rempli par un panneau arrazé , ou par une frife (fuppofé que la porte foit à double parement) dont les champs tombant à-plomb de ceux du guichet , font affleurés avec les bâtis. (*Fig.* 3 *&* 4).

Il eft à propos de mettre entre les tables faillantes & les panneaux de derriere une ou plufieurs barres de l'épaiffeur du vuide qui eft entre deux , afin de les foutenir & de les empêcher de fe creufer.

Lorfque les portes ne font pas à double parement , & que par conféquent on remplit le derriere des gros bâtis avec des panneaux arrazés , on arrondit quelquefois l'arrête de ces panneaux , afin que s'il arrive qu'ils fe retirent , le joint foit moins fenfible.

Les affemblages des gros bâtis doivent avoir d'épaiffeur les deux feptiemes ou le tiers au plus de celle des bâtis ; ils doivent être extrêmement juftes : on doit éviter de les faire trop forts fur leur épaiffeur , toute leur force devant être fur leur largeur. Si les affemblages ne rempliffent pas exactement les rainures ou les feuillures des bâtis , on aura foin de les remplir par le moyen des barbes que l'on réfervera. Cette obfervation eft d'une très-grande conféquence , parce que quand il refte du vuide entre les affemblages , cela donne lieu à la joue de s'enfoncer : les arrêtes des battants de rives doivent être arrondies , afin qu'elles ne nuifent pas à l'ouverture de la porte ; on forme ordinairement une baguette méplatte fur le battant du milieu de la largeur de la feuillure ou de la noix ; elle fe pouffe des deux côtés , afin

de

de rendre les champs égaux: on doit faire le dégagement de cette baguette
d'un quart de pouce de largeur au moins, afin qu'il soit à peu-près égal au
jeu qui doit être entre les deux vantaux. (*Figures* 1, 2, 5 *& 6* de la *Pl.*
XXXVIII).

SECTION SECONDE.

Des différentes Ouvertures des Portes-Cocheres, & la maniere de les déterminer.

P OUR ce qui est de l'ouverture des deux vantaux des portes-cochères, on
a jusqu'à présent fort varié sur la maniere de la faire, & on seroit fort en
peine de décider d'après l'examen de celles qui sont faites, si l'on doit faire la
feuillure en parement au vantau dormant, ou bien à celui qui porte le guichet, le nombre des portes qui sont faites des deux manieres étant presque
égal ; cependant je crois que si l'on se rendoit compte de la maniere dont
elles doivent être ferrées, on pourroit décider sûrement de quel côté devroit
être l'ouverture selon les différentes ferrures qu'on y mettroit.

Ce qui a donné lieu à faire indifféremment les ouvertures des portes-cocheres, est qu'anciennement on y mettoit des seuils à toutes ; alors il n'y
avoit plus de difficulté, parce que les deux vantaux portoient également
du bas comme du haut ; mais à présent qu'on n'y en met plus, il n'en est pas
de même, parce que quand la feuillure est faite en parement au vantau
dormant, celui qui porte le guichet étant plus foible que l'autre, est sujet à revenir en devant, & par conséquent à gauchir, le haut n'étant retenu pour l'ordinaire que par un fléau, & le bas par un vérouil.

Quoique cette ouverture paroisse la plus naturelle, je crois cependant qu'il
feroit meilleur de les faire de l'autre façon, c'est-à-dire, de faire la feuillure
en parement au vantau qui porte le guichet, parce qu'alors le vantau dormant retiendroit l'autre, l'empêcheroit de voiler, & le rendroit plus ferme pour
soutenir le coup du guichet.

Lorsque les portes sont ferrées d'espagnolettes, on est obligé de faire la
feuillure en parement au guichet dormant, parce qu'elle se pose presque toujours sur celui-ci, étant très-rare qu'on la pose sur le vantau qui porte le guichet, le battant n'est pas assez large pour la contenir sans qu'elle nuise à la
gâche de la serrure du guichet, ce qui n'est cependant pas sans exemples ;
car il y a des portes à Paris, où non-seulement les espagnolettes sont posés
sur le vanteau ouvrant, mais il y en a d'autres qui en ont deux, c'est-à-dire,
une à chaque vantau.

Le meilleur moyen pour obvier à ces difficultés, est de faire l'ouverture
du milieu des portes-cocheres à noix ; alors quelque ferrure que l'on y mette,

il n'y a plus de difficulté ; les deux vantaux tiennent mieux ensemble, & font beaucoup mieux clos. (*Fig. 6. Pl. XXXVIII*).

Cette forte d'ouverture eft d'un très-grand avantage , & n'eft pas nouvelle ; car celle de la principale porte du Palais du Luxembourg eft de cette façon.

S E C T I O N T R O I S I E M E.

De la Conftruction & Décoration des Guichets.

Les guichets font compofés d'un bâti , d'un parquet par le bas , & de cadres & de panneaux par le haut ; leur épaiffeur doit être égale à celle qui refte d'après la feuillure ou les rainures des gros bâtis, comme je l'ai dit plus haut : on doit donner de largeur aux battants , premierement , un pouce de languette ou de battement , plus un champ qui doit être des deux tiers de la largeur du champ du gros bâti , & la largeur du profil , laquelle varie felon la plus ou moins grande richeffe de la porte ; quelquefois on prend toute la largeur du profil dans le battant , ou bien lorfqu'il eft trop large , on y ajoute un cadre qui eft toujours à platte-bande ; car pour les profils qui font à gorges & à liftets , on doit les prendre en plein bois , les moulures embreuvées n'étant pas affez folides pour ces fortes d'ouvrages. Lorfqu'on prendra les moulures dans le même bois (ce qui ne fera qu'aux plus petites portes , & d'une décoration fimple) , on donnera à ce profil une largeur égale à celle du champ , ou les trois quarts au moins ; & à celles qui feront plus grandes ou plus riches (& par conféquent à cadre) , on donnera de largeur au profil un quart , ou tout au plus un tiers de plus que la largeur du champ.

Lorfque les cadres feront à plattes-bandes , on ornera la rive du battant d'une moulure qui fera partie du profil , lequel aura de largeur le cinquieme ou tout au plus le quart de ce même profil. Les cadres s'affemblent à languette fimple ou double , felon l'épaiffeur du bois : ces languettes doivent avoir huit à neuf lignes de largeur , & d'épaiffeur le tiers de l'épaiffeur de ce qui refte d'après la faillie du cadre ; lorfque les languettes font doubles , on partage cette épaiffeur en quatre parties égales , dont deux font pour les languettes du cadre , & les deux autres pour les joues du bâti. Cette maniere eft très-folide , fur-tout aux portes à double parement.

Ces cadres s'affemblent à tenons & mortaifes , que l'on fait doubles à ceux d'une épaiffeur confidérable , & pour plus de folidité on peut y mettre des clefs fur leur hauteur pour les tenir avec les bâtis.

On fait les portes à double parement de deux manieres.

La premiere eft de les faire auffi riches par derriere , ou du moins à peu de chofe près que par devant.

La feconde eft de faire affleurer ensemble par derriere toutes les parties qui les composent ; & de pouffer fur l'arrête de chacune d'elles, des moulures qui corrompent les joints, en obfervant toutefois de les faire entrer à plattes-bandes les unes dans les autres. (*Fig.* 11, 12, 13 *&* 14).

Les panneaux doivent avoir deux pouces d'épaiffeur pour le moins, quand les portes font unies par derriere, ou autrement dit arrazées ; ils doivent affleurer les bâtis ; quand elles font à double parement, on y fait des plates-bandes par derriere, & alors on n'eft plus gêné pour l'épaiffeur, laquelle néanmoins ne doit jamais être moindre que de deux pouces : ils entrent dans les cadres à languettes doubles ou fimples, lefquelles doivent avoir huit lignes de longueur au moins, fur une épaiffeur relative à celle des bâtis, ainfi qu'on peut le voir aux *Fig.* ci-deffus.

Ces panneaux fe joignent à plat-joint avec des clefs que l'on met au nombre de deux ou trois fur la hauteur, & entre lefquelles on met des languettes rapportées qui doivent être très-minces, ainfi que je l'ai dit en parlant des affemblages.

Le pourtour eft orné de plates-bandes que l'on fera plus ou moins larges à proportion de la largeur du cadre, c'eft-à-dire, depuis un pouce jufqu'à un pouce & demi, & d'une faillie proportionnée à la largeur.

Lorfque ces panneaux feront taillés d'ornement, on mettra des bois épais afin que ces ornements foient pris dans la maffe, évitant le plus qu'il fera poffible de les rapporter, à moins qu'ils ne foient d'une épaiffeur confidérable, alors on les colle & les arrête avec des vis.

On obfervera de mettre les planches qui compofent ces panneaux, les plus étroites qu'il fera poffible, afin qu'ils foient moins fujets à fe tourmenter & à fe fendre, étant, comme ils font, expofés au grand air.

Le bas des guichets eft ordinairement revêtu d'une table faillante nommée *parquet* ; ces parquets fe font de deux manieres.

La premiere eft de les faire de planches unies jointes enfemble à rainures & languettes, lefquelles font enfermées dans un bâti de trois à quatre pouces de largeur, lequel eft affemblé à bois de fil pour plus de propreté.

La feconde maniere eft de les faire d'affemblages, à panneaux arrazés ainfi que les parquets des appartements.

Cette derniere maniere eft la plus folide & la plus en ufage, étant moins fujette à faire de l'effet.

Les parquets d'affemblage fe font de deux manieres.

La premiere arrazée, & l'autre à panneaux faillants ou recouverts, ce qui eft la même chofe : cette derniere eft très-folide, mais n'eft bonne qu'aux portes d'une expreffion ferme & ruftique. On arrondit les arrêtes de ces panneaux, & quelquefois on y pouffe un rond entre deux quarrés.

Lorfque les portes font d'une expreffion extrêmement ruftique, on peut faire faillir ces panneaux en pointes de diamants. (*Fig.* 1, 2, 3 *&* 4).

PLANCHE
XXXIX.

PLANCHE
XL.

Les parquets arrazés d'affemblages, fe font de différents compartiments ; mais en général on doit plutôt avoir égard à la folidité qu'à la décoration dans le choix de ces compartiments, les formes quarrées étant les meilleures ainfi que les petits panneaux, lefquels font moins fujets à fe travailler que les grands ; ces différentes fortes de compartiments étant peu néceffaires, ne faifant ces parquets d'affemblages que pour les rendre plus folides, & de plus leurs compartiments étant en partie cachés par les bandes de fer que l'on y met pour les préferver du frottement des voitures, & par les couches de couleur dont les portes font imprimées. Si donc j'ai mis dans *cette Planche* quinze efpeces de compartiments de parquets, ce n'eft que pour faire connoître l'inutilité de leur richeffe, & pour ne les propofer que comme un exemple à éviter, de ces quinze efpeces n'y ayant que ceux marqués 5, 7, 12 & 13, que l'on puiffe raifonnablement employer.

La raifon qui a fait préférer les parquets aux cadres & aux panneaux dans le bas des guichets, c'eft que premierement ils annoncent plus de folidité, & qu'étant liffes ils font moins fujets à recevoir & à conferver l'eau, & par conféquent à fe pourrir ; de plus, la plus grande partie des portes n'ayant que neuf à dix pieds de largeur, elles font fujettes à être endommagées par les voitures, ce que l'on peut remarquer à la plûpart des portes qui ont des panneaux par le bas, auxquels on a été obligé de rapporter des planches contre-profilées dans les moulures, & que l'on a garnies de plaques de fer.

Les parquets doivent être d'égale épaiffeur au corps que fait le gros bâti fur le guichet ; pour leur largeur, ils doivent être égaux à celle du dehors des moulures du guichet, plus les deux faillies de la bafe que l'on met deffus.

Pour ce qui eft de leur hauteur, on ne peut pas leur donner moins de trois pieds aux plus petites portes, & quatre pieds aux plus grandes : en général la hauteur la plus commune eft de trois pieds & demi prife du nud du fol jufqu'au-deffus de la bafe ; cependant on doit faire régner (du moins le plus qu'il fera poffible) le deffus du parquet avec le deffus de retraite ou focle de la baye, ce qui feroit fort facile, fi ceux qui en ordonnent la décoration avoient égard à celle de la porte.

Les moulures qui font fur l'arrête des gros bâtis doivent auffi être terminées à cette hauteur, le bas du battant étant liffe ; lorfque ces moulures feront faillantes, elles fe termineront de même, & ce liftet joint à la largeur de la moulure, formera un avant-corps liffe, auquel affleurera la traverfe d'en-bas.

On obfervera de laiffer la même diftance entre le parquet & la traverfe du bas du bâti, que celle qui eft par les côtés, laquelle doit-être aux environs d'un pouce.

Les

Les parquets s'attachent ordinairement sur les guichets avec des vis, mais il feroit beaucoup mieux de les faire entrer en embreuvement dans les battants & les traverses des guichets, ainsi que je l'ai dit en parlant des tables saillantes.

On doit aussi avoir soin qu'ils soient d'une épaisseur égale, & que les panneaux affleurent les bâtis, afin qu'ils soient moins sujets à être enfoncés, & qu'ils portent également sur les morceaux de bois que l'on met entr'eux & les panneaux de derriere.

La coutume est d'orner le dessus des parquets d'une base dont le profil est ordinairement celui de la base attique; mais je crois que dans cette occasion la coutume a prévalu, parce qu'il n'est pas raisonnable de mettre indifféremment des bases du même profil à des portes d'une décoration rustique, solides ou délicates; il vaudroit beaucoup mieux mettre à chaque espece de porte des bases d'un profil relatif à chacune d'elles, & n'employer la base attique qu'aux portes d'une décoration riche & susceptible de tous les ornements qui conviennent à ces sortes d'ouvrages. (*Voyez les Fig.* 20, 21, 22, 23 & 24).

La hauteur des bases doit être le dixieme de celle du dessus du parquet au bas de la porte; quant à leur saillie, comme l'épaisseur du parquet sur lequel elles portent n'est pas suffisante, on les fera d'un profil méplat sur la face, ne leur donnant leur véritable saillie que sur leurs côtés, ainsi qu'il est indiqué dans les *Figures* ci-dessus.

Il ne faut cependant pas abuser de la permission de faire les bases plus saillantes sur les côtés que sur la face, comme on le voit en beaucoup d'endroits où cette saillie est outrée, d'où il s'est ensuivi que l'on a cru (du moins pour le plus grand nombre) que c'étoit pour plus de beauté que l'on faisoit les saillies des bases inégales, ce que pour lors on a fait à tout autre ouvrage, sans considérer ce qui étoit la vraie cause de cette inégalité. Voilà tout ce qu'il est possible de dire touchant la construction de ces sortes d'ouvrages.

Quant à leur décoration, elle doit toujours être grave, & on doit y éviter les petites parties tant dans les profils que dans les cintres, dont on ne doit faire usage que le moins qu'il sera possible: il n'y faut point non plus mettre d'oreilles ni autres petits cintres; si on met des cintres dans les portes, ce ne doit être qu'à leur baye, ou tout au plus dans la partie supérieure du guichet, encore ne doivent-ils être que plein-cintres, bombes, ou en anse de pannier, & non avec des oreilles, & comme on en voit quantité dont le mauvais goût n'a régné que trop long-temps; il ne faut pas non plus mettre des cintres aux traverses d'appui des guichets, qui dans tous les cas doivent être droites. Quant aux ornements de sculpture, ils doivent être en rapport avec l'ordonnance totale de la porte, & ne consister

MENUISIER.   K k

qu'en guirlandes de feuilles ou de fleurs, en des trophées & des bas-reliefs, ou en ornements courants tant fur les moulures que dans les frifes & les impoftes.

Ces ornements doivent être fermes & graves ; on doit y éviter les formes tourmentées & trop recherchées, ainfi que les trop petites parties , & les prendre toujours dans la maffe du bois, ainfi que je l'aï dit ci-deffus.

SECTION QUATRIEME.

Des Portes Charretieres & de Baffe-Cours.

LES portes dont nous allons parler, ne font pour l'ordinaire fufceptibles d'aucune décoration ; & s'il y en a quelques-unes, ce ne doit être que pour annoncer la folidité de leur conftruction, laquelle fe fait de trois manieres.

La premiere & la plus folide, eft de les affembler à panneaux recouverts en forme de compartiments de parquet.

Cette maniere de faire les portes eft très-folide, & étoit fort en ufage dans le dernier fiécle, & je ne fçai pour quelle raifon on les a abfolument abandonnées , la bonté de leur conftruction devant les faire préférer à toutes autres.

Elles font compofées comme les autres portes, de gros bâtis & de guichets, auxquels on met quelquefois des parquets faillants ; lorfqu'il n'y a point de parquets (ce qui eft moins bien), on fait defcendre le compartiment des panneaux faillants jufqu'en bas : on fait ces compartiments de panneaux de différentes formes ; il en eft de quarrés, d'oblongs, de chantournés pour les bouts, & en lozanges. (*Fig.* 1 , 2 & 3).

Celle *Fig.* 2 , eft la meilleure, parce que toutes les traverfes étant difpofées diagonalement, tendent à foutenir la retombée du bâti, & le rendent plus folide en l'empêchant de baiffer : les panneaux de ces portes font embreuvés dans les bâtis, faillent de huit à neuf lignes , & font arrondis fur l'arrête, ou font ornés d'un quart de rond : leurs derrieres portent des croifillons qui font affemblés dans les bâtis, & fur lefquels croifillons ils font attachés avec des clous dont la tête eft arrondie, & quelquefois même enrichie de quelque ornement, & eft faillante en parement, & dont la pointe qui eft fendue en deux fe reploye par derriere. (*Fig.* 6 , 7 & 9).

La feconde maniere de faire ces portes, eft de les faire comme les autres compofées de gros bâtis & de guichets, lefquels font remplis par des montants de trois à quatre pouces de large , & par des planches de fix à huit pouces auffi de largeur , lefquels font à joints recouverts fur ces montants : ces planches montent de toute la hauteur, ou bien font féparées par une traverfe, ce qui eft meilleur.

La troifieme & derniere maniere , eft de les faire de planches arrazées

dans les bâtis, fur l'arrête defquelles on pouffe une petite moulure pour corrompre le joint (fuppofé qu'il vienne à s'ouvrir). *Voyez les Fig.* 4, 5 *& 8.* P L A N C H E
Comme dans les deux dernieres efpeces de portes dont je viens de parler, XLI.
les planches n'affleurent pas les bâtis par derriere, on y affemble des traverfes ou barres difpofées diagonalement, lefquelles retiennent la retombée de
ces portes. (*Voyez les Fig.* ci-deffus).

S E C T I O N   C I N Q U I E M E.

Des Portes d'Eglifes & de Palais.

Ces fortes de portes ne font différentes des autres que par leurs décorations ; car pour leur conftruction c'eft la même chofe. Les Anciens les fai-
foient toutes de bronze, dans lefquelles ils imitoient les compartiments de
menuiferie (ainfi que celles du Panthéon & de Saint Jean de Latran, à Rome);
mais leur trop grande dépenfe jointe à leur extrême pefanteur, a fait qu'on
ne les fait plus que de bois, fur lequel on applique quelquefois des
ornements de bronze, ainfi qu'on l'a fait à la porte de l'Églife du Val-de-
Grace, à celle du Luxembourg, & ailleurs.

Ces efpeces de portes font fufceptibles de toute la décoration & la richeffe
poffibles (fur-tout celles des Églifes); il faut cependant prendre garde de
donner dans l'excès ; car ce que j'entends par toute la richeffe poffible, n'eft
qu'une richeffe relative au monument où elles font, & à l'Ordre dont ce
même monument eft décoré, & non pas de cette richeffe confufe que l'on
peut remarquer à la porte de l'Églife de Saint Louis, rue Saint-Antoine. Toute
cette richeffe ne doit donc confifter que dans l'ordre & la belle proportion
des parties qui compofent ces portes, & dans la beauté & le choix de leurs
profils & de leurs ornements.

On ne doit jamais mettre de parquet à ces portes, ce qui feroit contre
la vraifemblance, n'étant pas naturel qu'on en mette à des portes par lefquelles il ne paffe pas de voitures, les parquets n'étant faits que pour conferver le bas des portes, & non pour leur fervir d'ornement, ainfi que fe
le font perfuadés ceux qui en ont mis à ces portes, comme on peut le voir
à Saint Roch de Paris, & ailleurs.

Ce que je dis par rapport aux portes des Églifes, par lefquelles il ne
paffe pas de voitures, doit s'entendre auffi pour celles des Palais ; car, quoiqu'il en paffe par ces dernieres, elles font toujours, ou du moins doivent
être d'une largeur affez confidérable pour n'en point craindre le frottement.

On fera ouvrir ces portes de toute leur hauteur le plus qu'il fera poffible, ou du moins on doit le feindre : on tâchera auffi de n'y point mettre
d'impoftes, foit que la baye foit quarrée ou circulaire, cela leur donne plus

de majefté : on n'y mettra pas non plus de tables faillantes, & on fera les cadres du haut femblables à ceux du bas, tant pour la forme que pour les profils, lefquels ainfi que les champs, peuvent être taillés d'ornements courants, tels que les poftes, les guillochis, &c, ainfi qu'on peut le remarquer au Val-de-Grace à Paris, & ailleurs ; je crois néanmoins malgré cette autorité, que les champs liffes font toujours mieux.

Leurs panneaux doivent auffi être remplis d'ornements convenables au fujet, comme les trophées, les bas-reliefs & autres ornements relatifs à chacune des différentes efpeces de portes que l'on a à faire.

Lorfque le focle de l'Ordre qui renferme ces portes fera bas, c'eft-à-dire, qu'il n'aura pas plus de deux pieds de hauteur (ce qui arrive fouvent, fur-tout aux portes des Églifes), on fait alors régner avec ce même focle un panneau d'appui ou table faillante, qui fert de focle à la porte, & qui la garantit de tous les inconvénients qu'emmene après foi le paffage & la foule de ceux qui entrent & fortent par ces portes.

On n'y fera jamais de guichet, ou du moins fi on y en fait, ce doit être fans qu'il ait aucune forme apparente, ni qu'il foit compté pour rien dans la décoration totale de la porte ; mais on le fera ouvrir dans le compartiment des cadres, comme font ceux de la porte du Val-de-Grace de Paris.

Ces portes doivent toujours être à double parement, fur-tout celles des Églifes, lefquelles doivent être prefque auffi riches en dedans qu'en dehors, puifqu'elles font partie de la décoration intérieure de ces dernieres.

CHAPITRE DIXIEME.

DES MOYENNES PORTES EN GENERAL.

Des Portes Bourgeoifes ou Bâtardes.

On nomme *Portes-bourgeoifes*, celles qui n'ont qu'un vantail, & qui n'ont de largeur que depuis quatre pieds jufqu'à fix au plus : elles font femblables aux guichets des portes-cocheres, tant pour la groffeur des bois que pour leurs formes & dimenfions.

Lorfqu'elles ont au-deffus de cinq pieds de largeur, on y fait un bâti, lequel faille d'environ deux pouces au pourtour de la baye, plus une moulure qui eft fur l'arrête, laquelle doit être la même qu'aux portes-cocheres, à l'exception qu'il n'y a point de traverfes au bas de ce bâti.

Pour avoir la groffeur des bois de ces portes, on fe fervira de la méthode que j'ai donnée pour les portes-cocheres : ainfi aux portes de quatre pieds de large, on lui donnera la même groffeur qu'à celles de douze pieds

de

de hauteur, à celles de cinq pieds comme à celles de quinze, & à celles de six
pieds de large comme à celles de dix-huit pieds de hauteur. (*Voyez* l'article des portes-cocheres).

Quand ces portes n'auront pas de bâtis, on tiendra leurs battants de deux
à trois pouces au moins plus larges d'après le champ, afin que cette largeur
serve de battement.

Comme quelquefois les allées que ces portes ferment, ne sont pas fort
éclairées, on est obligé de tirer du jour par le haut de la porte, ce qui se
fait de deux manieres.

La premiere est de pratiquer dans le haut du panneau une ouverture d'une
forme ronde ou ovale, que l'on orne d'une moulure ou d'ornements au pourtour, & dont on remplit le milieu par un panneau de serrurerie.

La seconde maniere est de mettre des impostes à ces portes aux trois quarts
de la hauteur de la baye, au-dessus de laquelle on fait un panneau percé à
jour, comme je viens de le dire ci-dessus, dont les champs & les moulures
tombent à-plomb de celles de la porte.

Cette seconde maniere est la meilleure; mais on ne doit l'employer que
quand les bayes seront d'une forme élégante; car si elles étoient basses comparaison faite avec leur largeur, elle rendroit la porte écrasée & d'une mau-
vaise forme.

Quoiqu'il ne passe pas de voitures par ces sortes de portes, on ne doit
pas cependant se dispenser d'y mettre des parquets, parce qu'ils annoncent
plus de solidité, & qu'ils regnent mieux avec les retraites des façades dans
lesquelles ils sont. (*Fig.* 1, 2, 3, 4, 5 & 6).

PLANCHE
XLII.

SECTION PREMIERE.

Des Portes en Placard.

Suite des Moyennes Portes.

ON nomme *Portes en placard*, celles qui servent d'entrée aux appartements, & dont les bayes sont revêtues de menuiserie, telles que sont les
chambranles, les attiques ou dessus de portes, & les embrasements, ainsi qu'on
peut le voir dans la *Planche XLIII*, où est dessinée une porte à placard avec
son plan & sa coupe, sur laquelle planche sont écrits les noms des parties qui
composent un placard.

Les chambranles de ces portes ont différentes formes & profils, selon les
diverses ouvertures des portes; & comme dans l'enfilade d'un appartement,
où il y a quelquefois cinq à six pieces de plein-pied, il est nécessaire que
toutes leurs ouvertures s'alignent du milieu de chaque ouverture *, & soient

PLANCHE
XLIII.

---

* On doit observer qu'il n'est pas possible que tous les chambranles s'alignent ensemble, ce qui ne peut être que d'un côté, tous les chambranles d'une enfilade ne pouvant pas être tous

PLANCHE
XLIII.

égales en largeur & en hauteur, du moins dans l'intérieur de chaque piece, afin que les pilaftres qui revêtent les dofferets des portes, foient égaux en largeur, & les deffus de portes égaux en hauteur & en largeur.

Il eft donc néceffaire de fe rendre compte (lors même de la diftribution d'un bâtiment) de toutes les différentes ouvertures des portes, afin de prévenir toutes les difficultés qui pourroient fe rencontrer quand on vient à fa décoration intérieure *.

PLANCHE
XLIV.

Pour parvenir à la parfaite intelligence de ce que je vais dire touchant les ouvertures des portes, j'ai fuppofé un plan, lequel contient cinq pieces d'enfilade, ce qui donne à peu-près toutes les différentes ouvertures poffibles. *Voyez la Planche XLIV*, dans laquelle eft ce plan, & le détail des ouvertures dont je vais donner l'explication, en fuppofant toujours l'alignement du milieu des portes, comme je l'ai dit ci-deffus, ainfi que font ceux *II, LL.*

La piece cotée *A* eft une anti-chambre, dont la porte eft ferrée fur le chambranle intérieur, n°. 1, les embrazements devant être apparents du côté de l'efcalier, à moins que ce ne foit dans le cas d'une maifon bourgeoife, où la premiere piece d'un appartement n'eft que d'une grandeur médiocre ; alors on ferre la porte fur le derriere du chambranle extérieur n°. 2, & elle ouvre dans les embrazements comme dans la piece *B*, *Fig.* 2.

Dans le premier cas dont je viens de parler, elles doivent toujours ouvrir en dedans : la maniere la plus ordinaire de faire ces ouvertures, eft de faire une feuillure à la porte ainfi qu'au chambranle, de quatre à cinq lignes de profondeur, fur cinq à fix lignes de largeur, lefquelles font enfemble neuf à onze lignes de recouvrement fur le chambranle. (*Fig.* 1).

La porte vis-à-vis de celle dont je viens de parler n°. 2, eft ferrée fur le derriere du chambranle, ainfi que la *Fig.* 2, & ouvre dans les embrazements afin d'être égale à la premiere en grandeur, & paroître en même temps en dedans de l'anti-chambre *A*, à l'exception du corps que fait le chambranle fur celle-ci, ce qui n'eft pas de même à la premiere, où la porte fait corps fur le chambranle. Pour remédier à cet inconvénient, on pourroit faire ouvrir la premiere porte comme la *Fig.* 3 ou 4, & la feconde comme la *Fig.* 5, & alors les deux corps de chambranles deviendroient égaux.

égaux de largeur de baye ; de plus cette maniere d'aligner les chambranles d'un feul côté, quoique fuivie en plufieurs endroits, entraîne après elle des difficultés qui doivent la faire rejetter abfolument.

* Je ne fçaurois trop infifter ici fur la néceffité de faire marcher enfemble la décoration & la diftribution intérieure & extérieure d'un bâtimen, afin de donner à l'un & à l'autre cet efprit de convenance & de proportion qui leur eft fi néceffaire à tous les deux, l'expérience ne faifant que trop connoître, que dans les bâtiments où l'Archi-

tecte (ou l'Ordonnateur) a négligé de prendre ce foin, il fe fait une multitude de fautes prefque irréparables, ou qui fuppofé qu'elles puiffent fe réparer, coûtent toujours beaucoup, & fouvent alterent la folidité de la conftruction ; c'eft pourquoi j'efpere que l'on me pardonnera fi je me répete quelquefois à ce fujet, parce que ces obfervations font fi effentielles, que je crains de ne le jamais dire affez, pour que mes Lecteurs foient auffi convaincus de cette vérité comme je le fuis moi-même.

La largeur du chambranle de la seconde porte étant bornée par celle de la première, on fait le double chambranle du côté de la piece *B*, n°. 6, de deux pouces plus large de chaque côté, pour que les portes ouvrent quarrément, & d'un pouce plus haut pour qu'elles puissent se dégonder, & cela dans le cas qu'elles ouvrent à recouvrement comme la *Fig.* 2 ; mais lorsqu'elles ouvrent à noix ou à feuillure à vif, comme les *Fig.* 3 & 5, un demi pouce de rentrée au double chambranle est suffisant, ainsi que pour la hauteur, à laquelle un quart de pouce de jeu suffit pris d'après la hauteur de la feuillure, ce qui fait neuf lignes que le double chambranle doit avoir de plus haut que l'autre, attendu que les portes qui ouvrent de cette façon sont ferrées avec des fiches à nœuds.

La piece cottée *B*, est une seconde anti-chambre ou salle à manger, au dedans de laquelle les embrazements des portes sont apparents, afin de lui donner plus de grandeur, du moins en apparence, & que les portes ne nuisent point au dedans de la piece.

La piece suivante cottée *C H*, est un grand cabinet, ou bien une salle d'assemblée : dans le premier cas, on fait rentrer le chambranle qui porte la porte n°. 4 *C*, de deux pouces de chaque côté, afin de ne pas aggrandir trop les ouvertures, & de les rendre à peu-près égales entr'elles ; mais dans le second cas, on tient le chambranle n°. 4 *H* sur lequel la porte est ferrée, d'une ouverture égale à celui qui est dans la piece *B*, ce qui fait que l'ouverture du côté *H* devient plus large que du côté *C*, afin qu'elle réponde à la grandeur de la piece, sans pour cela rien changer à l'ouverture qui est la même du côté *C* comme du côté *H*.

La piece cottée *D*, est une chambre à coucher, dans laquelle les embrazements sont apparents, & dont les chambranles intérieurs n°. 6, sont plus larges que ceux de la piece *C*, afin que leur largeur réponde à celle d'une chambre à coucher, qui doit naturellement être plus grande qu'un cabinet de quelque espece qu'il soit.

Du côté *G* les chambranles sont plus larges d'ouverture (quoique disposés de la même maniere que les autres), parce que j'ai supposé que cette piece au lieu d'être une chambre à coucher, pourroit être un sallon, comme dans le cas d'un grand appartement ; c'est par cette raison que j'ai aggrandi l'ouverture du chambranle qui porte la porte dans la piece cottée *C* du côté *H* n°. 4, afin que les ouvertures des portes puissent être en rapport avec les différentes grandeurs des pieces qui composent un appartement.

D'après l'augmentation que j'ai faite à la largeur du chambranle dans la piece *C* du côté *H* n°. 4, il se trouve que celui qui lui est opposé n°. 5, étant disposé à porter la porte, laquelle ouvre dans les embrazements, donne à son double chambranle qui est du côté du salon *G* n°. 6, huit pouces de plus large qu'à celui de l'anti-chambre *A*, n°. 1.

Pour ce qui eſt des pieces ſuivantes cotées *E F*, on pourra aggrandir ou re-fermer l'ouverture de leurs chambranles ſelon que le cas l'exigera, en ſuivant la même méthode que pour les autres.

Quant aux ouvertures des portes ſur les chambranles, on les fera à recou-vrement, à noix ou à feuillure à vif, ſelon que le cas l'exigera, ainſi qu'on peut le voir dans cette Planche, où ces différentes ouvertures ſont marquées à part & cotées des mêmes chiffres que ſur le plan des ouvertures d'enfilade, qui eſt ſur la même planche, afin que l'on voye d'un coup d'œil où l'on doit employer ces différentes ouvertures, ſoit que les portes ouvrent en de-dans ou en dehors des appartements, ou dans leurs embrazements.

On doit auſſi obſerver que l'on doit toujours pouſſer devant ſoi le vantail à droite d'une porte, lorſque l'on entre dans un appartement, ſoit que l'on entre dans ce même appartement à droite ou à gauche, ce qui arrive quel-quefois ſelon que l'eſcalier eſt diſpoſé.

Lorſque des pieces d'une grandeur extraordinaire, comme des ſallons à l'I-talienne & autres, ſe trouvent dans l'enfilade d'un appartement, & que par conſéquent ces pieces exigent de plus grandes ouvertures, on peut alors, ſans faire les portes plus grandes dans les autres pieces (ce qui ſeroit ridicule & même impoſſible, vû le trop de différence de hauteur des planchers); on peut, dis-je, faire du côté des grands appartements, des arcades ou au-tres ouvertures de quelque forme que ce ſoit, leſquelles ſont en rapport avec la grandeur de la piece, dans leſquelles arcades on enfermera des chambranles d'une ouverture relative à toutes celles de l'enfilade. *Voyez les Fig.* 1, 2, 3, 4, 5, 6, 7, 8, 9, 10 & 11, où cette maniere d'aggrandir les ouvertures des portes, du moins en apparence, eſt traitée de différentes manieres, avec les plans & coupes de chacune d'elles.

Lorſque l'on fera de ces arcades, on aura ſoin qu'elles ſoient ſymmétriques avec celles des croiſées, & on fera leurs embrazements ſemblables à ceux de ces dernieres, du moins le plus qu'il ſera poſſible ; c'eſt pourquoi les em-brazements d'une forme quarrée par leur plan ſont préférables à ceux en tour creuſe, que l'on ne doit employer que quand les embrazements n'auront pas aſſez de largeur ni de profondeur pour faire deux pilaſtres en retour.

Lorſque les portes d'un appartement ſont égales en largeur à toutes celles de l'enfilade, & que l'on veut ſeulement qu'elles ſoient d'une forme plus élégante, on les fait alors ouvrir quarrément au nud du cintre des cham-branles, & pour plus de ſymmétrie, on feint qu'elles ouvrent de toute la hau-teur ; quant à leur ouverture, elle ſe fait ſous le liſtet ou dans le derriere de la moulure. (*Fig.* 12, 13 & 14).

Il eſt encore une maniere de donner plus d'élégance aux portes, du moins en apparence, qui eſt de faire monter de fond le dernier membre du chambranle, lequel enferme le deſſus de porte, & de ne faire régner

autour

autour de la porte que le membre du dedans, ou bien de faire monter le chambranle de toute la hauteur, lequel renfermera le deſſus de porte, qui ſera ſéparé de la porte par une impoſte méplatte, laquelle lui ſervira de battement. *Voyez les Fig.* 15, 16 & 17.

Ces deux dernieres manieres ne ſont bonnes que dans des appartements d'une moyenne grandeur; mais dans les grands appartements, on ne doit pas s'en ſervir, celles dont j'ai parlé ci-devant étant meilleures.

Comme il arrive que dans l'enfilade d'un appartement (du moins à ſon extrêmité) il ſe trouve de petits appartements, leſquels ne peuvent pas contenir des portes d'une grandeur égale à celle des autres pieces, on eſt obligé de faire la porte qui donne dans ces petits appartements, d'une grandeur qui leur ſoit relative, quoiqu'en apparence elles ſoient toujours du côté des grands appartements d'une grandeur égale aux autres.

On peut remédier à l'inconvénient que cauſent les différentes grandeurs des pieces, & par conſéquent des portes des petits & des grands appartements, en ne faiſant ouvrir qu'un vantail du placard de toute ſa hauteur, lorſqu'il n'y aura pas plus de huit pieds de haut, & on laiſſera l'autre dormant; toute la difficulté qu'il pourroit y avoir, c'eſt qu'en laiſſant l'ouverture de la largeur d'un vantail, elle pourroit devenir trop élégante. Pour empêcher ce défaut, on fait le double chambranle du côté du petit appartement, d'une largeur proportionnée à ſa hauteur, & on rachette ce que ce chambranle a de plus de largeur que le vantail de la porte, par des pilaſtres quarrés ou creux, ſelon qu'il eſt néceſſaire. (*Fig.* 18, *cotée* a b). *

Lorſque les vantails des grandes portes deviennent trop hauts, on les coupe à la hauteur de la baye des petites pieces, & on rapporte une fauſſe traverſe par derriere : cette maniere eſt vicieuſe, tant en ce qu'elle eſt peu ſolide, qu'en ce que le jour étant apparent, fait un mauvais effet, à moins qu'il ne ſe trouve au derriere d'une moulure, comme les *Fig.* 12 & 13.

Quand on ne veut pas couper le vantail, on le fait ouvrir de toute la hauteur, & on y rapporte par derriere une traverſe flottée, laquelle, lorſque la porte eſt fermée, forme un petit placard du côté de la petite piece.

Cette derniere maniere eſt la moins heureuſe, tant à cauſe de la difformité de la hauteur du vantail (comparaiſon faite avec la petiteſſe de la baye), qu'en ce que l'on eſt obligé de tirer la porte à ſoi pour l'ouvrir, au lieu de la pouſſer, ce qui eſt la meilleure maniere.

C'eſt la difficulté de ces différentes ouvertures, qui doit engager ceux qui préſident à la diſtribution d'un bâtiment, à ne jamais placer (du moins

---

* J'ai fait toutes les ouvertures de ces portes en dedans, parce que comme les petites pieces ſe trouvent toujours au bout d'un appartement, il eſt naturel de les pouſſer devant ſoi, quoique quelquefois on ſoit obligé de les faire autrement.

autant qu'il se pourra) des petites pieces dans l'enfilade d'un appartement, & en même temps les engager à entrer dans des détails auxquels on ne pense presque jamais que lors de l'exécution, temps auquel il est presque impossible de réparer les fautes que l'on a faites, sans qu'il en coûte beaucoup au propriétaire, & sans pour cela rendre l'ouvrage plus parfait.

C'est d'après la connoissance de toutes ces différentes ouvertures, ainsi que du rang que tient la piece dans un appartement, que l'on doit déterminer la forme & la largeur des chambranles, ainsi que celles des portes, tant pour ce qui est des profils que pour leurs compartiments & leurs différents contours, (comparaison faite avec la largeur de la baye).

Section Seconde.

Des différentes manieres de déterminer la forme & la langueur des Chambranles.

Il est plusieurs manieres de déterminer la forme & la largeur des chambranles ; premiérement lorsque l'on décore des vestibules ou des premieres anti-chambres, qui pour l'ordinaire, quoique revêtues de bois, sont imprimées en couleur de pierre ou de marbre, on donnera de largeur aux chambranles le septieme de leurs ouvertures. Si ces vestibules sont décorés d'Ordres d'Architecture, ou seulement de quelques membres relatifs à un Ordre, le profil des chambranles sera le même que celui de l'Architecture de l'Ordre : ce sera la même chose pour leur hauteur, qui sera plus ou moins élégante, selon que l'Ordre sera solide, moyen, ou délicat.

Si les profils de ces chambranles sont des profils usités dans la menuiserie, comme les boudins, les gorges, &c, on aura soin qu'ils soient simples & peu ressentis, afin qu'ils imitent mieux la pierre ou le marbre.

Lorsque l'on décorera les autres pieces des appartements, comme les salles à manger, salles de compagnie, chambres à coucher, &c, on donnera de largeur aux chambranles le huitieme de leurs ouvertures, ou le dixieme au moins, & on y employera des profils qui seront d'une richesse proportionnée à celle de la piece.

Quand les sallons seront décorés d'Ordres, on donnera aux chambranles de leurs portes, la même proportion & les mêmes profils qu'à ceux des vestibules, c'est-à-dire, l'architrave de l'Ordre, à l'exception que ceux des sallons doivent être faits d'une maniere plus délicate, & que l'on peut tailler leurs principales moulures d'ornements.

Quand ces pieces ne seront pas décorées d'Ordres, on pourra donner aux chambranles des profils d'une forme moins grave, & par conséquent moins de largeur. *Voyez la Planche XLVI,* où sont dessinées dix especes de profils de chambranles, depuis la forme la plus simple jusqu'à la plus riche. On observera que la principale moulure de la Figure dixieme, est une olive, laquelle est destinée à être laissée d'ornement ; car hors ce cas, il ne faut jamais employer ce profil. Comme il est presque impossible de déterminer d'une maniere juste & précise la forme des profils des chambranles, relativement aux différentes occasions , il suffit de savoir qu'il est nécessaire qu'il y ait une progression de richesse depuis le vestibule ou l'anti-chambre, jusqu'à la derniere piece d'un appartement ; que cette différence ou gradation de richesse doit être peu sensible , c'est-à-dire, qu'il ne faut pas passer tout de suite du simple au riche , ce qui seroit un défaut encore plus à craindre que la monotonie qui se rencontre dans la plûpart de nos bâtiments, où tous les placards sont d'une même forme , & semblent, pour ainsi dire , avoir été faits dans un moule. (*Voy. les Fig.* 1 , 2 , 3 , 4 , 5 , 6 , 7 , 8 , 9 & 10.)

Il est donc de la sagesse de ceux qui président à la décoration d'un bâtiment , de faire un choix de profils, tant pour les portes que pour les chambranles, qui soient analogues à la décoration de la piece dans laquelle ils sont, & que le plus ou le moins de richesse qu'on leur donnera , soit parfaitement en rapport avec ceux qui les précédent & ceux qui les suivent.

Quant au relief des chambranles , ce sera le sixieme de leur largeur, ou le cinquieme tout au plus , ce qui sera suffisant, la trop grande saillie devenant trop lourde , & faisant mal dans les décorations.

Cette saillie se prend du nud des lambris , sur lesquels les chambranles font avant-corps , & on fera ensorte que le devant du profil ne soit pas plus bas que le même nud, du moins le plus qu'il sera possible , sur-tout dans le cas où ce profil est celui d'un Ordre d'Architecture.

Quand les chambranles sont quarrés ou d'une forme bombée par le haut, ils s'assemblent d'onglet à tenons & mortaises, lesquels se font dans les traverses ou emboîtures , afin que le bout des tenons ne paroisse pas par le côté : on y fait ordinairement un enfourchement ou tenon double , afin de les rendre plus solides.

Pour leurs épaisseurs , on leur donnera premiérement, la saillie ou le relief nécessaire , plus quinze à dix-huit lignes pour recevoir les lambris, lesquels entrent dans les chambranles à rainures & languettes ; le bas des chambranles est terminé par une plinthe ou socle , qui saille de quatre à cinq lignes sur la face & par le côté du battant , & qui doit avoir de hauteur la largeur du champ de la porte *.

---

* La coutume est de terminer la hauteur des plinthes des chambranles de cette maniere ; mais elle souffre quelque difficulté que je ne puis lever ici : je traiterai de cela à fond en parlant des lambris d'appuis, dans la seconde Partie de cet Ouvrage.

SECTION TROISIEME.

Maniere de revêtir les embrasements des Portes.

LES bayes des placards sont revêtues tant par les côtés que par le haut, de menuiserie que l'on nomme *embrasements*, lesquels sont d'assemblage à grands ou à petits cadres, ou enfin simples, selon la richesse des portes, ou bien lorsqu'ils ne sont pas assez larges pour être d'assemblage, on les fait d'une seule piece sur la largeur, laquelle est ravalée ou lisse : ces embrasements entrent des deux côtés à rainures & languettes dans les chambranles.

La maniere la plus usitée est de leur faire des arrieres-corps de trois ou quatre lignes, d'après les chambranles, & de laisser l'arrête intérieure du chambranle à vif.

Quelquefois on orne cette arrête d'une moulure, telle qu'un bouvement ou une baguette ; mais cette derniere maniere est moins bonne que la premiere, & ne peut bien faire que dans le cas des embrasements unis, où cette moulure semble servir de cadre.

Lorsque les embrasements sont d'une moyenne largeur, on les fait affleurer aux chambranles, afin que l'épaisseur de ces derniers fasse partie du champ. (*Fig.* 11, 12, 13, 14 & 15).

Pour la décoration des embrasements, elle doit être en rapport avec celle des portes, avec lesquelles on aura soin que leurs champs regnent ; excepté que quand les portes ouvrent dans les embrasements, les champs du haut ne régnent pas, parce qu'ils deviendroient trop larges.

Pour le bas on n'y met pas de plinthes, à moins que le champ de la porte ne soit extrêmement large, c'est-à-dire, qu'il ait cinq à six pouces ; alors il n'y a point de difficulté d'y mettre une plinthe de trois pouces de haut.

Quant aux plafonds, les champs doivent tomber à-plomb de ceux des côtés, & par les bouts être égaux à ceux du haut ; pour plus de solidité, on met au milieu des plafonds un montant, lequel représente les deux battants des portes, sans pour cela avoir la même largeur. Lorsque les embrasements sont étroits, ce montant fait assez bien ; mais lorsqu'ils sont larges, ils rendent les deux panneaux trop courts ; alors on fait bien de les supprimer, du moins en apparence, en ne faisant qu'un seul panneau, & rapportant par derriere un faux montant qui retient l'écart des deux battants.

Pour l'ordinaire, les plafonds portent à nud sur les côtés des embrasements ; mais je crois que malgré l'usage, on feroit mieux de les faire en-

trer

trer à rainures & languettes, ce qui feroit plus folide, & on feroit la
rainure dans le plafond, afin qu'il eût toujours fa portée ordinaire, ce qui
ne pourroit pas être fi les rainures étoient dans les côtés, ce qui cependant
rendroit le joint moins vifible. (*Fig.* 16, 19 & 20).

La largeur des champs des embrafements, doit être de deux à trois pouces felon la largeur des portes; pour leurs profils & ornements, on fera la
même chofe qu'aux volets, à l'exception que l'on n'y employe pas de cintres,
du moins pour l'ordinaire.

La proportion de l'ouverture des portes doit être de deux fois leur largeur entre les deux chambranles, & de deux fois & demie au plus;
encore ne leur donne-t-on cette proportion que quand elles font cintrées,
parce que fi elles étoient quarrées, les vantaux deviendroient trop élégants,
ce qui ne pourroit être tolérable qu'aux portes des Temples & des Palais,
lefquelles étant plus larges, quoiqu'en même proportion, peuvent fouffrir
différents compartiments fur leur hauteur, qui ne conviendroient pas aux portes
d'appartements.

Les vantaux des portes font compofés chacun de deux battants & de traverfes droites ou chantournées, de cadres fi elles en ont, de frifes & de
panneaux.

Il eft de différentes efpeces de portes en placard, tant pour la forme
que pour la décoration, que je réduirai à trois principales, favoir:

Premierement, celles qui font à petits cadres.

Secondement, celles qui font à grands cadres embreuvés ou ravalés.

Troifiémement, enfin celles qui font fufceptibles de contours & de formes variées, & dont une face eft différente de l'autre.

SECTION QUATRIEME.

Des Placards à petits Cadres.

CES différentes efpeces de portes demandent un détail particulier, tant
pour leurs formes & profils, que pour leurs différents affemblages & leurs
différentes largeurs & épaiffeurs de bois, comparaifon faite avec leurs grandeurs, & je commencerai par celles à petits cadres comme les plus fimples.

Pour ce qui eft de la largeur des champs, ce fera la même chofe pour
les trois efpeces de portes tant qu'elles feront de même hauteur: on donnera deux pouces trois lignes de champ à celles qui auront depuis fept
pieds jufqu'à neuf pieds de haut, deux pouces & demi à celles de neuf
pieds jufqu'à douze, & deux pouces neuf lignes & même trois pouces à
celles qui auront depuis douze jufqu'à quinze pieds de hauteur.

Les battants du milieu auront de largeur de plus que le champ & la
moulure ou l'embreuvement (fi elles font à petits ou à grands cadres),

plus la moitié de leur épaiſſeur pour y faire d'un côté une feuillure, & de l'autre côté une baguette.

Les battants de rives doivent avoir de largeur, premiérement, celle du champ & de l'embreuvement ou de la moulure, plus celle dès deux feuillures ou du rond entre deux quarrés, que l'on pouſſe ſur l'arrête des portes, leſquelles feuillures auront les deux enſemble, depuis ſix lignes juſqu'à neuf lignes, ſelon la grandeur des portes ; à celles qui ouvriront à noix ou à feuillures ; les battants de rives n'auront que cinq à ſix lignes de plus large que les champs, ce qui eſt néceſſaire pour la longueur de la noix, ou la portée de la feuillure.

L'épaiſſeur des bois doit auſſi être en rapport avec leur hauteur ; c'eſt pourquoi aux portes de ſept à neuf pieds, ils auront ſeize lignes d'épaiſſeur ; à celles de neuf à douze pieds, ils auront dix-huit lignes ; & à celles de douze à quinze pieds, ils en auront vingt.

Les traverſes du haut des portes doivent être d'une largeur égale à celle des battants de rives ; quelquefois pour plus de propreté on les aſſemble d'onglet dans les battants ; mais cela eſt moins ſolide que les aſſemblages quarrés. Celles du milieu doivent avoir depuis deux pouces neuf lignes juſqu'à trois pouces & demi de champ, afin de pouvoir placer la ſerrure ſans qu'elle anticipe ſur les moulures.

Les traverſes du bas doivent avoir de largeur de champ, la hauteur du plinthe des chambranles, plus la largeur de la moulure ou des embreuvements, comme à celles ci-deſſus.

Quant aux compartiments des panneaux & des friſes des portes, la meilleure maniere & la plus uſitée, eſt de placer le milieu du champ de la traverſe de deſſus la friſe au milieu de la porte, & par conſéquent la friſe en contre-bas.

Il eſt encore une autre maniere, qui eſt de faire régner le deſſous de la moulure de la friſe avec le deſſous de celle du lambris ; quand les appartements ſont d'une moyenne hauteur, & lorſqu'ils ſont grands, on fait régner le panneau d'appui des portes avec ceux des lambris d'appui ; mais quelque choſe qu'il arrive, on ne doit guere s'écarter de la proportion que j'ai donnée ci-deſſus. *Voy. les Fig.* 17 & 18, où les parties cottées *a*, *c*, repréſentent les lambris, & celles *b*, *d*, les portes. Les friſes auront de largeur d'arraſement, c'eſt-à-dire, entre les deux moulures, ſept pouces aux portes de la premiere eſpece de grandeur ; huit pouces aux ſecondes, & neuf ou même dix pouces à la troiſieme eſpece. Lorſque l'appui des portes eſt borné, & que l'on craint que les panneaux ne deviennent trop élégants, on y met une friſe par le haut d'une largeur égale à celle du milieu ; mais quand il n'y aura qu'une friſe ſur la hauteur d'une porte, on la mettra toujours au-deſſus de l'appui. & non en haut, malgré les exemples que l'on en a. La làrgeur des profils des frifes, doit être les deux tiers de ceux des panneaux, auxquels pour l'ordinaire on affecte de les faire diffemblables, c'eft-à-dire, d'un profil différent.

Les profils à petits cadres font, comme je l'ai déja dit, ceux qui font pris dans le même bois que le champ, auquel ils affleurent : ils ont pour l'ordinaire depuis quinze jufqu'à vingt lignes, & même deux pouces de largeur, & font compofés d'une gorge à un ou deux quarrés & d'un boudin, ou d'une doucine à baguette, toute autre efpece de profil n'étant pas ufitée dans ces fortes de portes. (*Fig.* 1 & 2).

Il eft encore une autre efpece de portes à petits cadres, dont les profils font plus riches que les précédents, fans l'être autant que ceux à grands cadres : ces profils ne peuvent pas avoir moins que vingt lignes de largeur, & demandent des bois un peu plus épais que les autres. (*Fig.* 3 & 4).

Ces portes s'affemblent à tenons & à mortaifes, dont l'épaiffeur doit être le tiers de celle du battant, à condition toutefois qu'il refte entre le fond de la gorge & l'affemblage, une joue d'environ deux lignes.

On doit faire paffer l'affemblage au travers des battants, afin de les rendre plus folides (du moins aux traverfes du haut & du bas), & on doit avoir foin de n'épauler les tenons du côté de la moulure que de la moitié de la profondeur de la rainure, afin que fi les traverfes & les panneaux venoient à fe retirer, ce qui refte de bois d'après la rainure cache le joint. *Voyez* les Figures précédentes, où font marqués les affemblages & les rainures ; & la *Figure* 9, laquelle repréfente le bout d'une traverfe, dont le tenon n'eft épaulé que jufqu'à la moitié de la profondeur de la rainure.

Les panneaux de ces portes doivent avoir depuis neuf lignes jufqu'à un pouce d'épaiffeur, à raifon de celle des bâtis, & être compofés de planches les plus étroites poffibles, pour qu'ils foient moins fujets à fe tourmenter. On obfervera auffi que ces planches foient d'une largeur égale chacune à elle-même, c'eft-à-dire, d'un bout à l'autre : on les joint à rainures & languettes, lefquelles feront placées au milieu de leurs épaiffeurs : on aura foin que les languettes portent bien au fond des rainures, afin que quand les plattes-bandes font faites, on ne voye pas le jour au travers des joints.

Les rainures des bâtis dans lefquels entrent les panneaux, doivent avoir fix lignes de profondeur au moins, fur trois ou quatre lignes d'épaiffeur, & les plattes-bandes des panneaux doivent avoir au moins huit lignes de largeur d'après les languettes, & il feroit à fouhaiter qu'elles fuffent plus ou moins larges à proportion de la largeur de la moulure ; mais la largeur que j'ai donnée ci-deffus eft celle qui eft la plus généralement fuivie, & il n'y a que quand les profils deviennent d'une largeur extraordinaire, comme dans le cas d'une porte-cochere, que l'on fait les plattes-bandes plus larges ; cependant dans des ouvrages de conféquence il eft bon qu'elles foient en rapport avec la largeur des profils, malgré l'autorité de l'ufage.

Section Cinquieme.

Des Placards à grands Cadres.

Les portes à grands cadres ne different de celles dont nous venons de parler, que par la richeffe & la forme de leurs profils; car pour leur épaiffeur & la largeur des champs, c'eft la même chofe qu'aux autres, eu égard à leurs différentes hauteurs.

Les grands cadres font ceux qui font ravalés dans l'épaiffeur des bâtis, ou embreuvés dans ces mêmes bâtis.

Les cadres embreuvés s'affemblent de deux manieres; la premiere eft de les couper d'onglet tout fimplement, & de retenir le joint par une efpece de petite clef nommée *pigeon*. (*Fig.* 10 & 11).

La feconde & la meilleure, eft de les faire d'affemblages, qui fe font à tenons & mortaifes, ou en enfourchement de toute la largeur du cadre, lefquels font préférables aux tenons épaulés, parce qu'ils maintiennent le cadre dans toute fa largeur.

On n'épaule point les devants des tenons des cadres; mais on remplit la rainure avant de faire le tenon à la diftance de fix lignes de l'arrazement, afin de le conferver de toute fa largeur. (*Fig.* 12).

Pour les profils de ces portes, les plus ufités font les boudins & les doucines à baguettes, les gorges droites ou fouillées, les talons, les liftets & les congés. *Voyez les Fig.* 5, 6, 7 & 8, lefquelles repréfentent quatre efpeces de profils à grands cadres avec leurs frifes, deux defquels profils font à recouvrements des deux côtés, un à recouvrement d'un côté & plattesbandes de l'autre, & le quatrieme à plattes-bandes des deux côtés, ce qui renferme toutes les efpeces de profils à grands cadres poffibles, du moins pour la forme générale; car pour l'affemblage des moulures, ils peuvent être variés à l'infini.

Les profils à plattes-bandes s'employent dans les portes, non-feulement pour leur richeffe, mais auffi pour répondre à l'épaiffeur des bois; car dans le cas où les bois des bâtis feroient d'une forte épaiffeur, on ne pourroit pas y employer des profils à recouvrements; parce qu'ils auroient trop de relief, comparaifon faite avec leur largeur; c'eft pourquoi on eft obligé de fe fervir des profils à platte-bandes d'un feul côté, ou même des deux côtés, ainfi qu'on peut le voir dans les *Fig.* ci-deffus.

La largeur de ces profils doit être depuis deux pouces jufqu'à trois, & même quatre pouces, felon les différentes grandeurs des portes; quant à celle des frifes, ce doit être, comme aux portes à petitscadres, les deux tiers de la largeur des cadres tout au plus.

Les

Les embreuvements ou rainures qui reçoivent les cadres, doivent être peu profonds, afin de moins affoiblir les joues de ces derniers; c'est pourquoi on ne leur donnera que trois à quatre lignes de profondeur, & d'épaisseur les deux septiemes de celle du bâti. Pour les cadres qui sont à plattes-bandes, comme il peut arriver que la moulure du derriere ait plus de largeur que la profondeur de l'embreuvement, on ravale alors le battant du côté de l'embreuvement de ce que la moulure a de plus large, afin que les champs soient égaux des deux côtés, & que la languette ne soit pas trop longue. (*Fig.* 7).

On aura cependant soin que quand les cadres ne seront à plattes-bandes que d'un côté, ou bien quand les portes changeront de profils ou de contours & d'ornements, qu'elles soient toujours semblables dans l'intérieur de chaque piece.

Toutes les différentes especes de profils dont je viens de parler, bien que différents les uns des autres pour la composition & l'assemblage des moulures sont les mêmes dans le fond, puisqu'on n'y peut employer d'autres moulures (du moins pour les principales) que les doucines & les boudins, sans s'exposer à tomber dans le goût gothique : il n'y a donc que dans l'assemblage & la variété de ces mêmes moulures, aussi bien que le plus ou moins d'élégance avec laquelle elles sont traitées, qui peut donner à la décoration tant des portes que de tous autres ouvrages, cet esprit de gradation & de convenance, qui est le caractere de la bonne Architecture.

SECTION SIXIEME.

Des Placards dont les traverses sont susceptibles de Contours & d'Ornements.

APRÈS les deux especes de portes dont nous venons de parler, il en est encore une troisiéme, ainsi que je l'ai dit, qui est susceptible de contours tant dans les traverses que dans les panneaux : la nécessité où l'on est de donner une gradation de richesse aux appartements, a donné lieu à cette troisieme espece de portes dont je parle présentement, la ressource des changements des profils n'étant pas assez féconde pour répondre aux différents besoins que l'on a, sur-tout dans un appartement composé d'un grand nombre de pieces; on a donc recours aux contours & aux ornements de sculpture, lesquels donnent aux portes autant de richesse que l'on peut souhaiter.

Section Septieme.

Différentes manieres de chantourner les traverses.

Il est de trois manieres de chantourner les traverses; la premiere est de chantourner le dedans de la traverse seulement, autour duquel contour régne la principale moulure du profil , & d'en faire monter quarrément le dernier membre. (*Fig.* 1).

La seconde est de faire suivre le contour de la traverse à tout le profil, & de regagner le quarrément des champs par un petit panneau entouré de moulures, lesquelles viennent mourir derriere le grand profil *Fig.* 2; ou bien (quand on a assez de place), on fait régner un champ entre ce petit panneau & le profil chantourné. (*Fig.* 3).

On ne doit pas employer indifféremment ces trois manieres de chantourner les traverses, mais seulement où chacune d'elles est convenable. La premiere est préférable aux deux autres ; mais il est à craindre que dans les ouvrages d'une certaine grandeur , elle ne produise de trop petites parties; dans ce cas, on se serviroit de la troisiéme : & on ne se servira de la seconde que quand il y aura de l'ornement derriere le profil des traverses , lequel aide à cacher la difformité que produit la différence qu'il y a entre la saillie du derriere de la moulure sur le nud des champs, & celle que cette même moulure a sur le panneau, laquelle différence est de cinq à six lignes, ce qui est le moins de profondeur que l'on puisse donner au ravalement du petit panneau.

Pour ce qui est de l'assemblage de ces traverses, on y fait un ou plusieurs tenons, selon leurs différentes largeurs, & on observe une languette entre les deux tenons, afin de les rendre plus solides & d'en cacher le joint.

Quant à leurs coupes, quand les cintres seront comme dans les *Fig.* 1 & 4, c'est-à-dire, que le derriere du profil monte quarrément , & que le devant est coupé d'onglet ou en fausse coupe, on les fait de deux manieres: la premiere est de faire venir l'arrazement ou joint de la traverse, jusqu'au derriere de la principale moulure, lequel arrazement, on continue jusqu'à ce qu'il rencontre l'onglet du derriere du profil. (*Fig.* 1).

La seconde est de faire descendre l'arrazement de la traverse jusqu'au milieu de la gorge, ce qui fait que toute la plattebande du panneau se trouve à bois de bout. (*Fig.* 4).

La premiere maniere est préférable à toute autre , tant parce que le joint se trouve de maniere que toute la gorge est à bois de fil (excepté à la rencontre de la gorge de la grande moulure, où il se trouve du bois de tra-

vers, ce que l'on pourroit empêcher en y faisant une coupe en pointe de
diamant, comme dans la *Fig.* 1, ce qui devient assez inutile dans les ouvrages qui sont pour être peints) que parce qu'elle devient plus solide,
sur-tout dans les moulures embreuvées, où elle laisse plus de largeur au-
derriere de la moulure.

Pour les autres especes de cintrés, où le profil tourne tout entier autour du cintre, ou quand le profil est à platte-bande, dont le dernier membre monte quarrément, on fait venir l'arrazement des traverses au nud des
champs; ou bien (pour plus de propreté) on les coupe d'onglet, les languettes entrent sous les moulures du derriere, lesquelles cachent les joints.
Voyez les Fig. 3, 5 & 6, où les lignes ponctuées indiquent les tenons
& les languettes.

Quand les coupes des traverses sont quarrées, comme dans les Figures
2 & 5, on fait dans le bout des battants, une languette de la même épaisseur que les tenons, laquelle sert à retenir la traverse, & l'empêche de se
déranger.

Lorsque les retombées de ces traverses deviennent trop grandes, & qu'il
se trouve trop de bois tranché ou de travers (ce qui est la même chose),
on rapporte alors la retombée du cintre à tenon & mortaise & à bois de
bout dans la travefer, lequelle retombée s'assemble dans le battant par le
moyen d'une clef que l'on y rapporte. (*Voyez les Fig.* 5 & 6), où ces différentes coupes sont marquées avec leurs assemblages.

Quoique ces dernieres especes de coupes ne se fassent guere aux portes,
à cause que leurs traverses n'ont pas pour l'ordinaire une retombée suffisante, j'ai cru devoir en parler tout de suite afin d'éviter les répétitions;
ces especes de coupes étant de plus nécessaires aux chambranles qui sont
d'une forme quarrée par dehors, & cintrés par dedans.

SECTION HUITIEME.

Différentes manieres de faire les coupes des traverses cintrées.

QUANT aux coupes des profils des traverses cintrées, comme elles ne
viennent jamais quarrément, on les fait des deux manieres suivantes. La premiere est de tracer toutes les lignes des membres de votre profil, tant sur la li
gne droite que sur la courbe; & à la rencontre de ces mêmes lignes; vous
en tirerez une autre, laquelle sera la coupe demandée. (*Fig.* 7).

La seconde maniere se fait en divisant la largeur de votre profil en
deux parties égales, tant sur la face droite que sur la courbe, ainsi que
l'indique la ligne ponctuée de la Figure 8; puis d'une ouverture de compas quelconque, vous ferez des points *a*, *b*, *c*, les quatre sections *g g*, *e e*,

par lefquelles vous ferez paffer deux lignes, à la rencontre defquelles , au point *f* comme centre, vous décrirez l'arc de cercle *a b c*, lequel fera la coupe demandée. Dans le cas où les membres des moulures deviendroient inégaux , on fe ferviroit de la premiere maniere. (*Fig. 9*).

Lorfqu'on employera des oreilles, on aura foin que leurs centres foient toujours à-plomb de l'arrazement (du moins le plus qu'il fera poffible), afin que le derriere de la moulure ne rentre pas en dedans de lui-même, ce qui fait un mauvais effet, & n'eft tolérable que quand le derriere des oreilles eft rempli d'ornements, lefquels pour lors cachent la difformité des oreilles, (*Fig. 10, 11 & 12*).

Pour ce qui eft de la forme des cintres, il eft prefqu'impoffible de la déterminer au jufte; les différents befoins de plus ou moins de richeffe que l'on veut donner à l'ouvrage, étant la feule raifon qui puiffe faire adopter une forme plutôt qu'une autre. Je me contenterai donc de dire que l'on ne doit employer aux portes que des cintres doux & coulants, que l'on doit y éviter le trop grand nombre de reffauts & les petites parties, ce qui doit s'obferver non-feulement aux cintres des portes , mais auffi à ceux de tous autres ouvrages , & qu'en général on n'en doit employer que le moins qu'il fera poffible, & avec beaucoup de fageffe & de retenue ; & que fi dans les Figures ci-après j'en ai beaucoup employé , ce n'eft que pour faire voir toute la difficulté qui fe rencontre dans la pratique de ces fortes d'ouvrages, fans pour cela les propofer comme des exemples à imiter.

Section Neuvieme.

Des Portes dont les cintres ou la décoration changent des deux côtés.

Les portes peuvent, ainfi que je l'ai déja dit , changer de décoration, leurs traverfes étant quelquefois d'une forme quarrée d'un côté & cintrée de l'autre, ce qui demande une très-grande attention, tant par rapport aux affemblages qu'aux ralongements des panneaux.

Lors , dis-je, que les portes font quarrées d'un côté & cintrées de l'autre, on ravale la traverfe de la moitié de fon épaiffeur, plus celle de la rainure de ce que le cintre a de retombée, d'après lequel ravalement on fait une rainure à l'ordinaire, dans laquelle le panneau entre quarrément, & dont la platte-bande fuit le contour de la traverfe d'un côté feulement. (*Fig. 7*).

Quand les traverfes changent de cintre des deux côtés, c'eft la même chofe, à l'exception qu'il faut prendre garde à faire monter le panneau jufqu'à la plus grande profondeur des deux cintres, laquelle on peut aifément

connoître

connoître en marquant les deux cintres l'un sur l'autre comme dans la *Figure* 8.

Tant que ce n'est que les traverses d'en haut qui sont dans le cas dont je viens de parler, il n'y a presque pas de difficulté, parce qu'il leur reste toujours assez de largeur pour faire un assemblage raisonnable ; mais lorsqu'elles se trouvent au milieu d'une porte, où il n'y a quelquefois qu'une traverse cintrée d'un côté, & que de l'autre elle en a deux, lesquelles forment une frise, ou bien quand les cintres se coupent les uns les autres, comme dans les *Fig.* 2 *&* 3 ; dans l'un de ces cas, on fait les traverses de deux pieces sur leurs épaisseurs, ce qui s'appelle *traverses flottées*, pour pouvoir loger le panneau, & pour y faire des assemblages solides.

Ces sortes de traverses se coupent en deux sur leur épaisseur, ou (pour mieux dire) ce sont deux ou trois, ou même quatre traverses, dont l'une porte d'épaisseur la joue du cadre, & l'autre cette même épaisseur, plus celle de la rainure, laquelle sert d'arrasement intérieur à cette traverse, & de joue au battant.

La traverse la plus épaisse doit être celle qui est la plus étroite, afin que le ravalement que l'on y fait serve à retenir le panneau : de plus, pour peu que l'on veuille y faire attention, il est aisé de voir qu'il est impossible de faire autrement.

Tant que les cintres ne se coupent pas comme dans les *Fig.* 10 *&* 11, on peut faire les frises à l'ordinaire, c'est-à-dire, d'une seule piece, & à rainures & languettes dans les traverses, quand même les cintres de ces dernieres seroient différents ; mais lorsqu'ils se coupent comme dans la *Fig.* 2, ou que les frises forment ovale d'un côté comme dans la *Fig.* 3, on est alors obligé de ravaler les frises dans les traverses, que l'on fait d'une seule piece, ou du moins de plusieurs pieces jointes ensemble, & on donne le moins de relief qu'il est possible au profil de ces frises, afin qu'il reste une épaisseur raisonnable entre le fond de la platte-bande ravalée & le derriere de la traverse. (*Fig.* 6).

Lorsque les traverses sont chantournées, comme dans la *Fig.* 11, c'est-à-dire, qu'il n'y a pas grande différence entre les cintres d'un côté & ceux de l'autre ; on peut alors faire les assemblages à l'ordinaire, ou bien lorsqu'il y aura beaucoup de différence, & que par conséquent le ravalement sera d'une largeur considérable, on fera à l'endroit de la traverse qui restera plein, un tenon à l'ordinaire, & d'après le ravalement une languette ou un tenon mince, comme à celles qui sont de deux pieces sur leur épaisseur, & dont les assemblages sont marqués dans les *Fig.* 14 *&* 6, ainsi que dans celle 15.

Menuisier.   P p

Différentes manieres de couper les Portes dans les Lambris.

Il eſt encore une autre eſpece de portes, par rapport au changement de décoration, qui ſont celles qui font porte d'un côté & lambris ou croiſée, ou enfin glace de l'autre.

Celles qui font porte d'un côté & lambris de l'autre, ſe font de deux manieres: la premiere eſt de faire ces portes arrazées d'un côté, & d'attacher le lambris deſſus avec des vis, & de couper ce même lambris à l'endroit de l'ouverture de la porte (laquelle l'emporte avec elle en dehors ou en dedans de l'appartement), & d'en faire le joint en pente, afin qu'il ſoit moins apparent, en obſervant de remplir les inégalités qui ſe rencontrent entre la porte & le lambris à l'endroit des panneaux par des tringles, leſquelles doivent être aſſemblées dans les battants ou les traverſes du lambris quelconque, ce que l'on doit faire non-ſeulement au lambris mouvant, mais auſſi à celui qui reſte en place; de plus, ces tringles doivent être attachées derriere le lambris avant qu'on le coupe, afin que les battants ou les traverſes coupées ne puiſſent pas s'écarter les unes des autres.

La ſeconde maniere de faire ces ſortes de portes, eſt de les faire dans les mêmes bois que les lambris, en leur donnant toutefois une épaiſſeur convenable. Cette maniere eſt préférable à la premiere, tant en ce que les portes ſont moins lourdes, qu'en ce qu'elles ſont plus ſolides; mais en même temps elle devient beaucoup plus difficile, par rapport aux aſſemblages & aux différents compartiments tant de largeur que de hauteur. (*Voy. les Fig.* 5 & 13, leſquelles renferment tout ce que l'on peut dire à ce ſujet.

La *Fig.* 5 repréſente une porte dont le lambris ouvre d'un côté du derriere de la moulure, & de l'autre dans le panneau; les traverſes s'aſſemblent dans les battants à tenon & enfourchement, à l'exception que du côté du battant épais, il y a un double aſſemblage, & que du côté de l'autre battant mince il n'y en a qu'un ſimple, & que l'enfourchement de la traverſe paſſe à nud ſur le battant, lequel arraze le panneau, ainſi qu'on peut le voir dans les *Figure* 9, 12 & 14, où les traverſes ſont ravalées pour conſerver la régularité des champs, & les panneaux ſont à plattes-bandes ravalées d'un côté, & à plattes-bandes & arrazées du côté de l'autre battant, lequel forme un panneau.

Pour la friſe, comme on la met toujours couchée, on eſt obligé de la faire paſſer à recouvrement par-deſſus le battant mince, ce qui l'affoiblit à la vérité, mais on ne peut pas faire autrement, ainſi qu'aux traverſes du haut, que l'on eſt obligé de tenir plus minces que les battants de ſix lignes au moins, afin que le panneau paſſe par-deſſus.

Les bâtis de ces portes doivent avoir au moins dix-huit à vingt lignes d'épaiſſeur d'après le ravalement des moulures, pour pouvoir donner aſſez de force aux aſſemblages. *Voyez les Fig.* 9, 12, 14 & 15, où ſont marquées les différentes épaiſſeurs des bois avec les aſſemblages, & les ravalements néceſſaires.

La *Fig.* 13 repréſente une porte dont le lambris eſt coupé dans le panneau des deux côtés : elle ne diffère en rien de l'autre pour la conſtruction, ſi ce n'eſt que les aſſemblages ſe font des deux côtés, comme dans la *Fig.* 14.

Lorſqu'il y a des friſes aux portes, & qu'il n'y en a pas aux lambris (ou bien quand il y en a à tous les deux, & qu'elles ne ſe rencontrent pas, on ravale le panneau à l'endroit de la traverſe, laquelle s'aſſemble dans les battants, à tenon & mortaiſe, & ſe nomme *traverſe flottée*, à cauſe qu'elle n'a d'épaiſſeur que le relief du profil.

Quand les portes ſont dans le cas dont je parle, on rapporte la friſe dans la moitié de l'épaiſſeur du panneau, que l'on ravale à cet effet, afin qu'elle ſoit toujours couchée ; de plus, il ſeroit impoſſible de faire autrement, les panneaux étant plus étroits que les friſes ne ſont longues, à cauſe de la différente largeur des profils. (*Fig.* 15).

Pour les portes qui font croiſées ou parquets de glace d'un côté & placard de l'autre, on les fait arrazées d'un côté, à la réſerve des champs & des moulures, leſquelles ſont en ſaillie d'après le nud des panneaux & des traverſes arrazées : les traverſes & montants des petits bois, ainſi que les montants des glaces, ſe rapportent avec des vis, afin de pouvoir en ôter les glaces lorſqu'il eſt néceſſaire. (*Fig.* 16).

S e c t i o n O n z i e m e.

Des Placards pleins & ravalés dans l'épaiſſeur du bois.

I l eſt encore une autre maniere de faire les portes à placard, laquelle eſt plus ſolide que celle dont nous avons parlé, & qui ſont faites pour être employées dans les lieux humides & de ſûreté.

Les vantaux de ces placards ſe font pleins, c'eſt-à-dire, de planches jointes enſemble à rainures & languettes aſſemblées avec des clefs, & emboîtées par le bout, ſur leſquels vantaux on rapporte des moulures, qui y forment des cadres & des friſes.

Il eſt de deux manieres de faire ces portes ; la premiere & la plus ordinaire eſt d'appliquer des moulures deſſus, ainſi que je l'ai déja dit ; la ſeconde eſt de ravaler dans l'épaiſſeur du bois une platte-bande en ſaillie, & d'y rapporter les emboîtures à bois de fil pour plus de propreté. Si la,

P l a n c h e
XLIX.

P l a n c h e
L.

premiere de ces deux manieres eft la plus ufitée, la feconde eft au moins la plus vraifemblable, & fi on l'employe moins fouvent, ce n'eft qu'à caufe de la difficulté de fa façon. Quant à la maniere de faire le ravalement de ces portes, *voyez les Fig.* 1 & 2.

CHAPITRE ONZIEME.
Des petites Portes.

Les petites portes ou placards à un vantail (ou vantau, ce qui eft la même chofe), font celles qui ne font compofées que d'un vantail, & qui ont de largeur depuis deux jufqu'à trois pieds, fur fix à fept pieds de hauteur du dedans des chambranles.

Elles fervent ordinairement d'entrée aux petits appartements, comme les cabinets de toilette, les garde-robes, &c. Ces portes ne different en rien de celles à deux vantaux, tant pour ce qui eft des profils, que pour la largeur & l'épaiffeur des bois: toute la différence qu'il y a entre celles-ci & les premieres, c'eft qu'on peut les faire d'une forme plus élégante, leur don_ nant quelquefois de hauteur jufqu'à trois fois leur largeur.

Pour leurs chambranles, ce fera la même chofe qu'aux autres, tant pour les profils que pour les proportions ; cependant on peut quelquefois leur donner le fixieme de la largeur de leurs bayes, au lieu du feptieme ou du hui tieme que l'on donne à ceux des grands placards.

Le haut de ces portes doit être cintré, bombé, ou en anfe de pannier, mais jamais en S, ce qui fait un mauvais effet; on doit auffi faire les cin- tres du deffus de ces portes réguliers, c'eft-à-dire, qu'ils ayent autant de retombée d'un côté que de l'autre: quand même deux portes feroient fur une même façade, comme dans une alcove, lefquelles lorfqu'elles font d'un cintre irrégulier, femblent être les deux vantaux d'un feul & même pla- card que l'on a féparé.

Lorfque les dégagements & les garde-robes ne font pas affez éclairés, on y fait des portes vitrées; c'eft-à-dire, que l'on fupprime le panneau du haut pour y fubftituer des carreaux de verre ou de glace. Ces portes font fufceptibles de décoration & de richeffe, tant dans les profils que dans les ornements, relativement au lieu où on les employe: elles ont des cham- branles ainfi que les autres placards, prefque toujours à double parement. Pour ce qui eft de leur conftruction, voyez ce que j'ai dit en parlant des portes croifées.

On fait auffi de petits placards, lefquels n'ont point de chambranles, mais qui entrent tout à vif dans des huifferies de charpente. Ces portes ont quelquefois des frifes, & font toujours à petits cadres : on ne les employe

ploye que dans des maisons de peu d'importance, ou dans les étages en ga-
letas des Hôtels. (*Fig.* 3).

Il est encore une autre espece de petites portes que l'on nomme *pleines*
ou *unies* : elles sont à l'usage des maisons à loyer, & d'autres endroits où la
solidité est plus recommandable que la décoration. Les planches sont jointes
à rainures & languettes, & pour plus de solidité, on y met une ou plusieurs clefs sur la hauteur, pour retenir les joints : les bouts de ces portes
sont assemblés dans une traverse ou emboîture à tenon & mortaise avec des
languettes entre ces dernieres. (*Fig.* 4).

Lorsqu'elles ont plus de quinze lignes d'épaisseur, on les joint à plat, &
on y rapporte des languettes que l'on fait les plus minces possible, afin
de donner plus de solidité aux joints.

On doit aussi donner de la refuite aux tenons qui entrent dans les emboîtures, c'est-à-dire, élargir les trous des chevilles dans les tenons, & agrandir
les mortaises en sens contraire, afin que quand les planches viennent à se
retirer chacune sur elle-même, les chevilles ni les épaulements ne les arrêtent pas, & ne fassent pas fendre les joints : cette refuite doit donc être
également des deux côtés. *Voyez la Fig.* 4. où est dessiné un bout de porte
avec son emboîture, & dont les lignes ponctuées marquent la véritable
place des chevilles, & les trous qui sont marqués à droite & à gauche, indiquent la refuite. * Lorsque ces portes sont trop exposées à l'humidité, on n'y
met qu'une emboîture par le haut, & une barre par le bas, parce que si
l'on y mettoit une emboîture les tenons se pourriroient bien-tôt ; ce que l'on
doit aussi observer aux contrevents & à tous autres ouvrages exposés au grand
air & à l'humidité. **

* Il est très-essentiel de donner de la refuite
à toute espece d'ouvrage, sur-tout quand les
parties qui sont assemblées & chevillées sont
d'une certaine largeur, parce que tels secs que
soyent les bois ils se retirent toujours un peu,
& cet effet devient considérable quand il y a plusieurs planches jointes ensembles, & que le bois
n'est pas parfaitement sec ; c'est pourquoi l'on
fait toujours très-bien de donner de la refuite
aux assemblages, en observant toutefois de faire
roidir les épaulements par dehors, afin qu'ils for-
cent les planches à se retirer sur elles-mêmes &
en retiennent les joints.

** J'avois promis de traiter de la maniere de
poser l'ouvrage, à la fin de la Menuiserie mobile ; mais la pose de l'ouvrage appartient plutôt à la Menuiserie dormante, ainsi que je le
dirai en son lieu, dans la seconde Partie de
cet Ouvrage.

Fin de la premiere Partie.

TABLE

DES CHAPITRES ET TITRES
DE L'ART DU MENUISIER.

PREMIERE PARTIE.

Fin de la Table.

FAUTES A CORRIGER.

Pag. 24 lig. 6 , ports , *lisez* , pores.
62   2 , les bots , *lisez* , les rabots.
68   27 , sur la main droite , *lisez* , sur la gauche.
Ibid.   28 , sur la gauche , *lisez* , sur la droite.
82   5 , laquelle , *lisez* , lequel.
88   3 , à angles , *lisez* , à onglet.
92   33 , de joue , *lisez* , de la joue.
100   36 , Figure 11 , *lisez* , Figure 11 coté c d.
107   12 , une planche , *lisez* , une planche x.
111   31 , alleger , *lisez* , élégir.
123   7 , on n'y en fera point , *lisez* , l'on n'y fera point de rainure.

Pages 134   au titre de la Section seconde, & la longueur, *lisez* , & la largeur.
136 lig. 8 , faire des arrieres-corps, *lisez* , faire faire arriere-corps.
143   6 , de cintrés , *lisez* , de cintres.
144   9 , cachent la difformité des oreilles, *lisez* , en cachent la difformité.

L'on observera qu'après la page 124, celles 121 , 122 , 123 , 124 sont répétées à la feuille I i, & que quand l'on venderra à ces dernieres, l'on joindra une étoile au chiffre de la page.

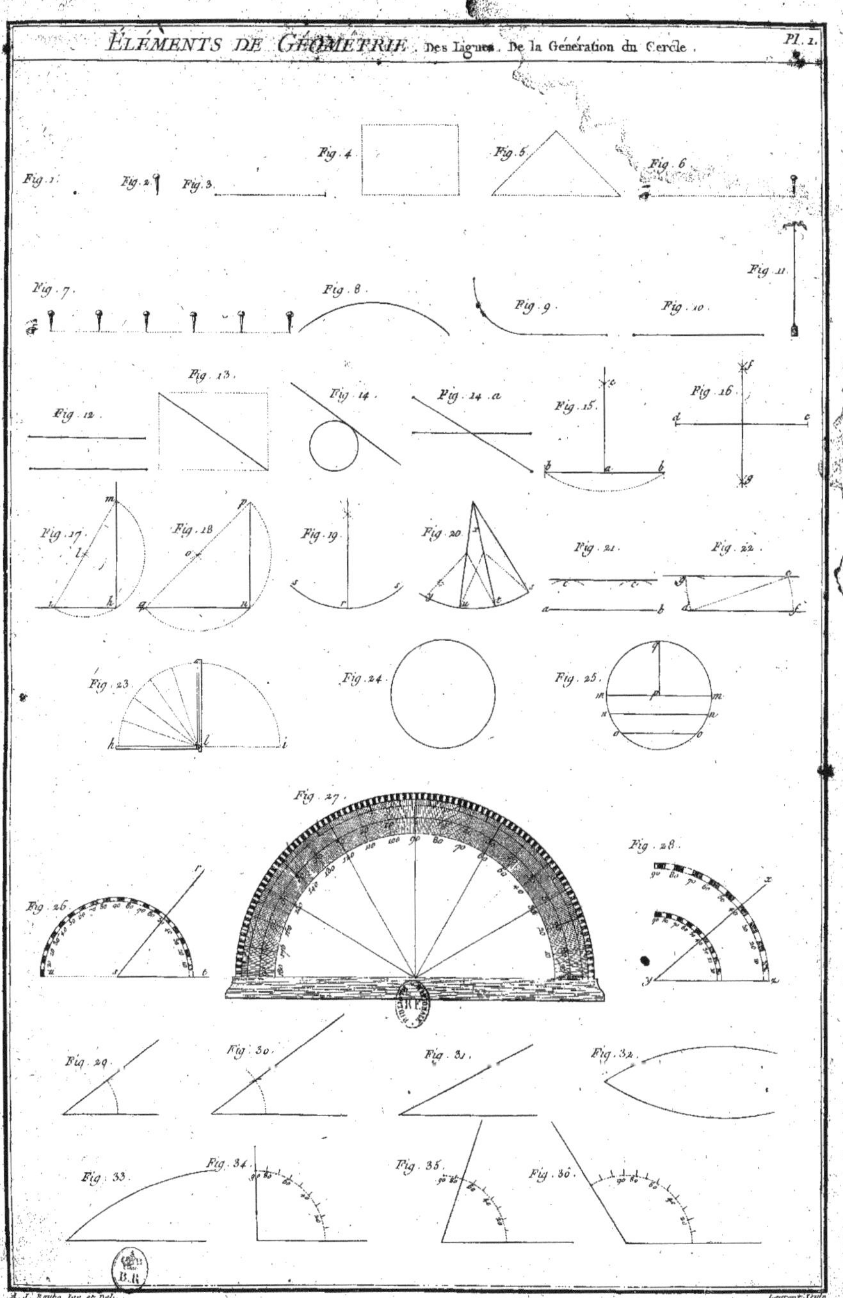

ÉLÉMENTS DE GÉOMÉTRIE. Des Lignes. De la Génération du Cercle.
Pl. 1.
Fig. 1. Fig. 2. Fig. 3. Fig. 4. Fig. 5. Fig. 6.
Fig. 7. Fig. 8. Fig. 9. Fig. 10. Fig. 11.
Fig. 12. Fig. 13. Fig. 14. Fig. 14.a. Fig. 15. Fig. 16.
Fig. 17. Fig. 18. Fig. 19. Fig. 20. Fig. 21. Fig. 22.
Fig. 23. Fig. 24. Fig. 25.
Fig. 26. Fig. 27. Fig. 28.
Fig. 29. Fig. 30. Fig. 31. Fig. 32.
Fig. 33. Fig. 34. Fig. 35. Fig. 36.
A. J. Roubo Inv. et Del.
Laurent Sculp.

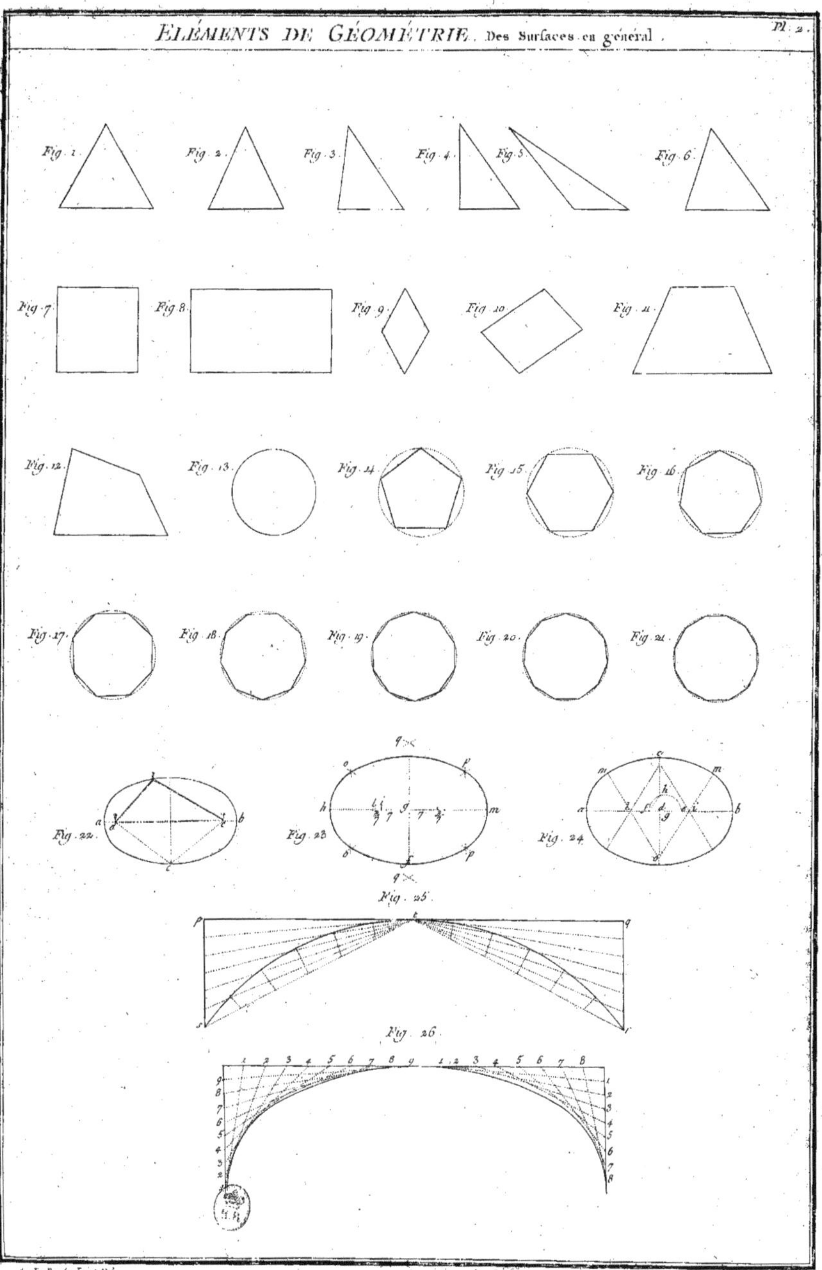

Fig. 1
Fig. 2
Fig. 3
Fig. 4
Fig. 5
Fig. 6
Fig. 7
Fig. 8
Fig. 9
Fig. 10
Fig. 11
Fig. 12
Fig. 13
Fig. 14
Fig. 15
Fig. 16
Fig. 17
Fig. 18
Fig. 19
Fig. 20
Fig. 21
Fig. 22
Fig. 23
Fig. 24
Fig. 25
Fig. 26

MESURES DES LIGNES, DES SURFACES ET DES SOLIDES.

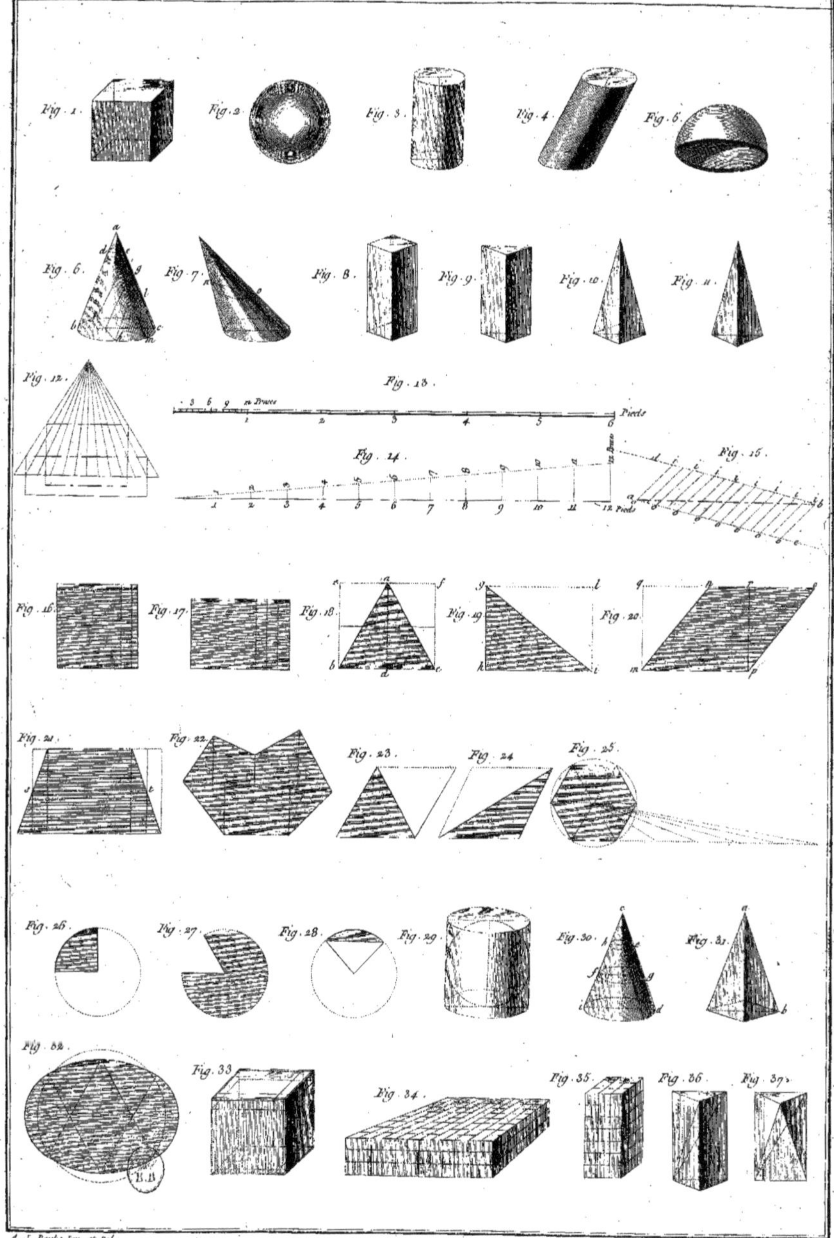
Fig. 1.
Fig. 2.
Fig. 3.
Fig. 4.
Fig. 6.
Fig. 6.
Fig. 7.
Fig. 8.
Fig. 9.
Fig. 10.
Fig. 11.
Fig. 12.
Fig. 13.
Pouces
Pieds
Fig. 14.
Fig. 15.
Fig. 16.
Fig. 17.
Fig. 18.
Fig. 19.
Fig. 20.
Fig. 21.
Fig. 22.
Fig. 23.
Fig. 24.
Fig. 25.
Fig. 26.
Fig. 27.
Fig. 28.
Fig. 29.
Fig. 30.
Fig. 31.
Fig. 32.
Fig. 33.
Fig. 34.
Fig. 35.
Fig. 36.
Fig. 37.

A. J. Roubo Inv. et Del. — Berthaudt Sculp.

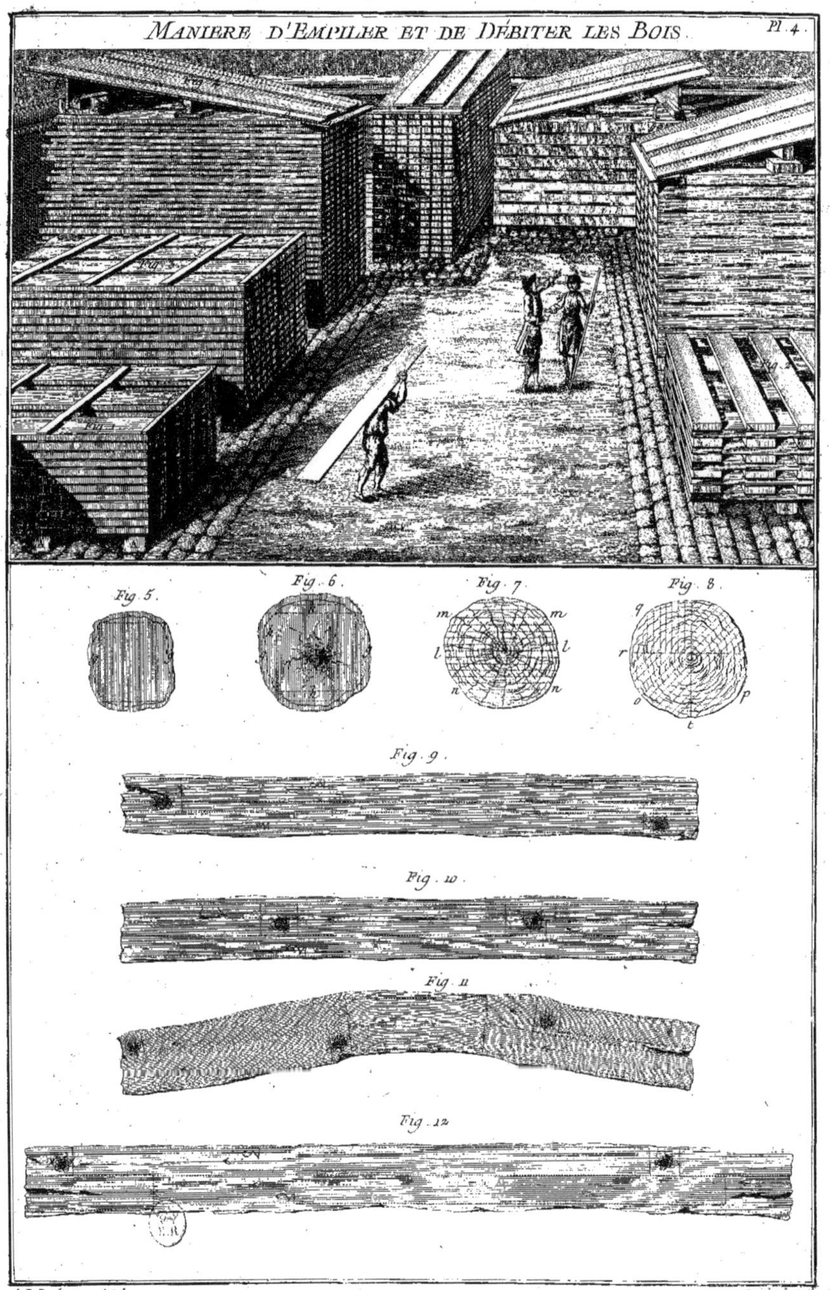

MANIERE D'EMPILER ET DE DÉBITER LES BOIS.
Pl. 4.
Fig. 5.
Fig. 6.
Fig. 7.
m   m
l   l
n   n
Fig. 8.
q
r
o   p
t
Fig. 9.
Fig. 10.
Fig. 11.
Fig. 12.
A. J. Roubo Inv. et Del.
Berthault Sculp.

Suite du Débit des Bois et les Outils des Scieurs de Long. Pl. 5

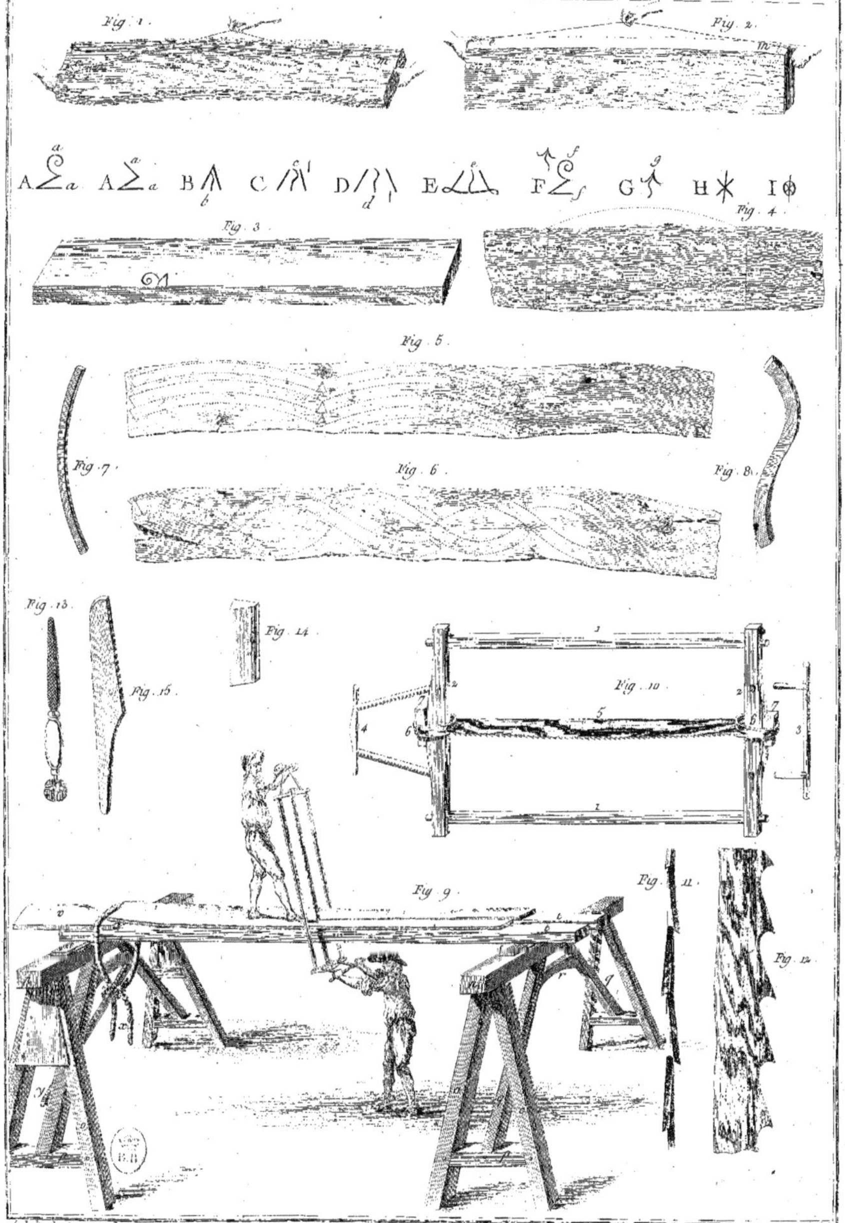

A. J. Roubo inv. et del. Berthault Sculp.

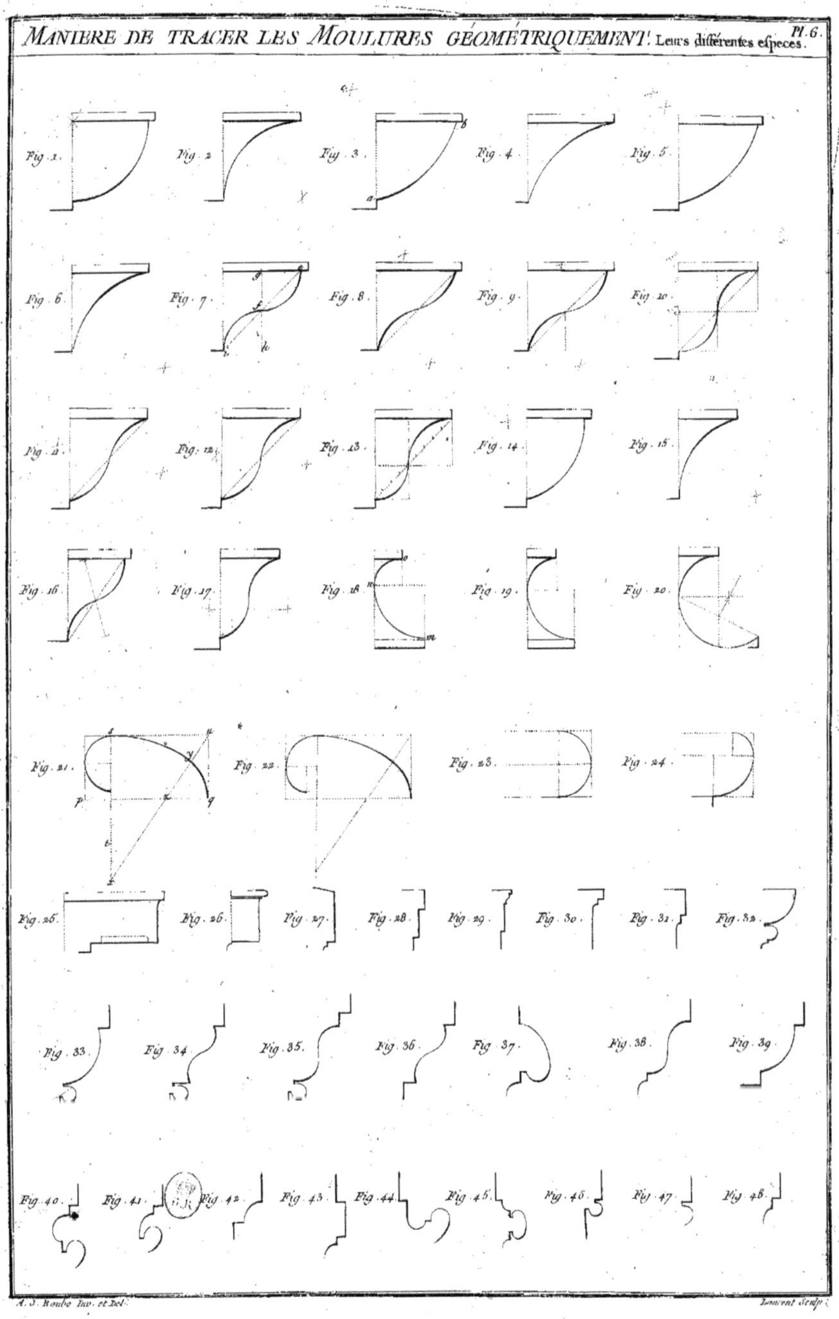

A. J. Roubo Inv. et Del.   Laurent Sculp.

PROFIL DE MENUISERIE. Leurs différentes espèces.

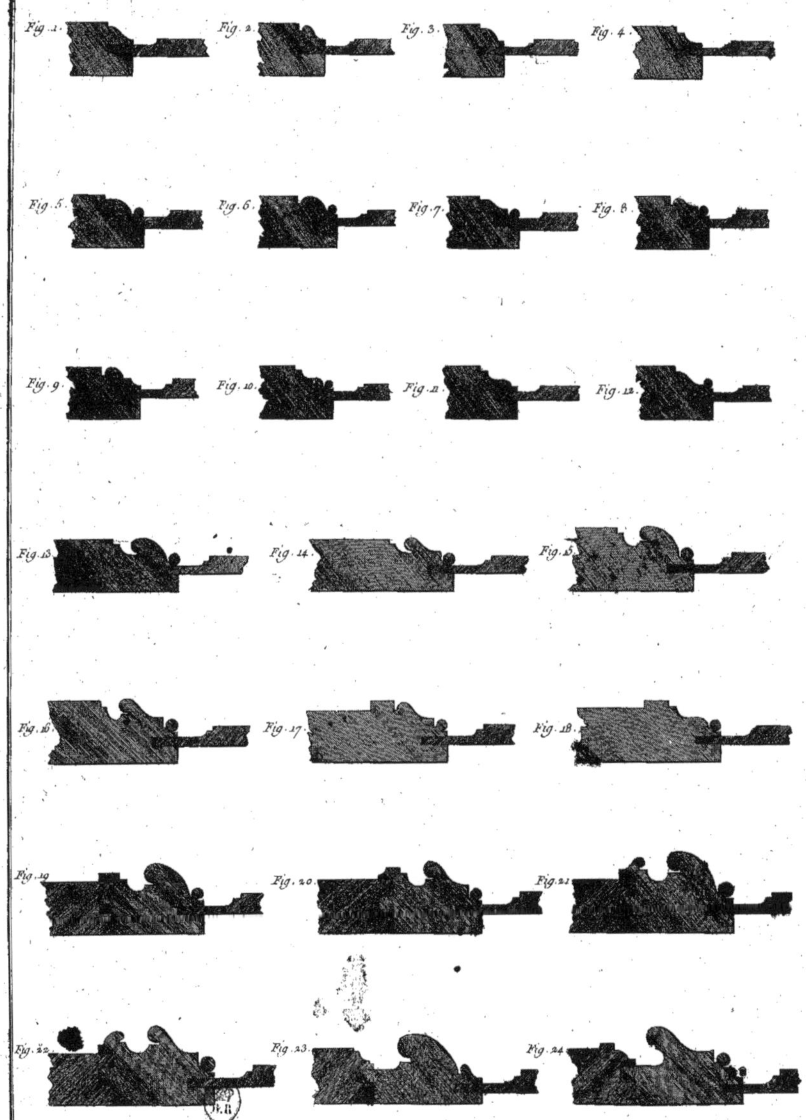
Fig. 1.
Fig. 2.
Fig. 3.
Fig. 4.
Fig. 5.
Fig. 6.
Fig. 7.
Fig. 8.
Fig. 9.
Fig. 10.
Fig. 11.
Fig. 12.
Fig. 13.
Fig. 14.
Fig. 15.
Fig. 16.
Fig. 17.
Fig. 18.
Fig. 19.
Fig. 20.
Fig. 21.
Fig. 22.
Fig. 23.
Fig. 24.

A. J. Roubo inv. et Del. Berthault Sculp.

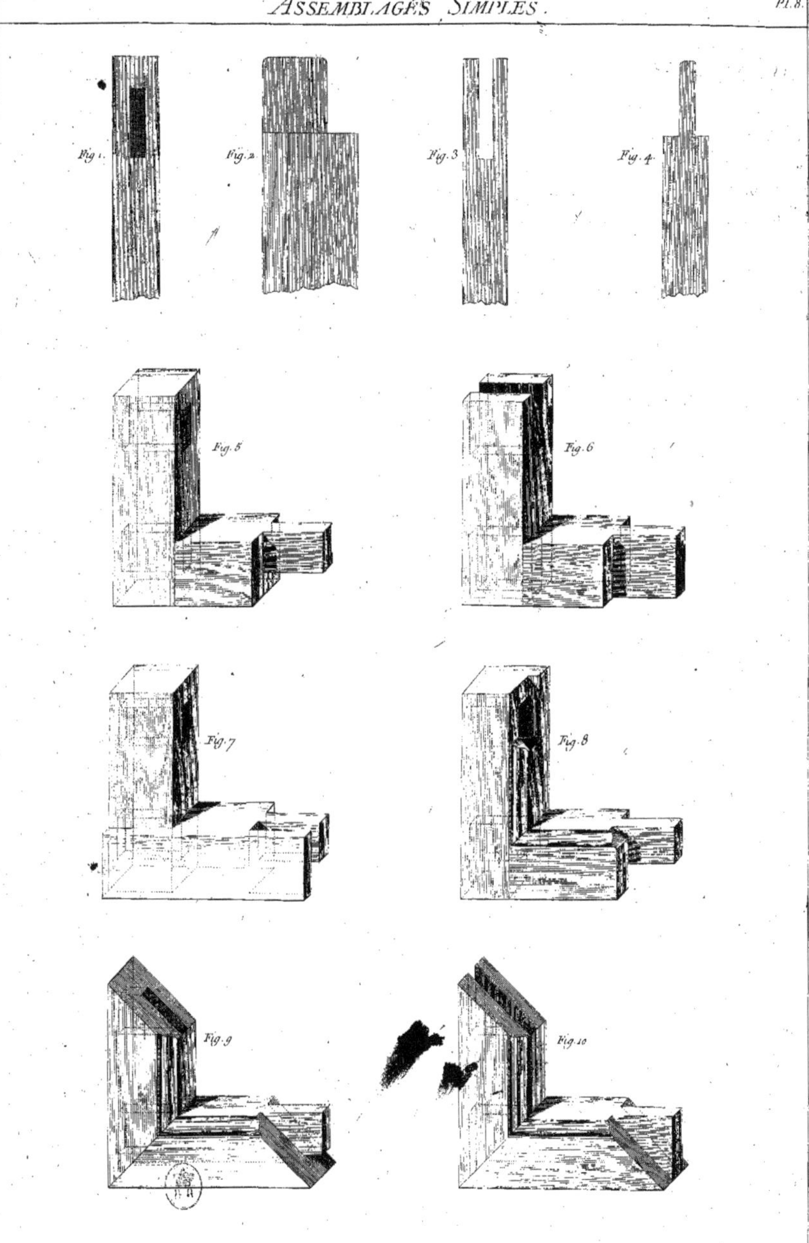

ASSEMBLAGES SIMPLES.
Pl. 8.
Fig. 1
Fig. 2
Fig. 3
Fig. 4
Fig. 5
Fig. 6
Fig. 7
Fig. 8
Fig. 9
Fig. 10
A. J. Roubo Inv. et Del.
Berthault Sculp.

ASSEMBLAGES DOUBLES ET A QUEUX DARRONDE.

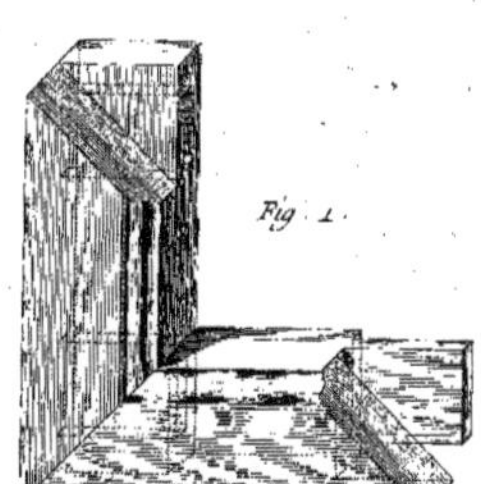

Fig. 1.

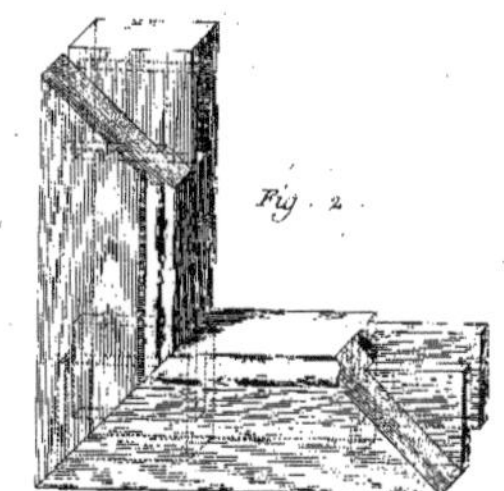

Fig. 2.

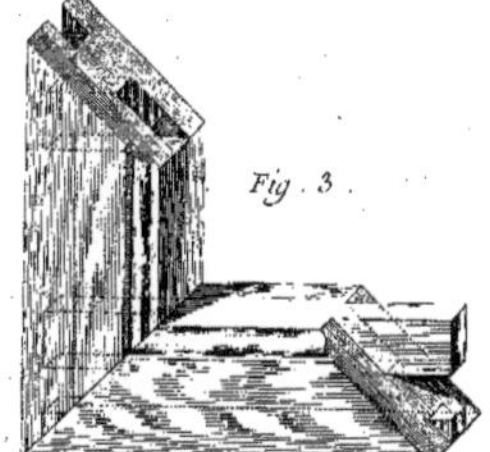

Fig. 3.

Fig. 4.

Fig. 5.

Fig. 6.

Fig. 11.

Fig. 7.

Fig. 8.

Fig. 9.

Fig. 10.

Fig. 12.

A. J. Roubo Inv. et Del.

Berthault Sculp.

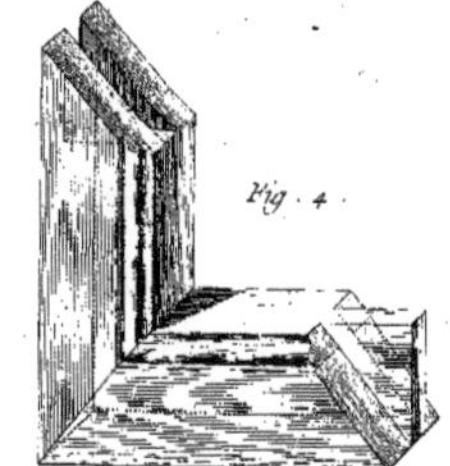

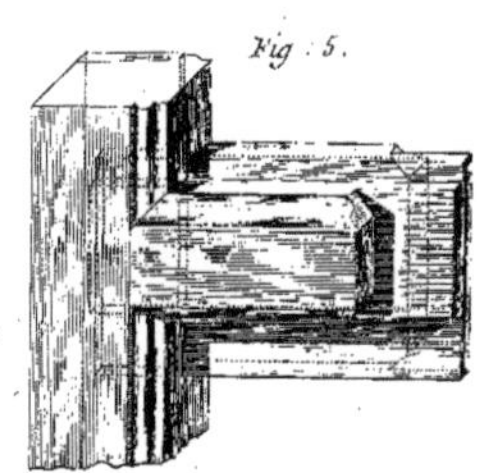

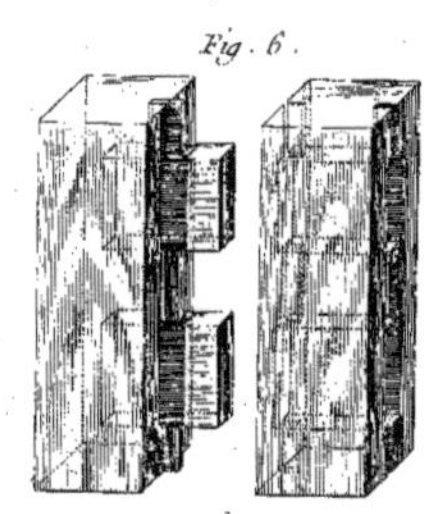

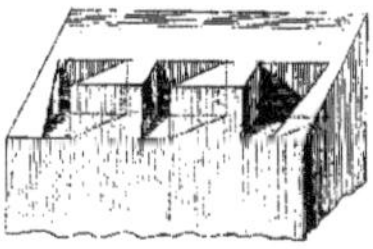

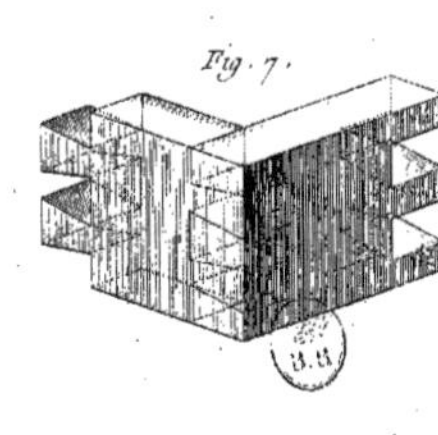

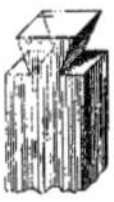

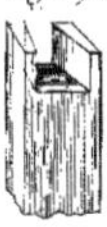

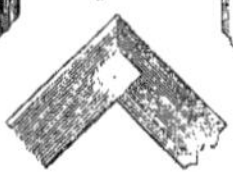

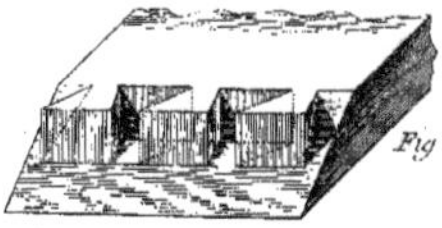

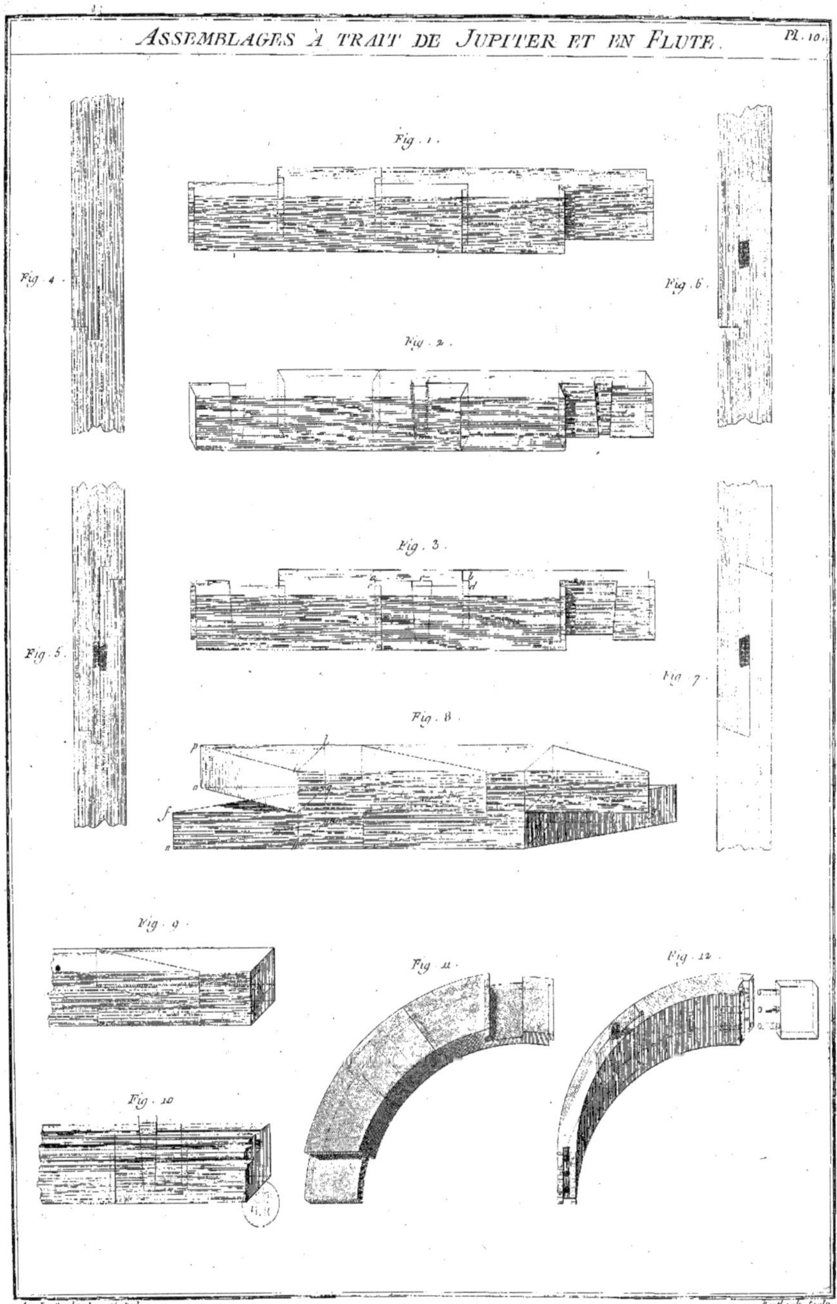

A. J. Roubo Inv. et Del.　　　Berthault Sculp.

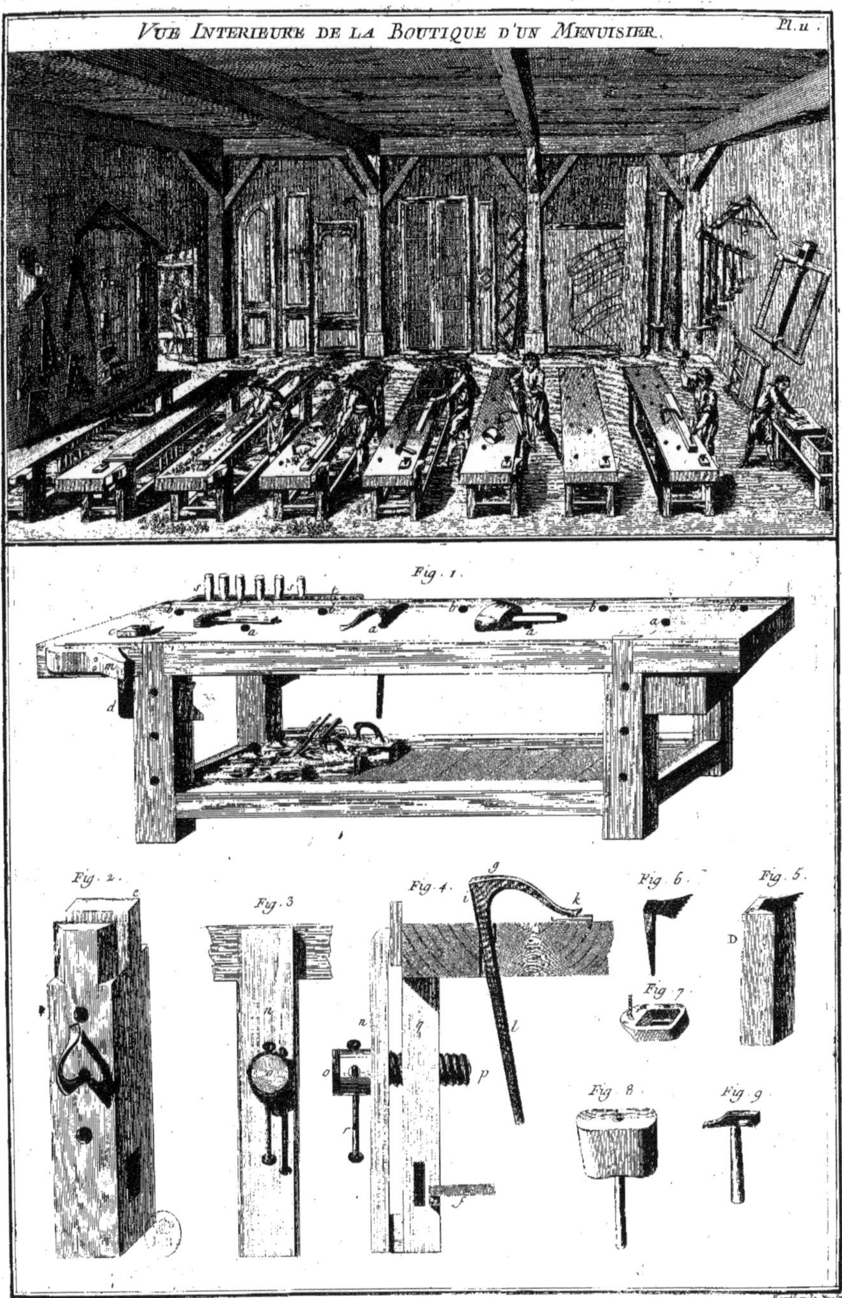

VUE INTERIEURE DE LA BOUTIQUE D'UN MENUISIER.
Pl. 11
Fig. 1
Fig. 2
Fig. 3
Fig. 4
Fig. 5
Fig. 6
Fig. 7
Fig. 8
Fig. 9
A. J. Roubo Inv. et Del.
Berthault Sculp.

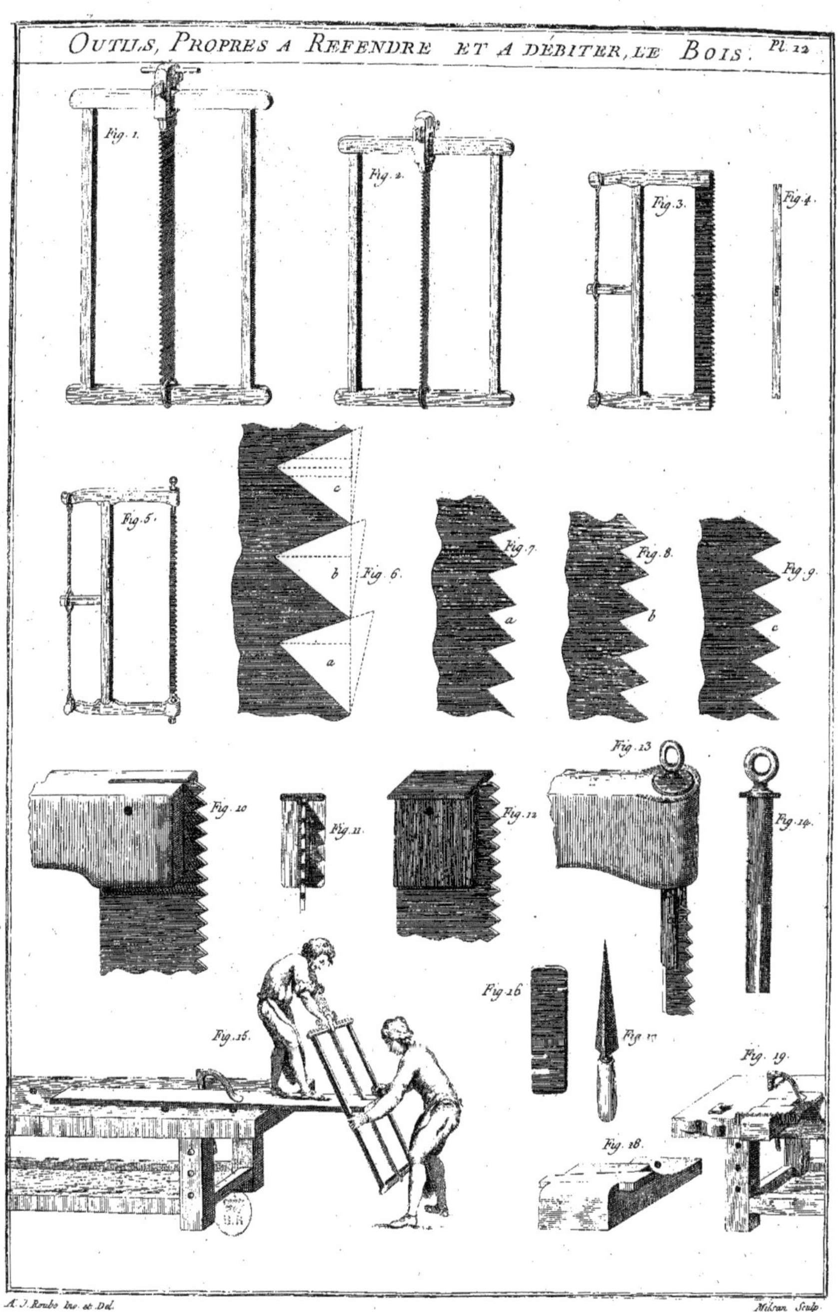

OUTILS, PROPRES A REFENDRE ET A DÉBITER, LE BOIS.
Pl. 22
Fig. 1.
Fig. 2.
Fig. 3.
Fig. 4.
Fig. 5.
Fig. 6.
c
b
a
Fig. 7.
a
Fig. 8.
b
Fig. 9.
c
Fig. 10.
Fig. 11.
Fig. 12.
Fig. 13.
Fig. 14.
Fig. 15.
Fig. 16.
Fig. 17.
Fig. 18.
Fig. 19.
A. J. Roubo Inv. et Del.
Milsan Sculp.

OUTILS PROPRES AU COROYAGE DU BOIS. 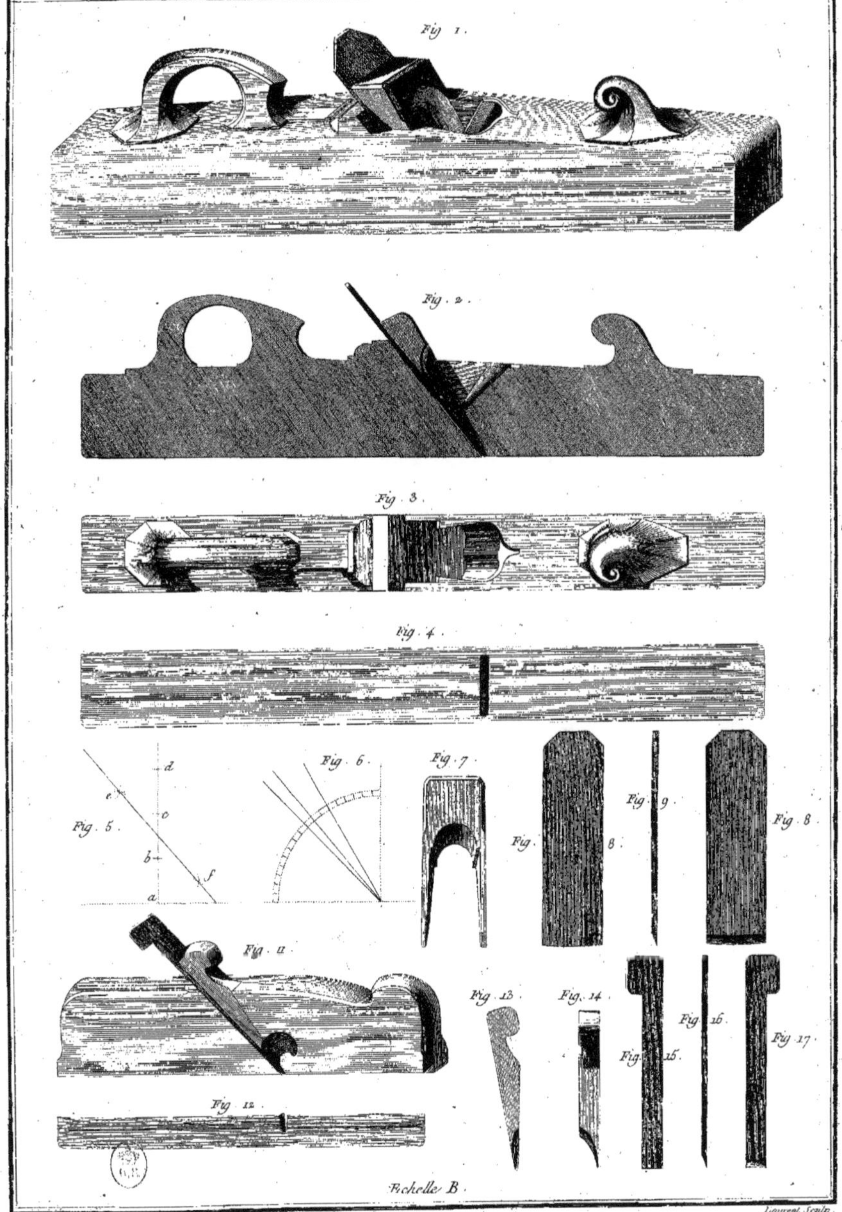
Pl. 13
Fig. 1.
Fig. 2.
Fig. 3.
Fig. 4.
Fig. 5.
Fig. 6.
Fig. 7.
Fig. 8.
Fig. 9.
Fig. 8.
Fig. 11.
Fig. 12.
Fig. 13.
Fig. 14.
Fig. 15.
Fig. 16.
Fig. 17.
d
e
c
b
a
f
Echelle B.
A. J. Roubo Inv. et Del.
Laurent Sculp.

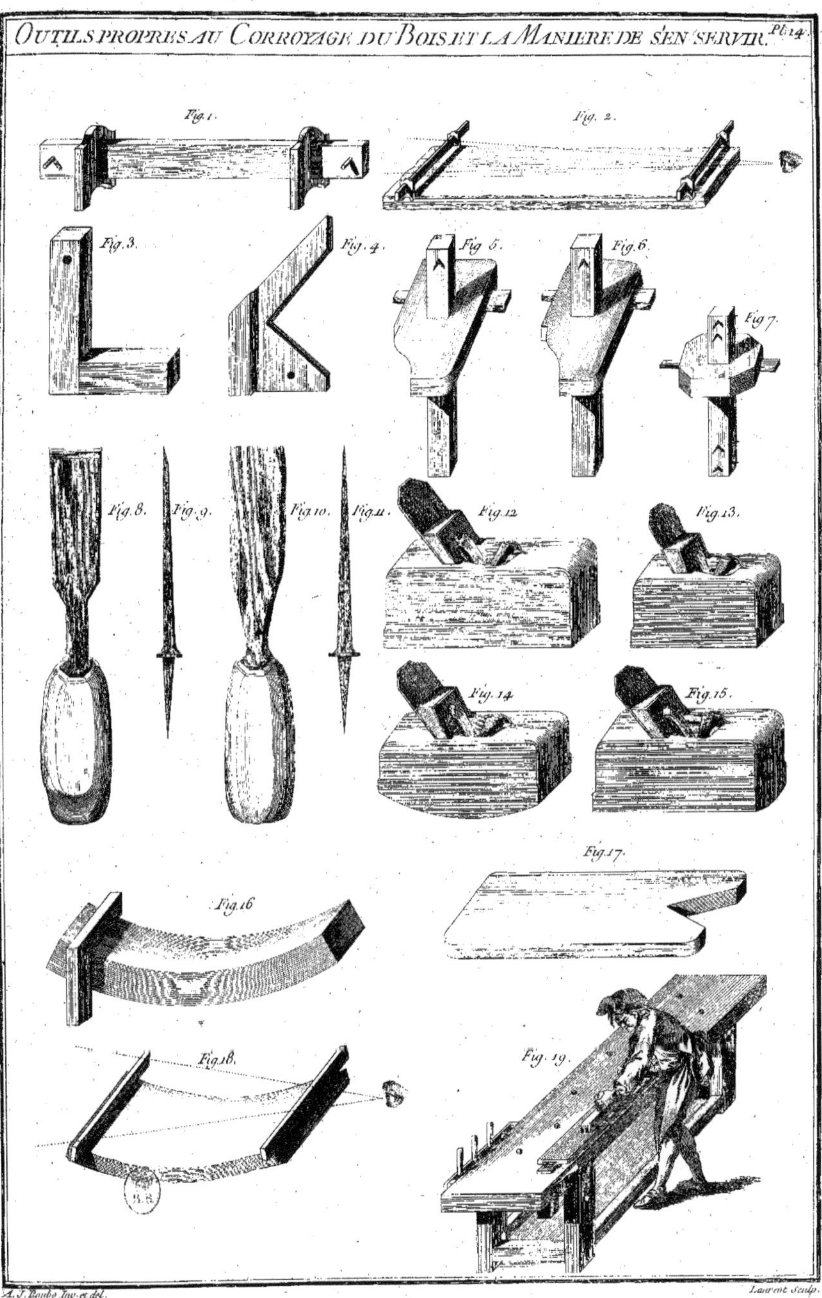

A. J. Roubo Inv. et del.

Laurent Sculp.

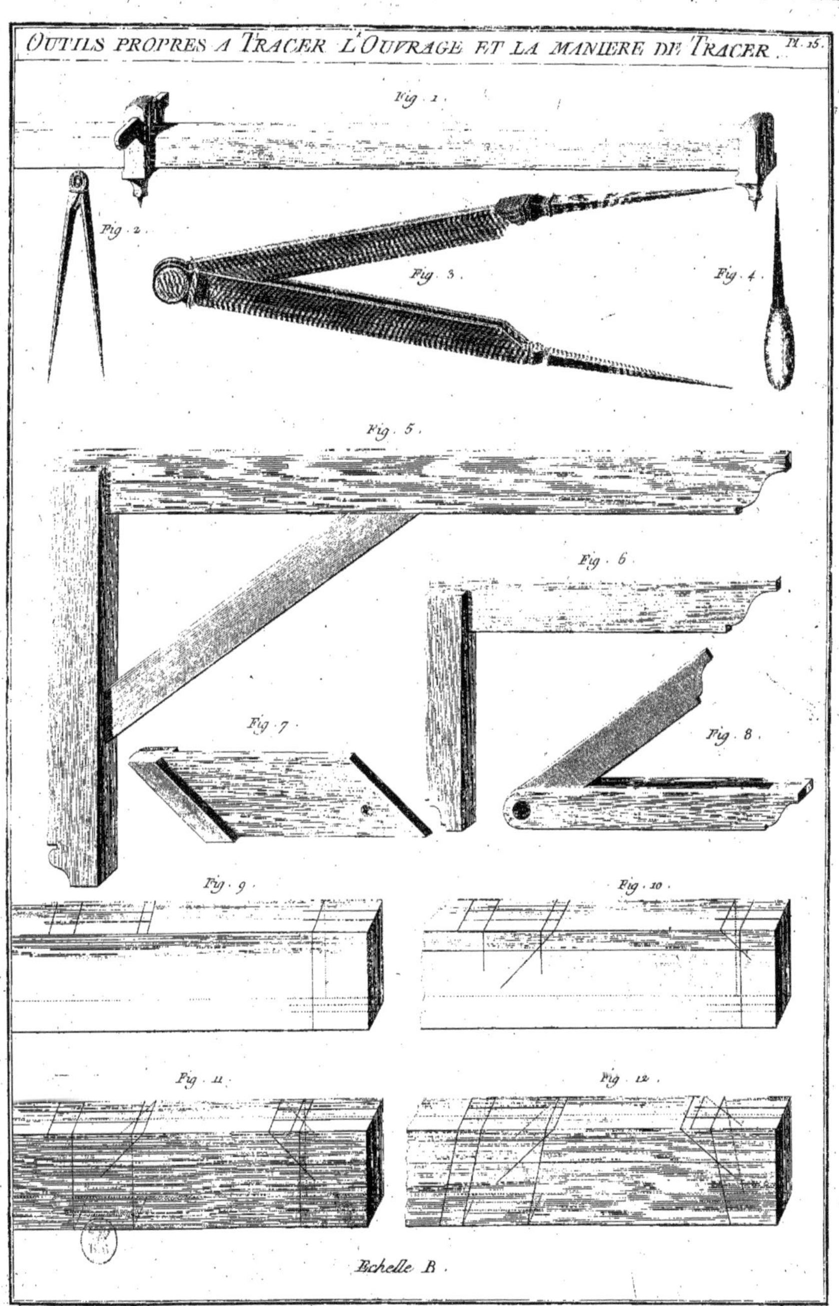

A. J. Roubo Inv. et Del.   Berthault Sculp.

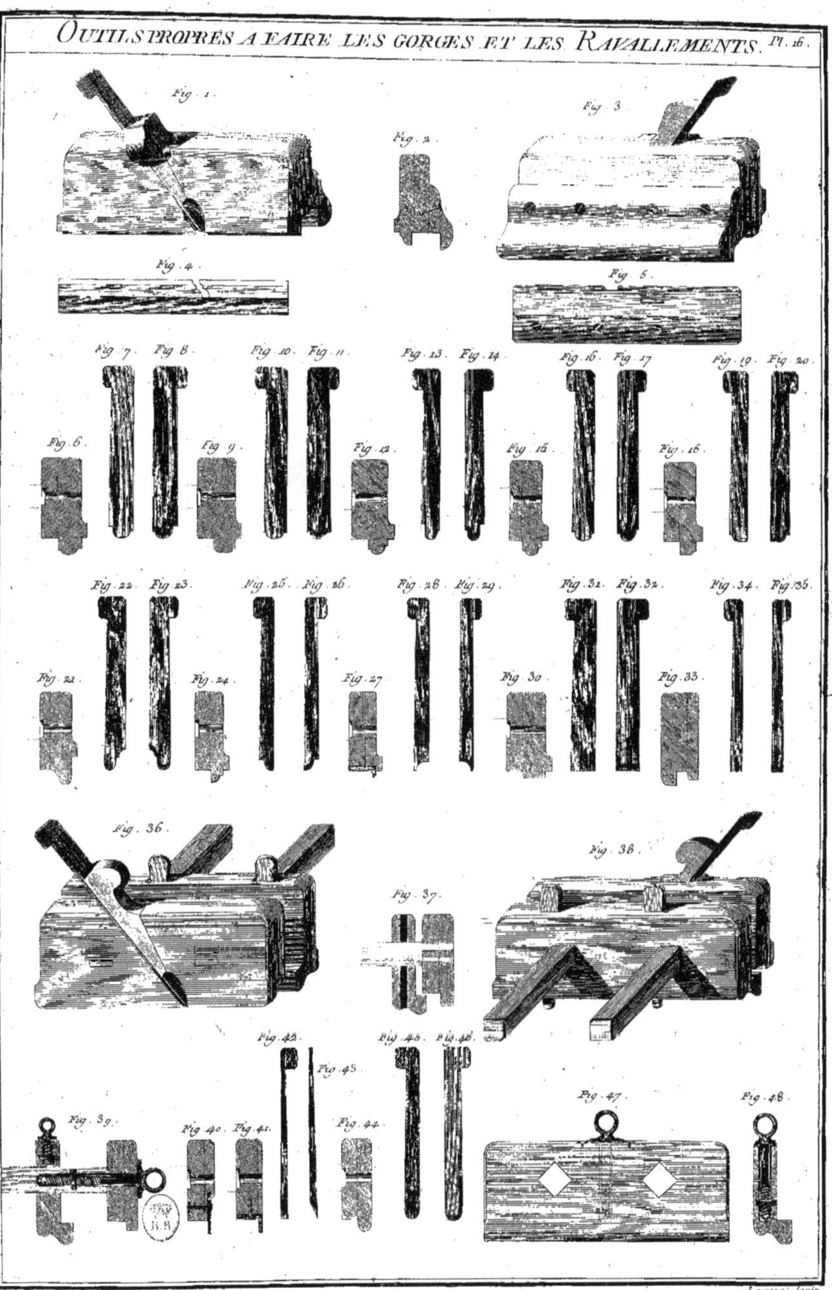
Fig. 1
Fig. 2
Fig. 3
Fig. 4
Fig. 5
Fig. 6
Fig. 7
Fig. 8
Fig. 9
Fig. 10
Fig. 11
Fig. 12
Fig. 13
Fig. 14
Fig. 15
Fig. 16
Fig. 17
Fig. 19
Fig. 20
Fig. 21
Fig. 22
Fig. 23
Fig. 24
Fig. 25
Fig. 26
Fig. 27
Fig. 28
Fig. 29
Fig. 30
Fig. 31
Fig. 32
Fig. 33
Fig. 34
Fig. 35
Fig. 36
Fig. 37
Fig. 38
Fig. 39
Fig. 40
Fig. 41
Fig. 42
Fig. 43
Fig. 44
Fig. 45
Fig. 46
Fig. 47
Fig. 48

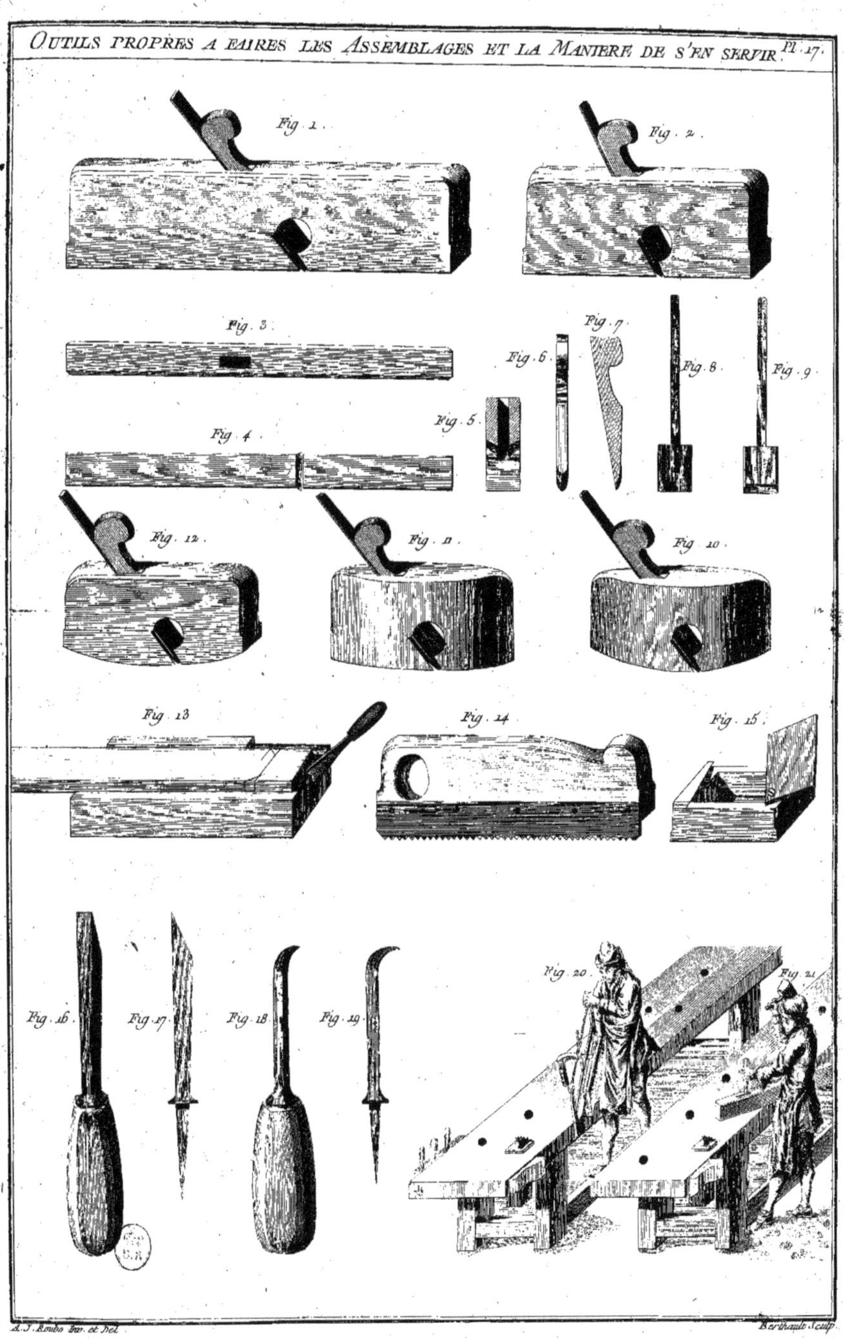
Fig. 1.
Fig. 2.
Fig. 3.
Fig. 4.
Fig. 5.
Fig. 6.
Fig. 7.
Fig. 8.
Fig. 9.
Fig. 12.
Fig. 11.
Fig. 10.
Fig. 13.
Fig. 14.
Fig. 15.
Fig. 16.
Fig. 17.
Fig. 18.
Fig. 19.
Fig. 20.
Fig. 21.

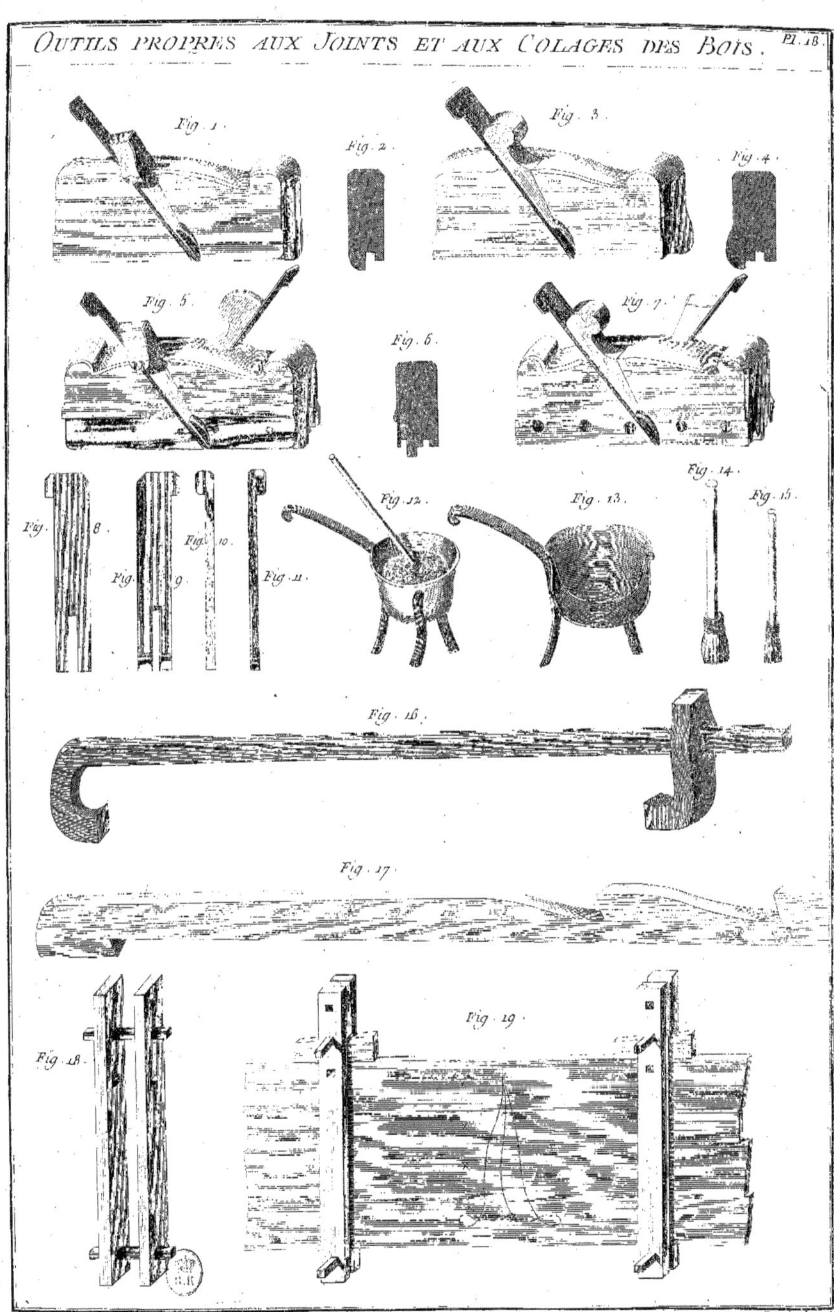

Fig. 1.
Fig. 2.
Fig. 3.
Fig. 4.
Fig. 5.
Fig. 6.
Fig. 7.
Fig. 8.
Fig. 9.
Fig. 10.
Fig. 11.
Fig. 12.
Fig. 13.
Fig. 14.
Fig. 15.
Fig. 16.
Fig. 17.
Fig. 18.
Fig. 19.

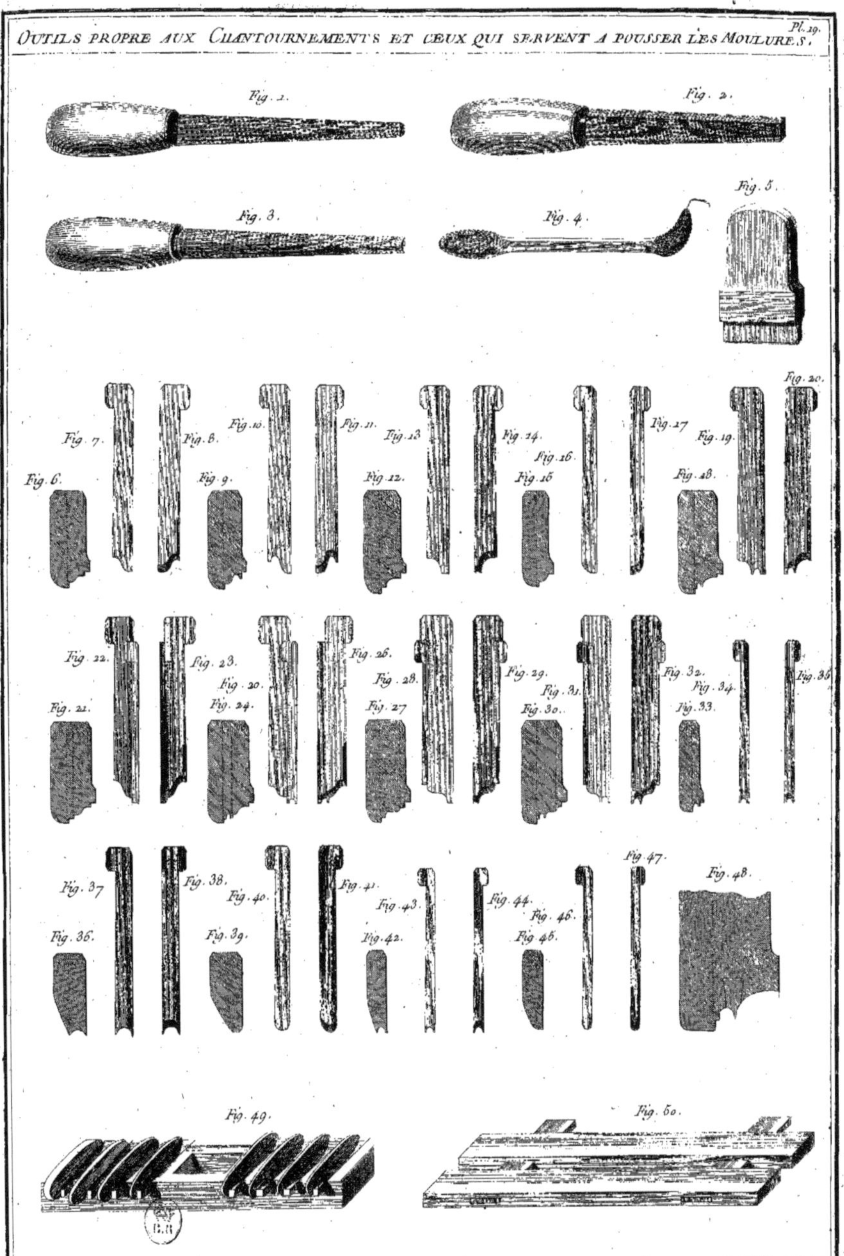

Pl. 19.
OUTILS PROPRE AUX CHANTOURNEMENTS ET CEUX QUI SERVENT A POUSSER LES MOULURES.
Fig. 1.
Fig. 2.
Fig. 3.
Fig. 4.
Fig. 5.
Fig. 6.
Fig. 7.
Fig. 8.
Fig. 9.
Fig. 10.
Fig. 11.
Fig. 12.
Fig. 13.
Fig. 14.
Fig. 15.
Fig. 16.
Fig. 17.
Fig. 18.
Fig. 19.
Fig. 20.
Fig. 21.
Fig. 22.
Fig. 23.
Fig. 24.
Fig. 25.
Fig. 26.
Fig. 27.
Fig. 28.
Fig. 29.
Fig. 30.
Fig. 31.
Fig. 32.
Fig. 33.
Fig. 34.
Fig. 35.
Fig. 36.
Fig. 37.
Fig. 38.
Fig. 39.
Fig. 40.
Fig. 41.
Fig. 42.
Fig. 43.
Fig. 44.
Fig. 45.
Fig. 46.
Fig. 47.
Fig. 48.
Fig. 49.
Fig. 50.
A. J. Roubo inv. et del.
Joth. Haussard Sculp.

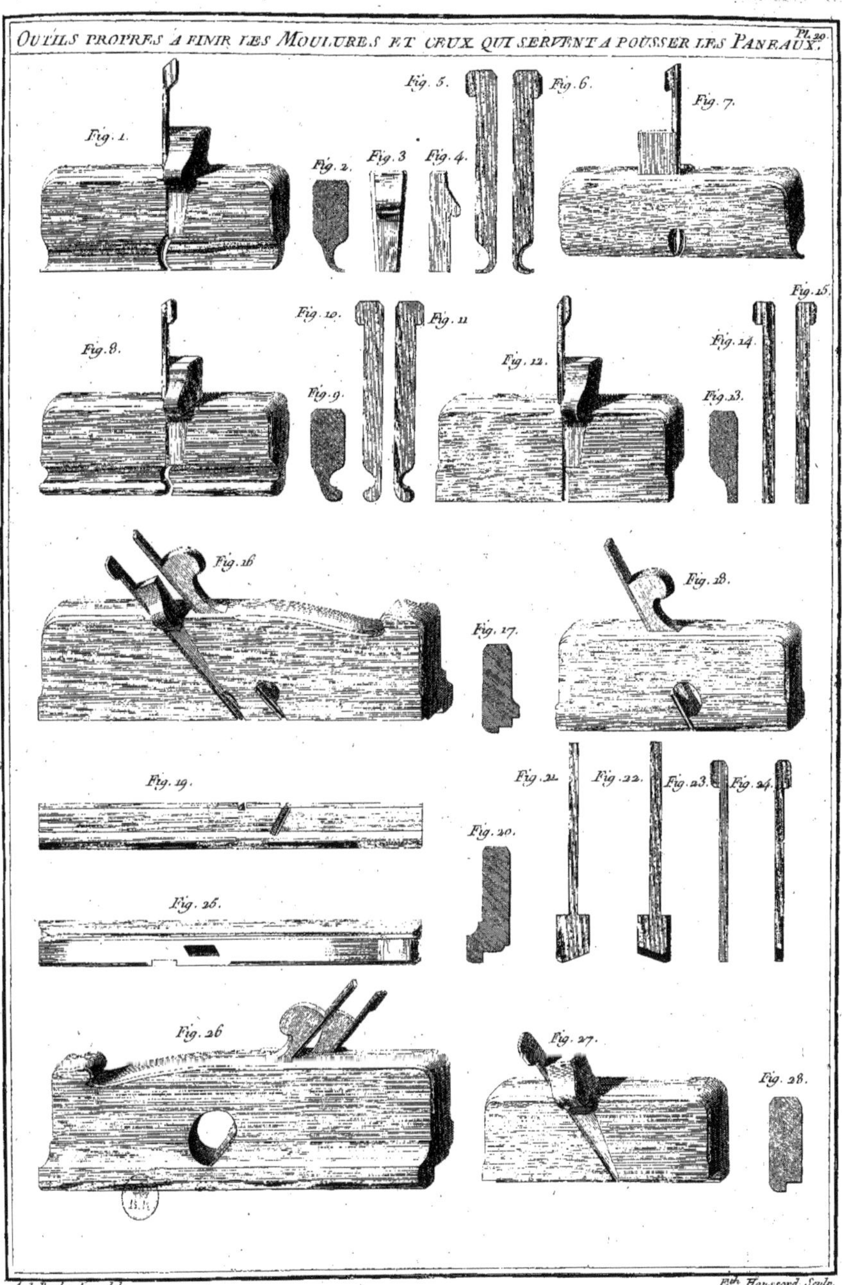

A. J. Roubo Inv. del.

E.th Haussard Sculp.

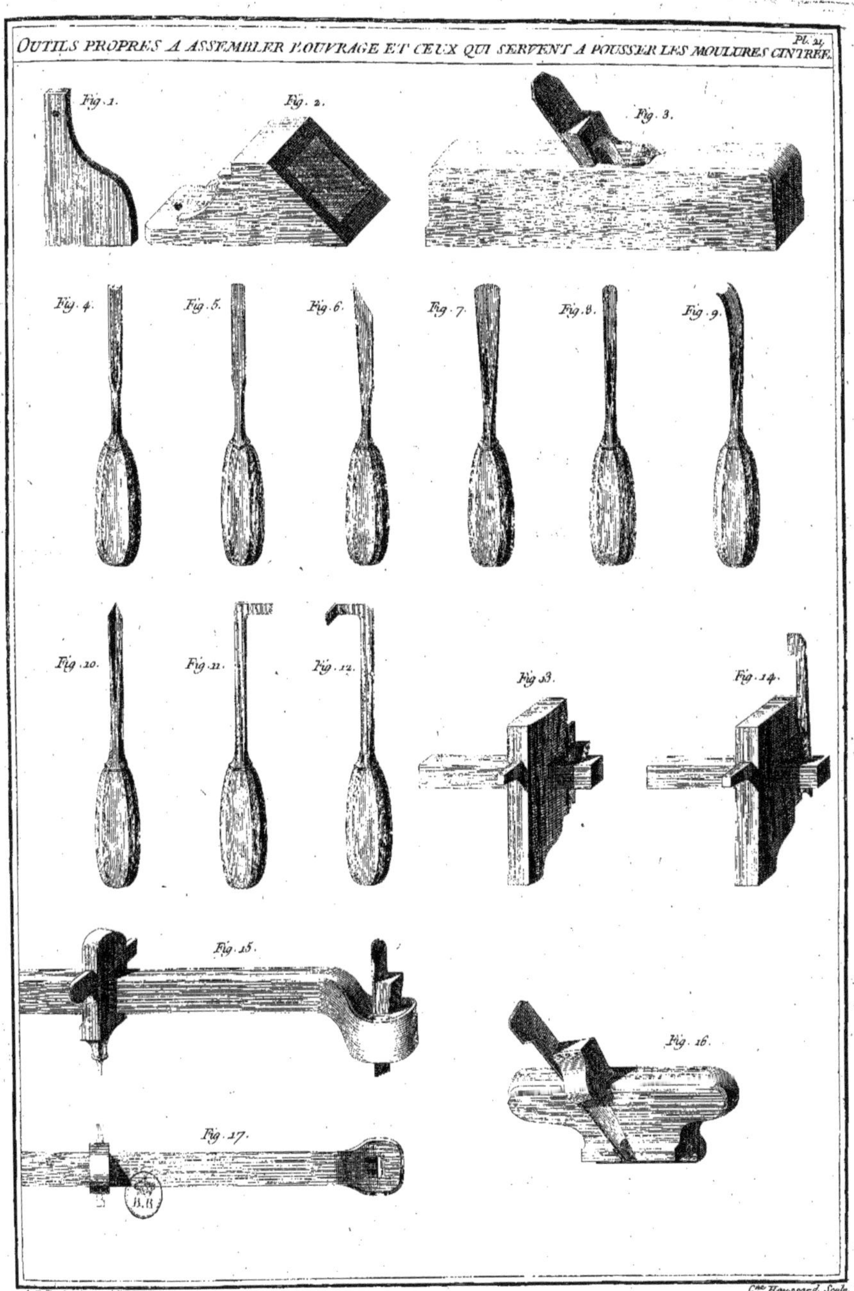

A. J. Roubo inv. et delin.

C.^{ne} Haussard Sculp.

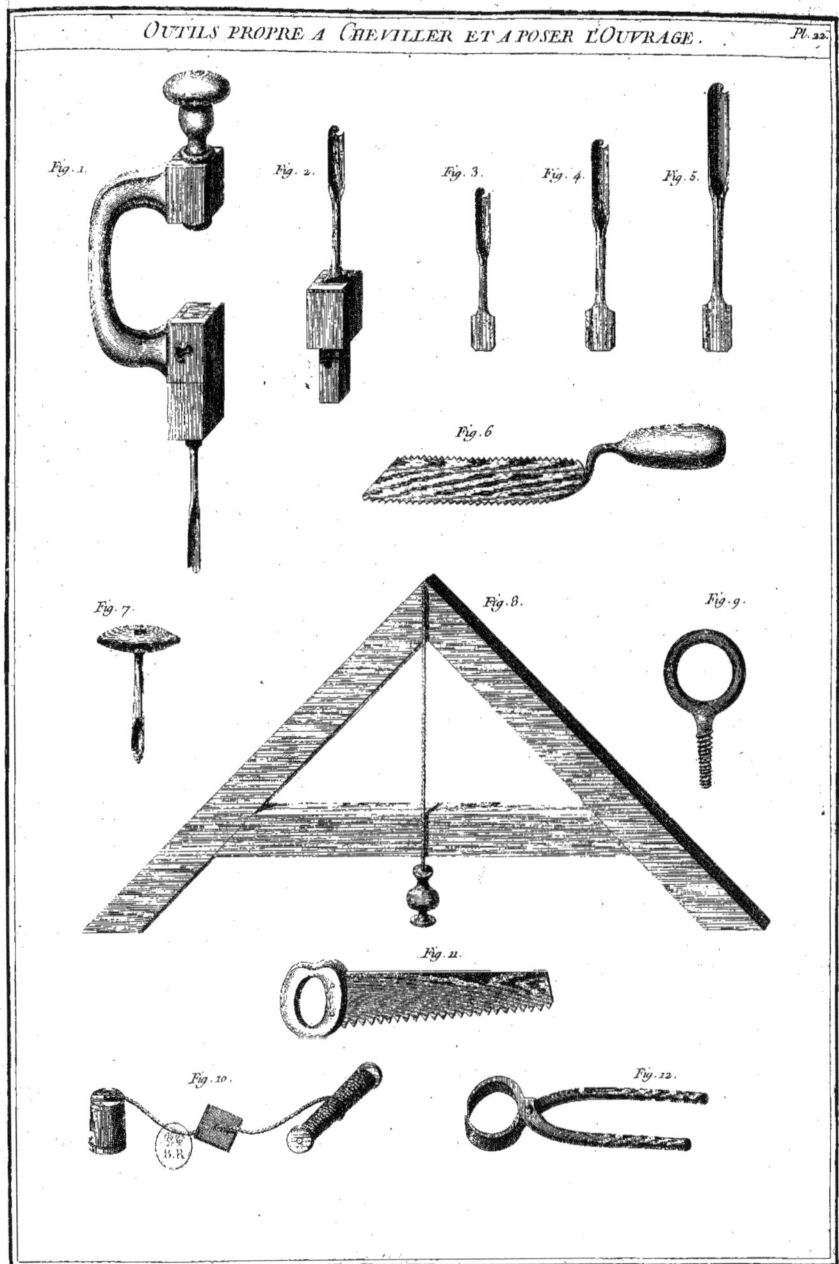

A. J. Roubo inv. et del.

C.te Houssard Sculp.

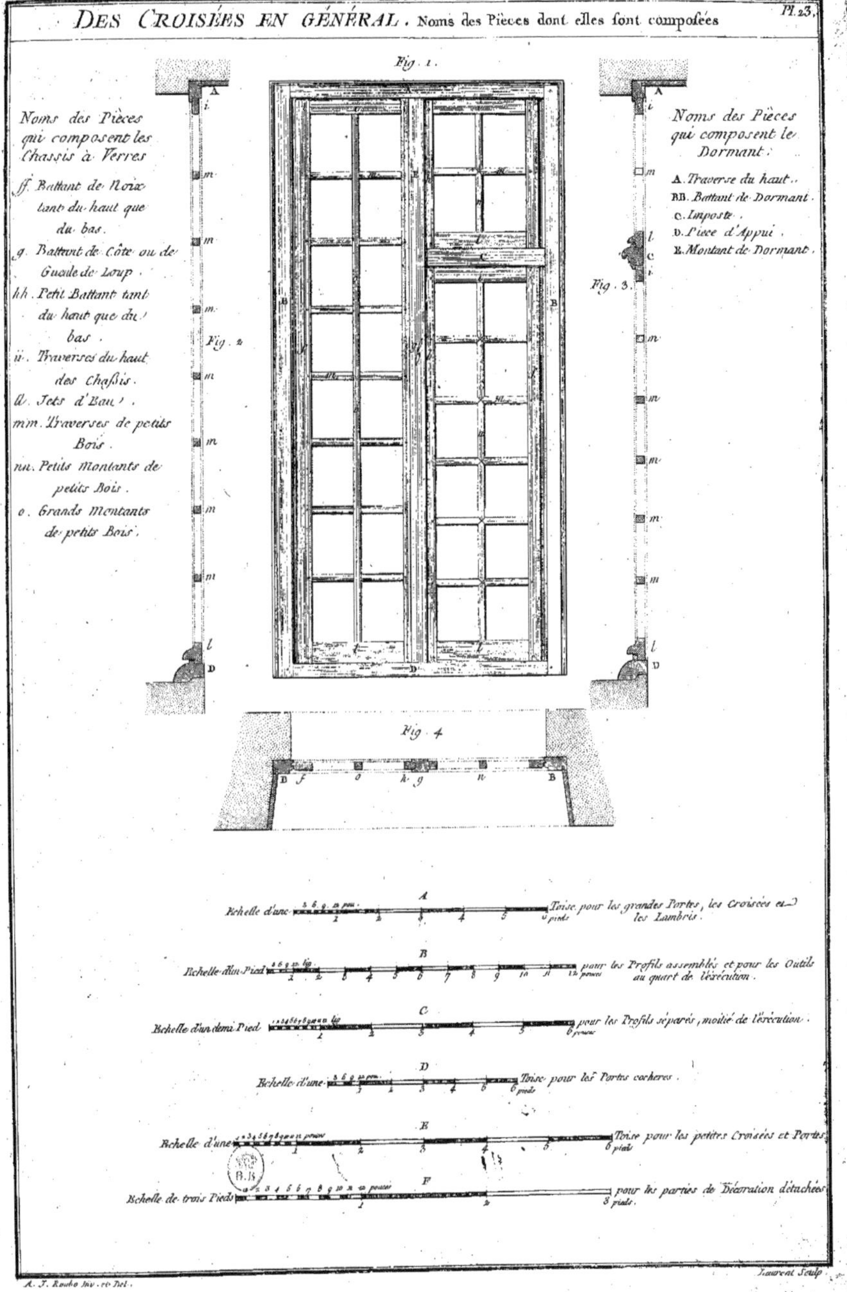

Fig. 1.
Fig. 2.
Fig. 3.
Fig. 4.

Noms des Pièces qui composent les Chassis à Verres

ff. Battant de Noix tant du haut que du bas.
g. Battant de Côte ou de Gueule de Loup.
hh. Petit Battant tant du haut que du bas.
ii. Traverses du haut des Chassis.
ll. Jets d'Eau.
mm. Traverses de petits Bois.
nn. Petits Montants de petits Bois.
o. Grands Montants de petits Bois.

Noms des Pièces qui composent le Dormant.

A. Traverse du haut.
BB. Battant de Dormant.
C. Imposte.
D. Piece d'Appui.
E. Montant de Dormant.

A. Echelle d'une Toise pour les grandes Portes, les Croisées et les Lambris.
B. Echelle d'un Pied pour les Profils assemblés et pour les Outils au quart de l'exécution.
C. Echelle d'un demi Pied pour les Profils séparés, moitié de l'exécution.
D. Echelle d'une Toise pour les Portes cocheres.
E. Echelle d'une Toise pour les petites Croisées et Portes.
F. Echelle de trois Pieds pour les parties de Décoration détachées.

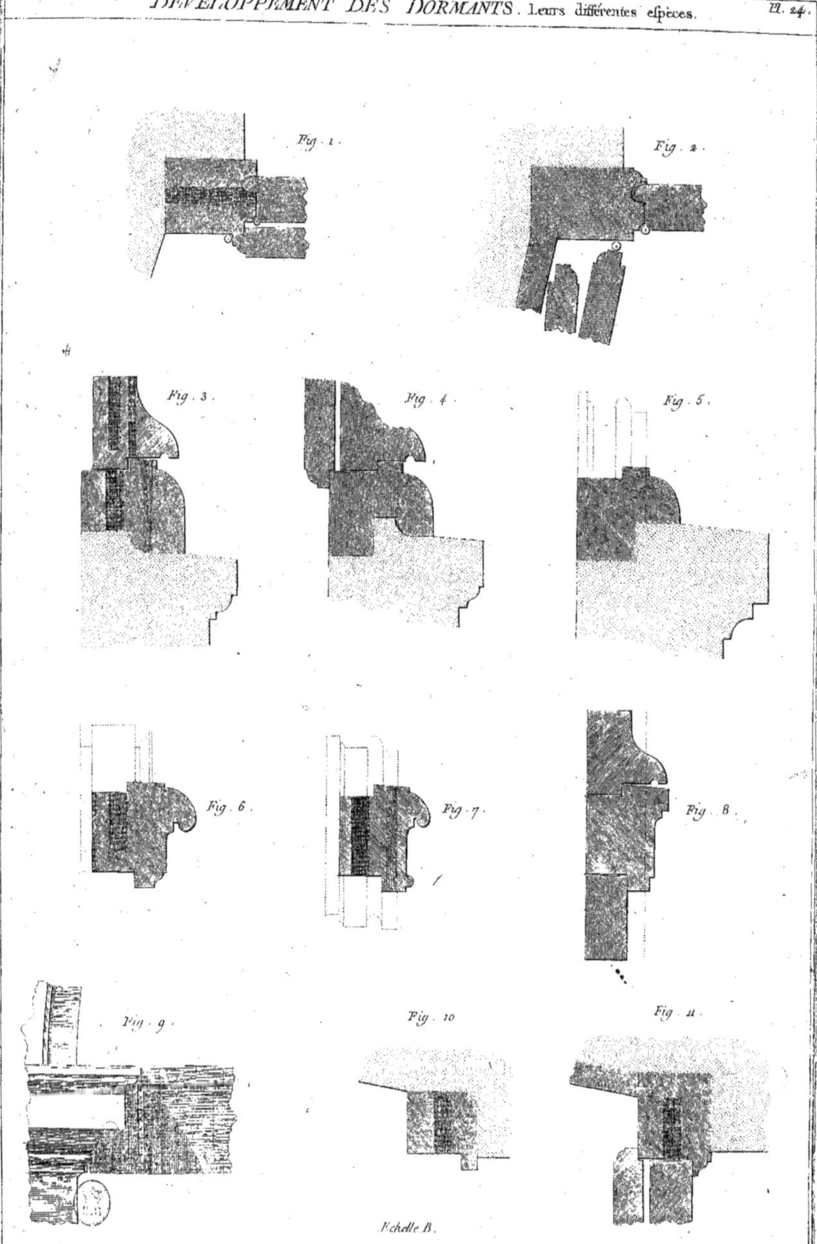

A. J. Roubo Inv. et Del.   Berthault Sculp.

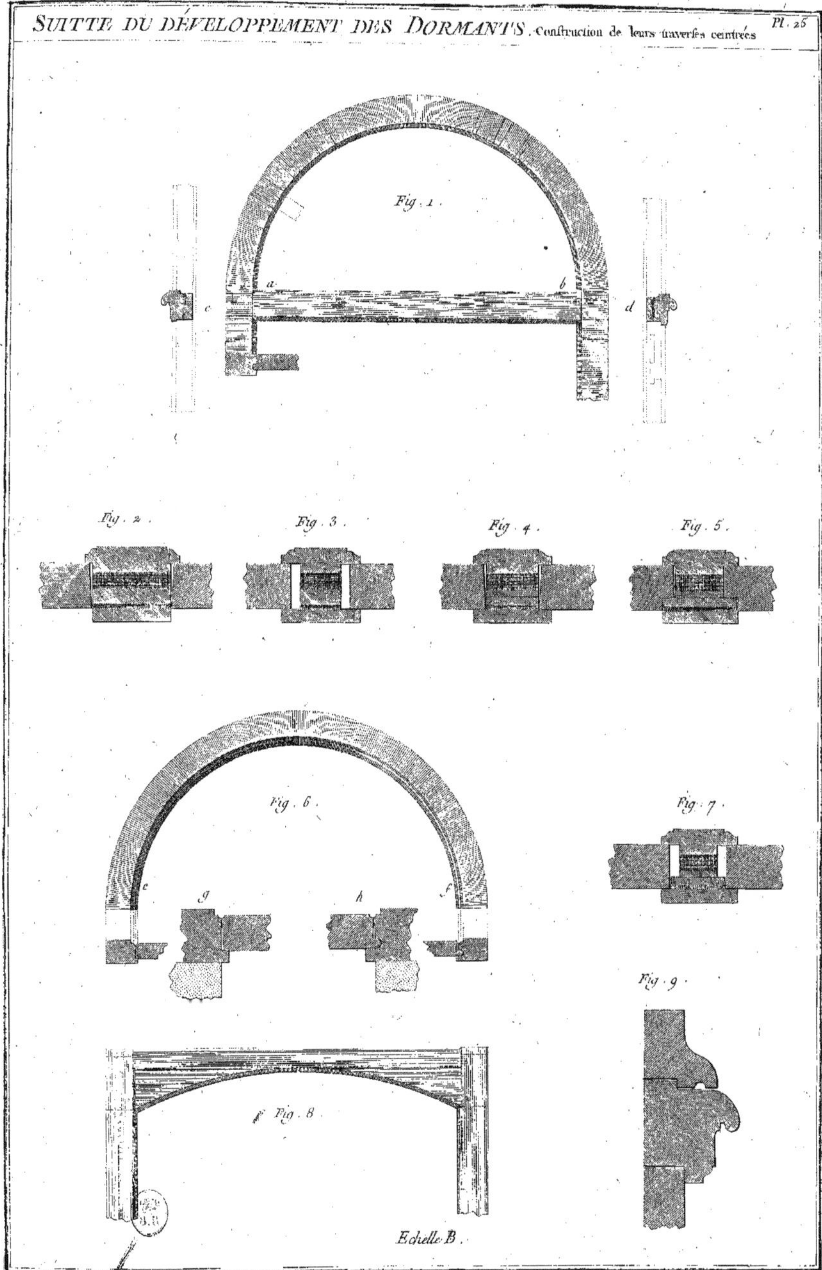

A. J. Roubo Inv. et Del.   Laurent Sculp.

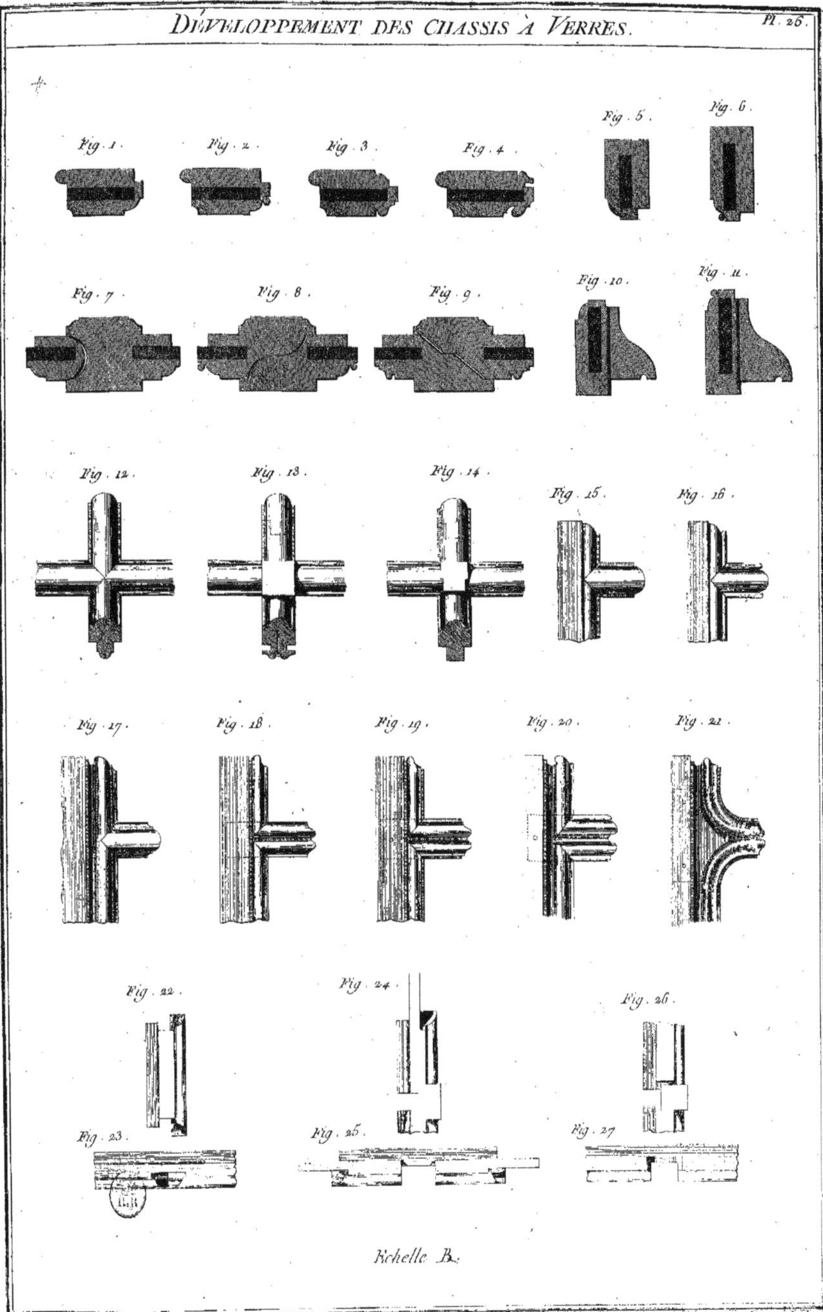

DÉVELOPPEMENT DES CHASSIS À VERRES.
Fig. 1.
Fig. 2.
Fig. 3.
Fig. 4.
Fig. 5.
Fig. 6.
Fig. 7.
Fig. 8.
Fig. 9.
Fig. 10.
Fig. 11.
Fig. 12.
Fig. 13.
Fig. 14.
Fig. 15.
Fig. 16.
Fig. 17.
Fig. 18.
Fig. 19.
Fig. 20.
Fig. 21.
Fig. 22.
Fig. 23.
Fig. 24.
Fig. 25.
Fig. 26.
Fig. 27.
Echelle B.

PROFILS DES CROISÉES ET LA MANIERE DE DIVISER LES EVANTAILS.

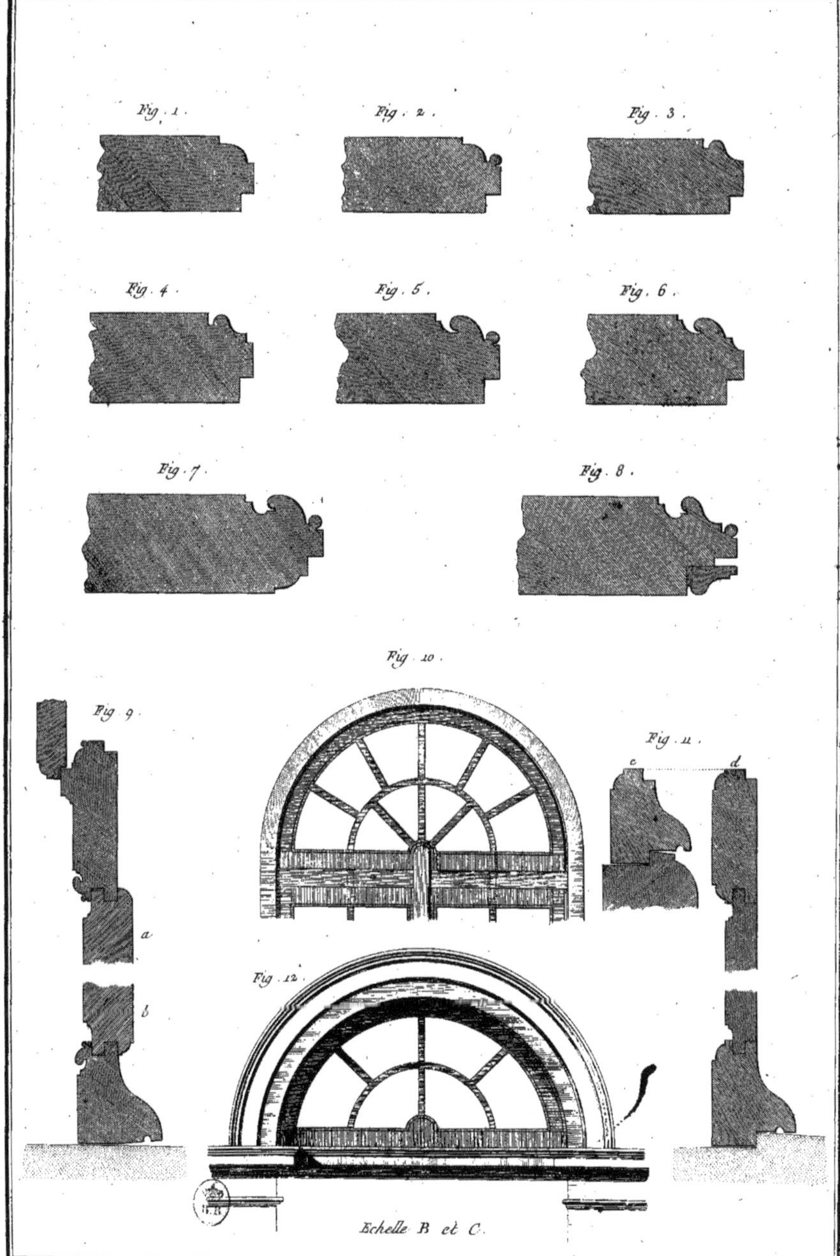
Fig. 1.
Fig. 2.
Fig. 3.
Fig. 4.
Fig. 5.
Fig. 6.
Fig. 7.
Fig. 8.
Fig. 10.
Fig. 9.
a
b
Fig. 11.
c
d
Fig. 12.
Echelle B et C.

A. J. Roubo Inv. et Del.

Berthault Sculp.

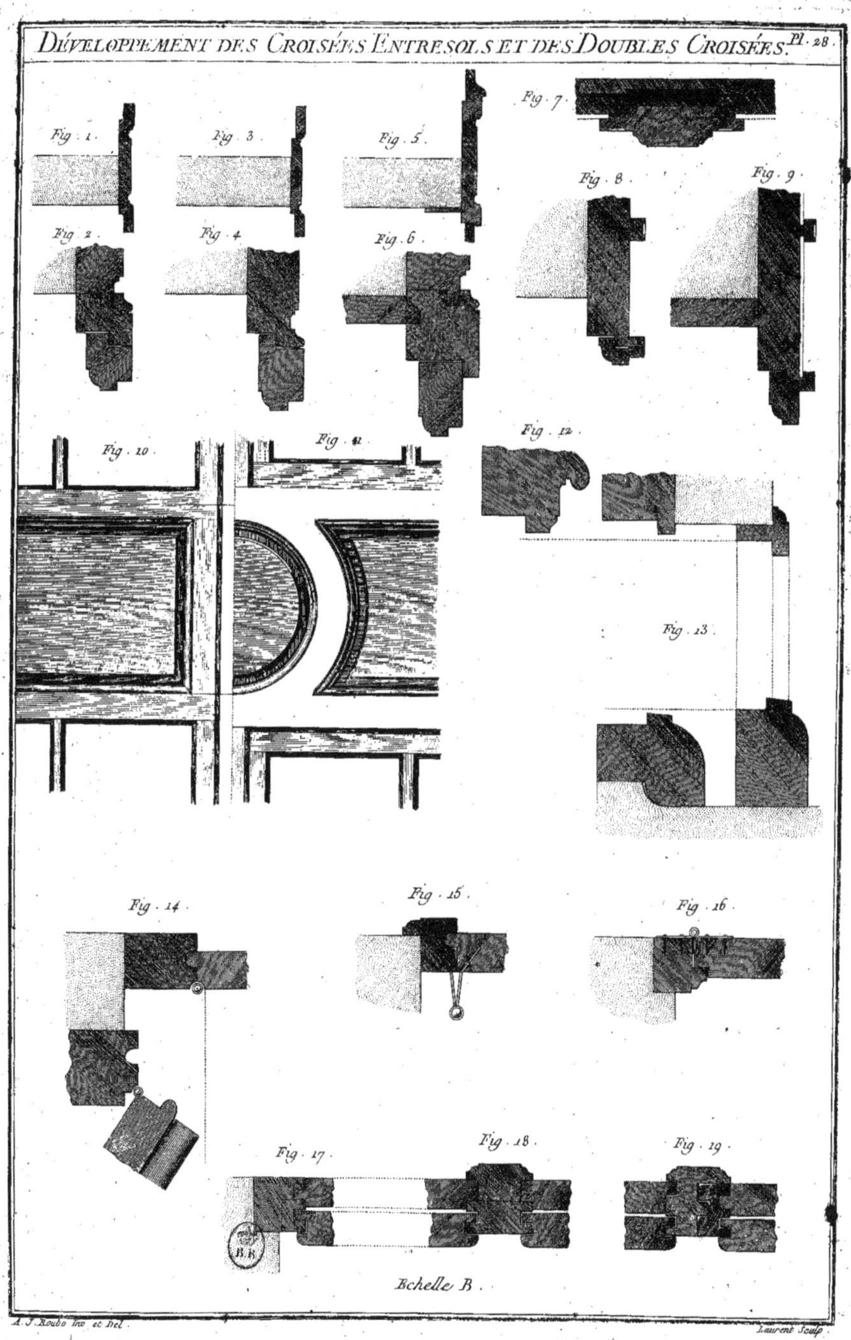

A. J. Roubo inv. et del.

Laurent Sculp.

DÉVELOPPEMENT DES JALOUSIES D'ASSEMBLAGES ET DES PERSIENNES.

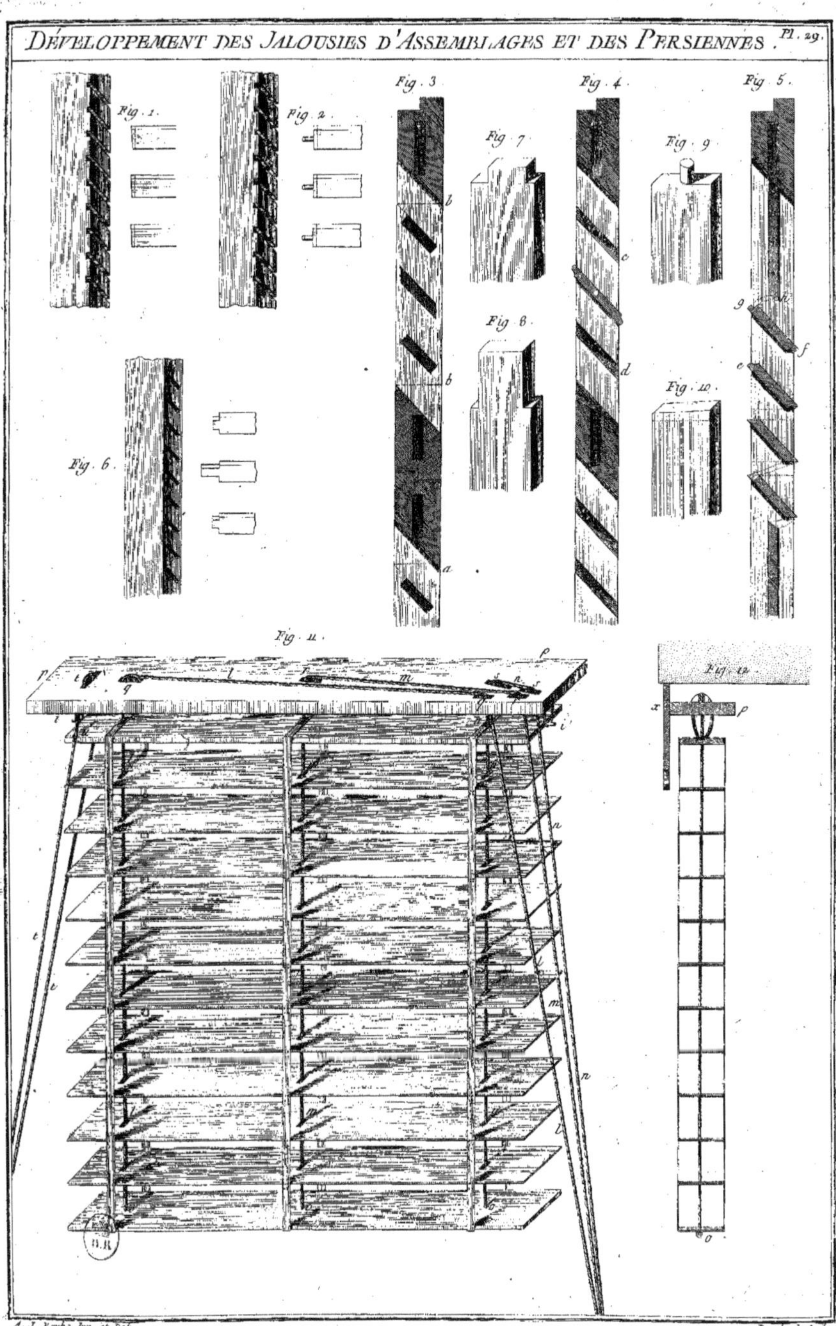

A. J. Roubo Inv. et Del.

Berthault Sculp.

DIFFERENTES MANIERES DE BRISER LES VOLETS.

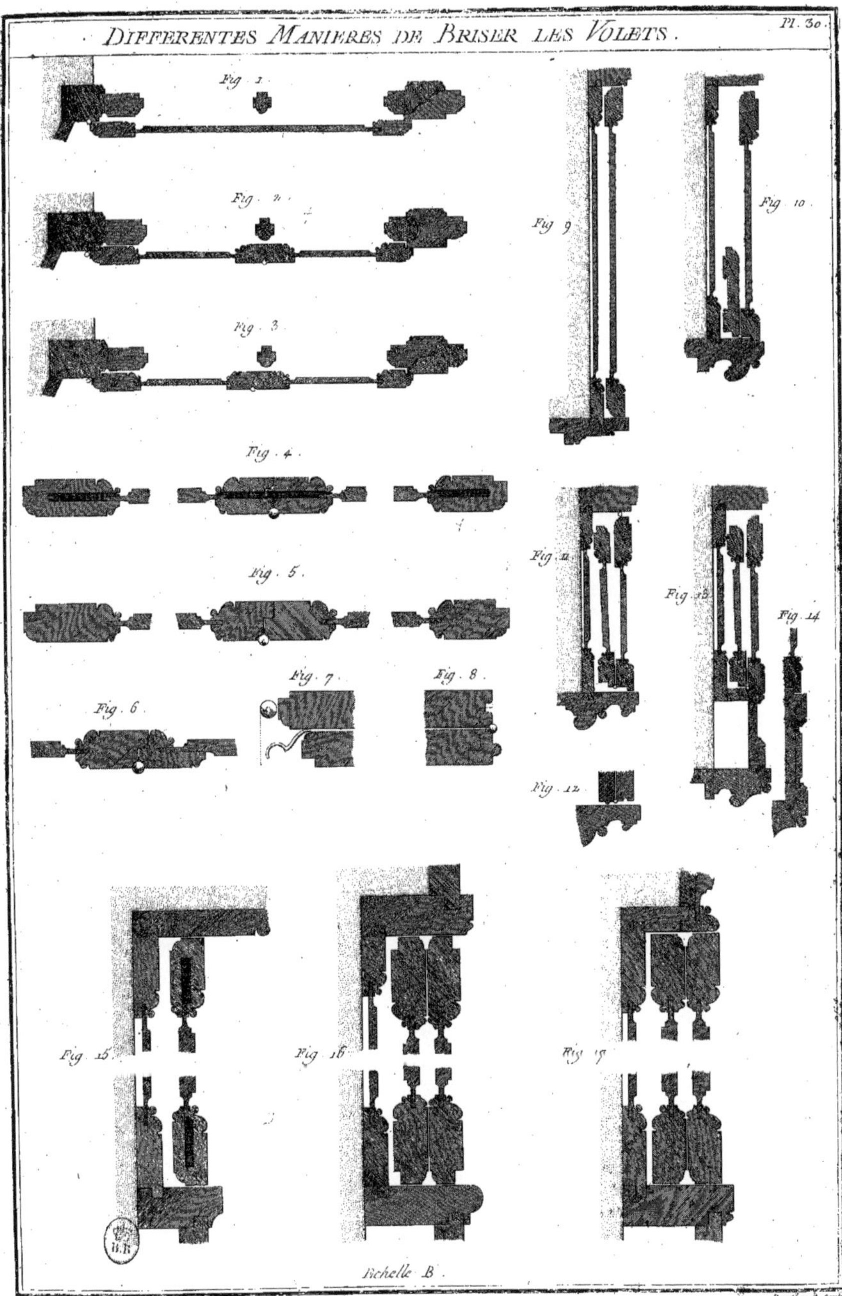

DIFFERENTES MANIERES DE DÉCORER LES VOLÈTS.
Pl. 31.
Fig. 1 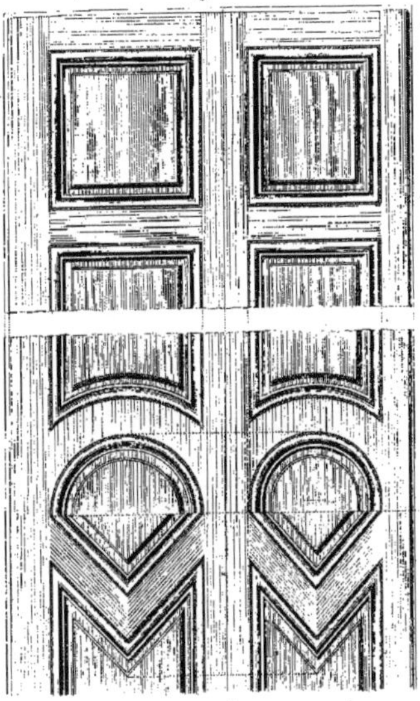
Fig. 2 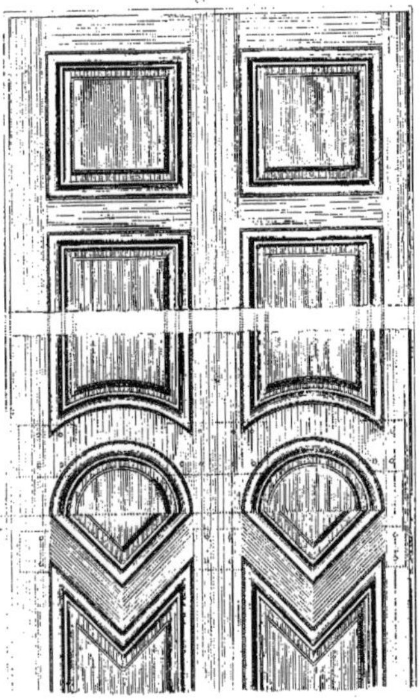
Fig. 3 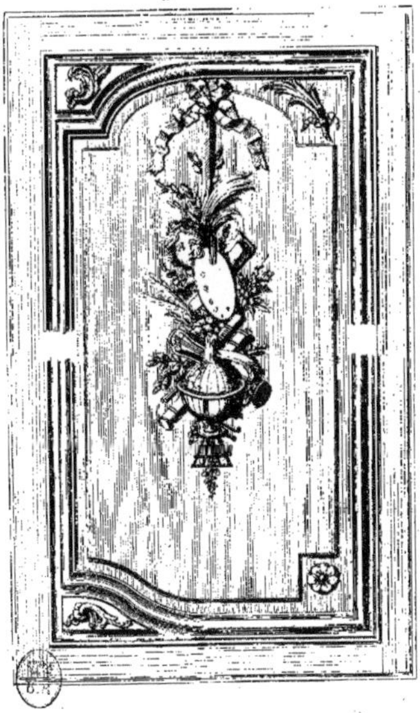
Fig. 4

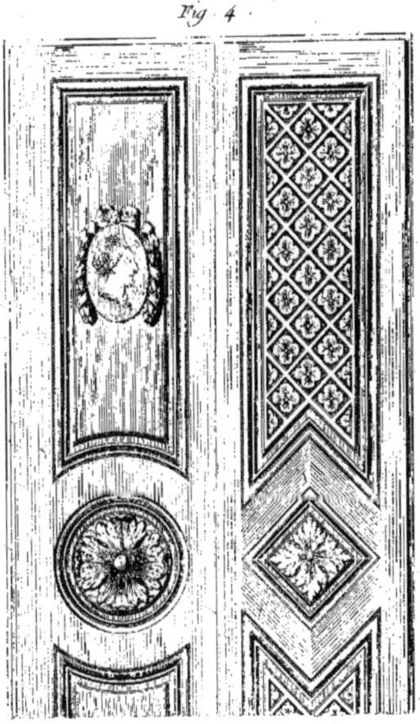

Fig. 1.

Fig. 2.

Fig. 3.

Fig. 4.

Fig. 5.

Fig. 6.

Fig. 7.

Echelle C.

A. J. Roubo Inv. et Del.

Laurent Sculp.

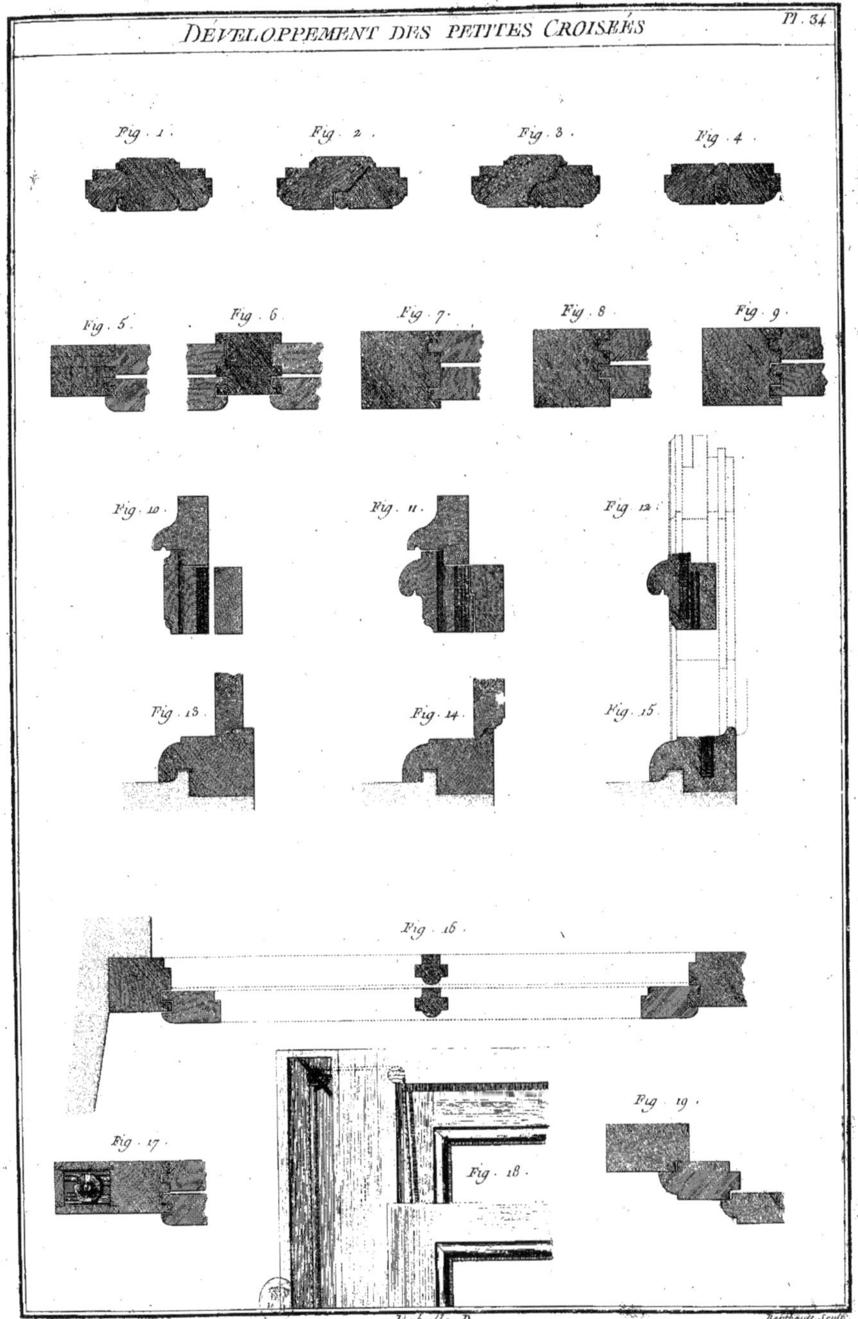

Fig. 1.
Fig. 2.
Fig. 3.
Fig. 4.
Fig. 5.
Fig. 6.
Fig. 7.
Fig. 8.
Fig. 9.
Fig. 10.
Fig. 11.
Fig. 12.
Fig. 13.
Fig. 14.
Fig. 15.
Fig. 16.
Fig. 17.
Fig. 18.
Fig. 19.

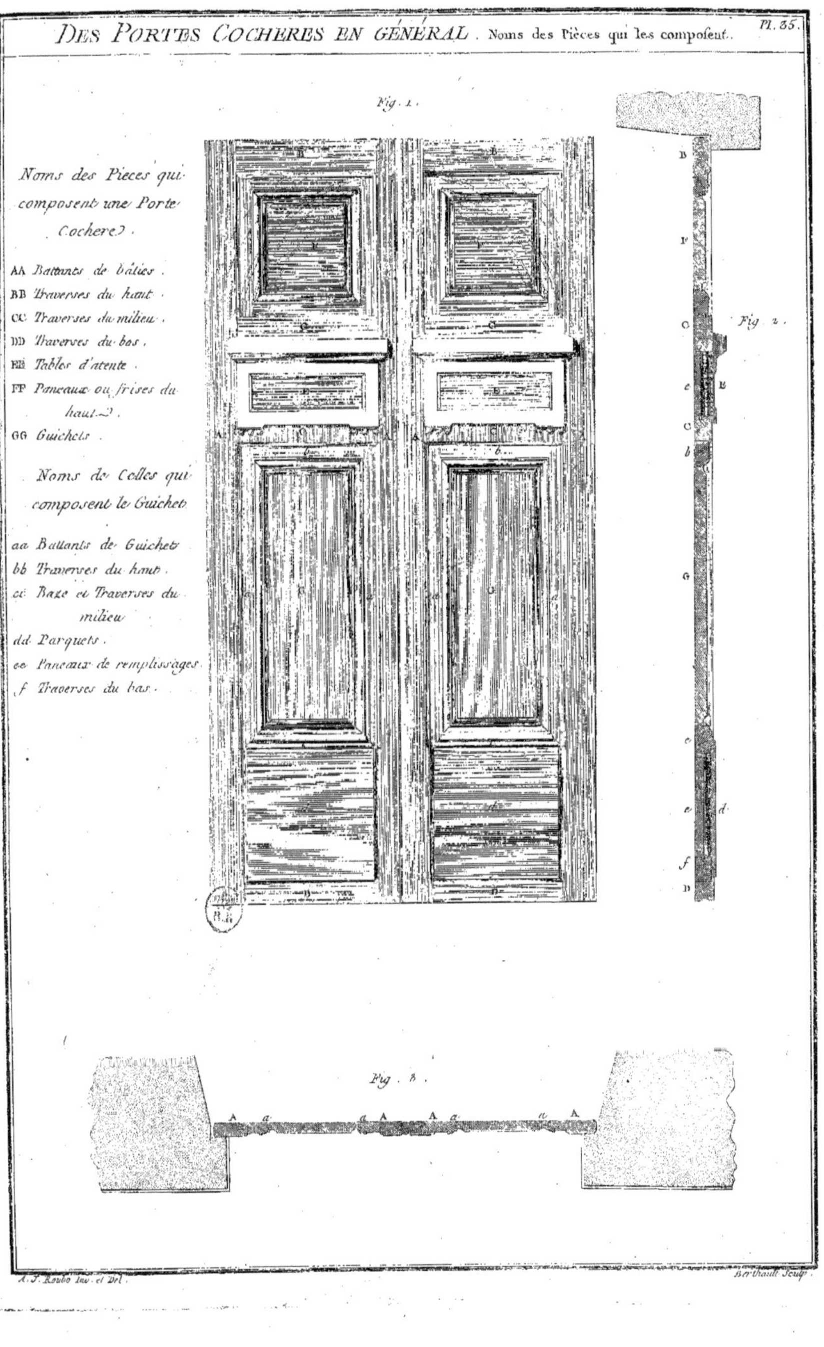

Fig. 1.

Noms des Pieces qui
composent une Porte
Cochere.

AA Battants de bâtis.
BB Traverses du haut.
CC Traverses du milieu.
DD Traverses du bas.
EE Tables d'attente.
FF Paneaux ou frises du
haut.
GG Guichets.

Noms de Celles qui
composent le Guichet.

aa Battants de Guichet.
bb Traverses du haut.
cc Bage et Traverses du
milieu.
dd Parquets.
ee Paneaux de remplissages.
f Traverses du bas.

Fig. 2.

Fig. 3.

A. J. Roubo Inv. et Del.

Berthault Sculp.

A. J. Roubo Inv. et Del.

Berthault Sculp.

A. J. Roubo Inv. et Del.

Berthault Sculp.

DEVELOPEMENT DES BÂTIS, DES PORTES COCHERES, ET DIFFEREN.^{TES} ESPECES DE TABLES SAILLAN.^{TES}

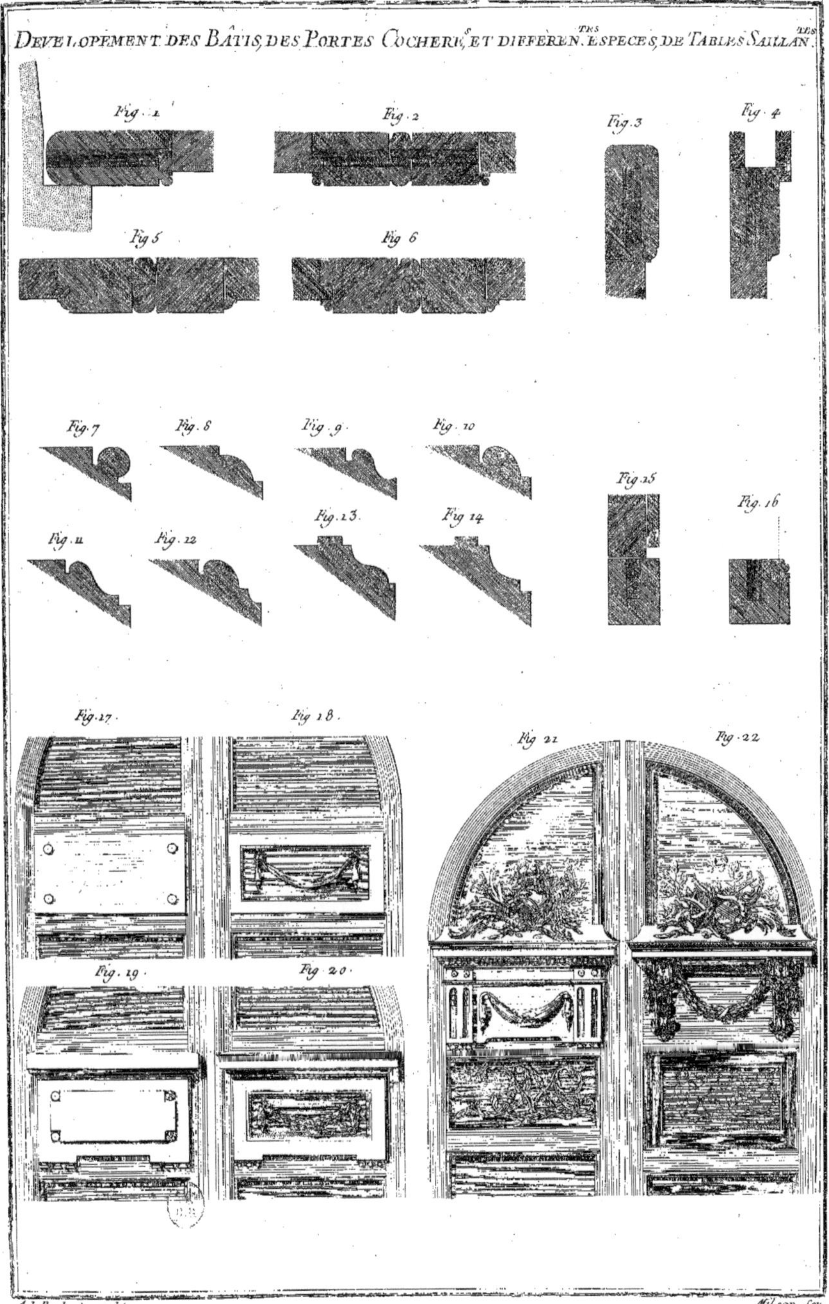

A. J. Roubo Inv. et del.

Milsan Scu.

PROFILS DES TABLES D'ATTENTE ET DES GUICHETS DES PORTES COCHERES. Pl. 39.

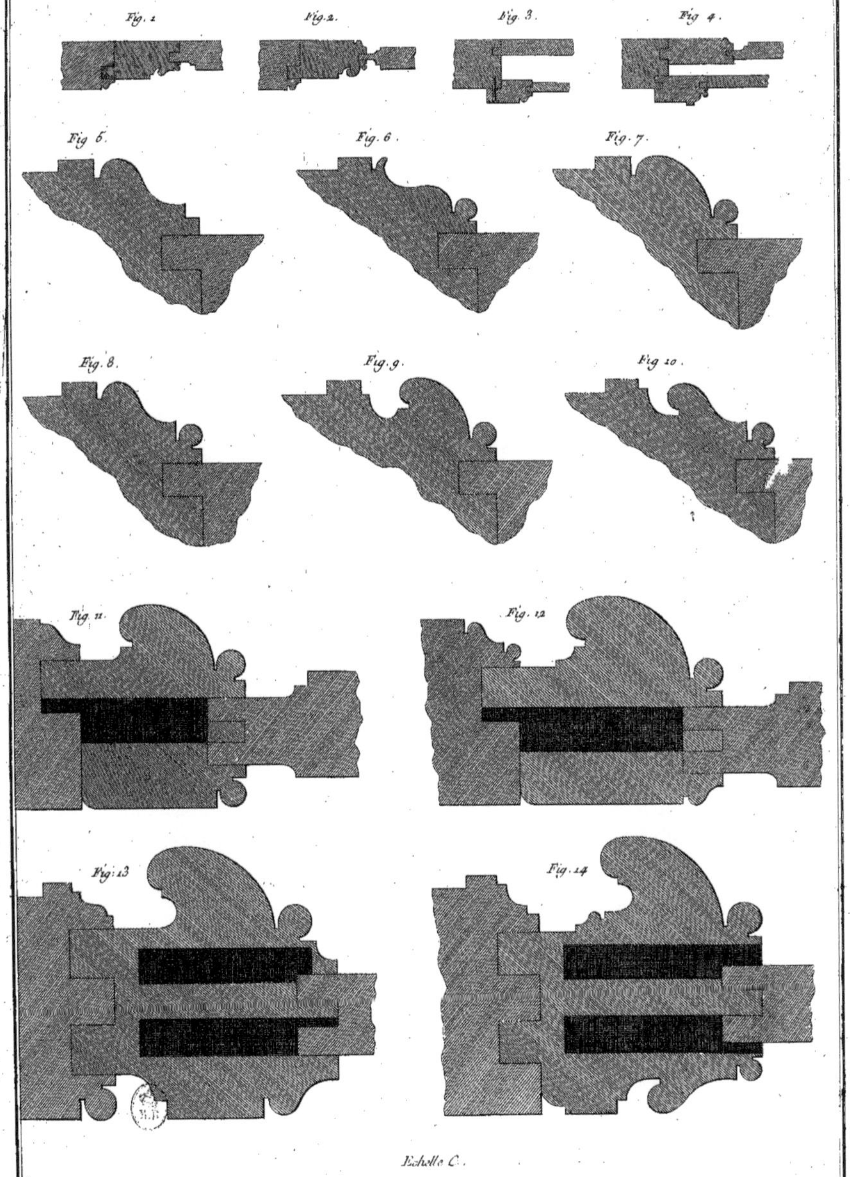

Fig. 1
Fig. 2.
Fig. 3.
Fig. 4.
Fig. 5.
Fig. 6.
Fig. 7.
Fig. 8.
Fig. 9.
Fig. 10.
Fig. 11.
Fig. 12.
Fig. 13
Fig. 14
Echelle C.

A. J. Roubo Inv. et Del.

Laurent Sculp.

DIFFERENTES ESPÉCES DE PARQUETS, ET DE BASSES, POUR LES PORTES COCHERES.

Fig. 1. — Fig. 2. — Fig. 3. — Fig. 4.

Fig. 5. — Fig. 6. — Fig. 7. — Fig. 8.

Fig. 9. — Fig. 10. — Fig. 11. — Fig. 12.

Fig. 13. — Fig. 14. — Fig. 15. — Fig. 16.

Fig. 17. — Fig. 18. — Fig. 19.

Fig. 20. — Fig. 21. — Fig. 22. — Fig. 23. — Fig. 24.

Echelle B.

A. J. Roubo Inv. et Del. — Maison Sculp.

CONSTRUCTION DES PORTES CHARETIERES ET DES BASSES COURS. Pl. 41.

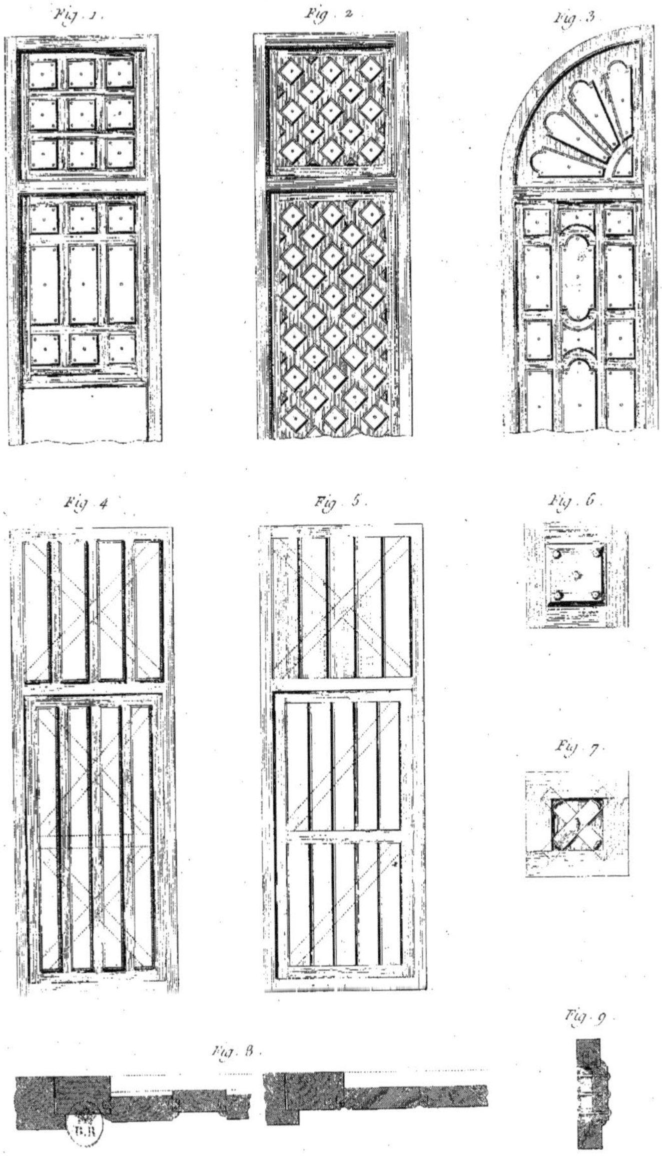

Fig. 1.
Fig. 2.
Fig. 3.
Fig. 4.
Fig. 5.
Fig. 6.
Fig. 7.
Fig. 8.
Fig. 9.

A. J. Roubo Inv. et Del.

Laurent Sculp.

DÉCORATION ET CONSTRUCTION DES PORTES BATARDES. Pl. 42.

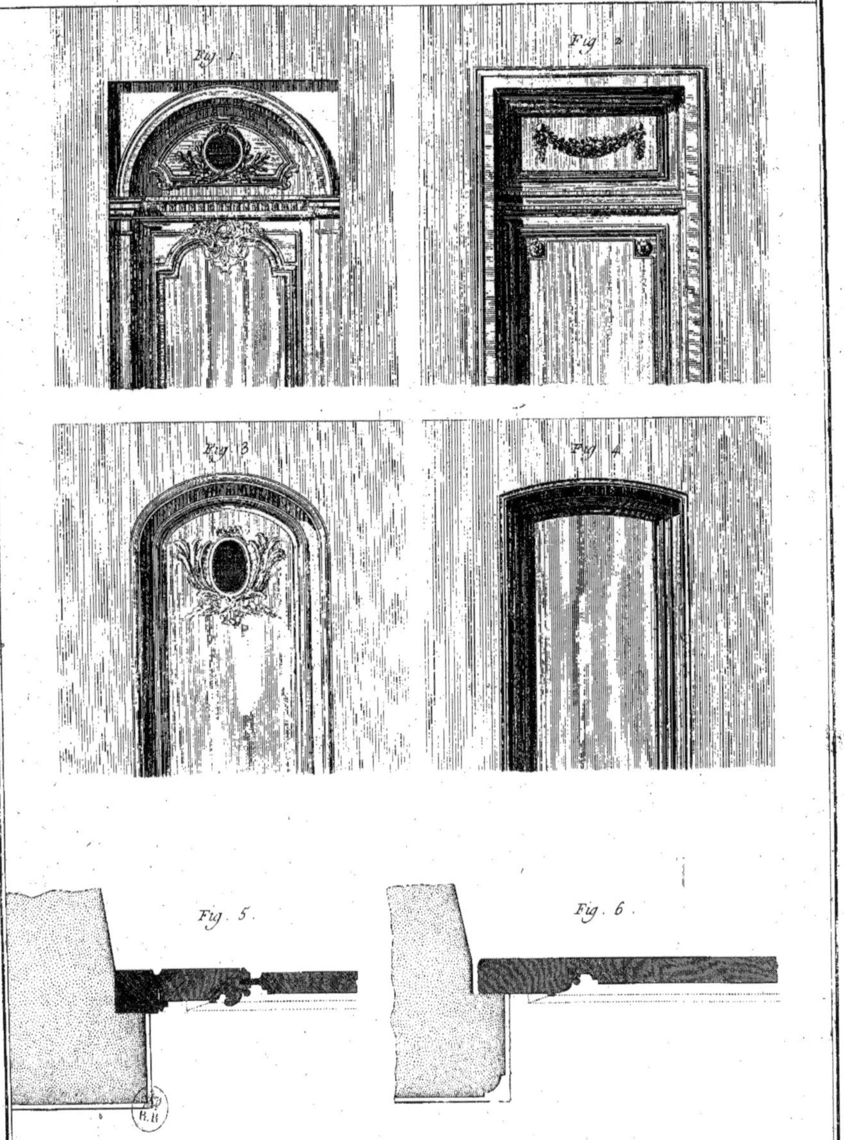
Fig. 1.
Fig. 2.
Fig. 3.
Fig. 4.
Fig. 5.
Fig. 6.

Echelle B et D.

A. J. Roubo inv. et Del. Berthault Sculp.

Fig. 1.

Fig. 2.

Noms des Pièces qui
composent un Placard.

AA Battants de Chambranle.

B Traverse de Chambranle
ou Emboîture.

CC Double Chambranle.

DD Portes ou Vanteaux du
Placard.

EE Cotés ou revetissements
des Embrasements.

P Plafond des Embrasements.

Noms de Celles qui
composent les Portes.

aa Battants de Portes.

bb Traverses du haut.

cc Traverses du milieu.

dd Traverses du bas.

ee Paneaux du haut.

ff Paneaux de l'appui.

gg Paneaux de frises.

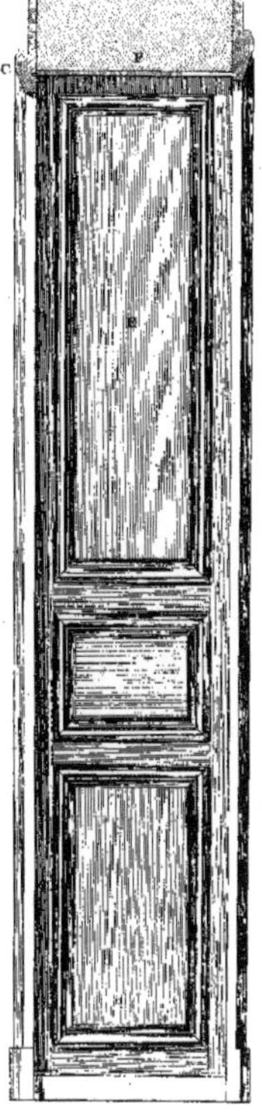

Fig. 3.

A. J. Roubo Inv. et Del.

Laurent Sculp.

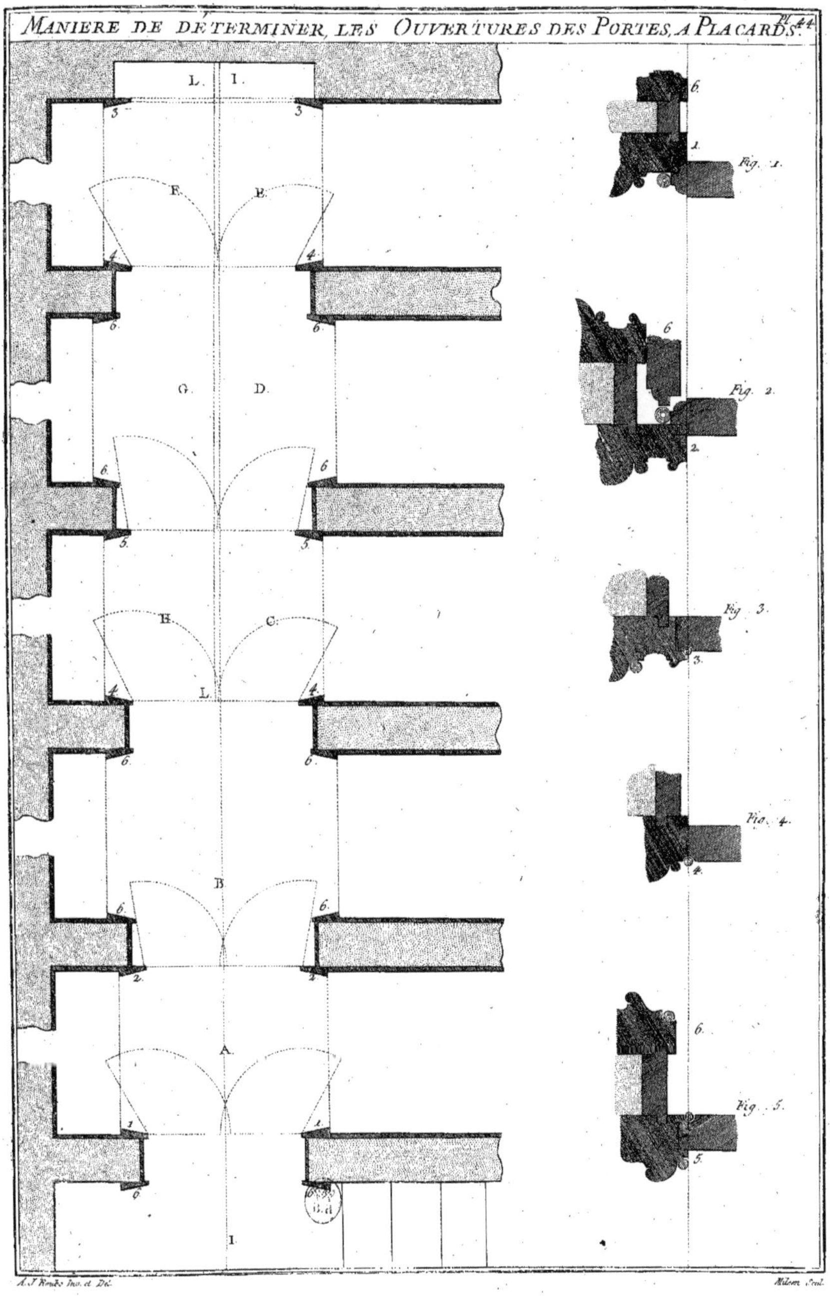

A.J. Roubo Inv. et Del.

Milsan Sculp.

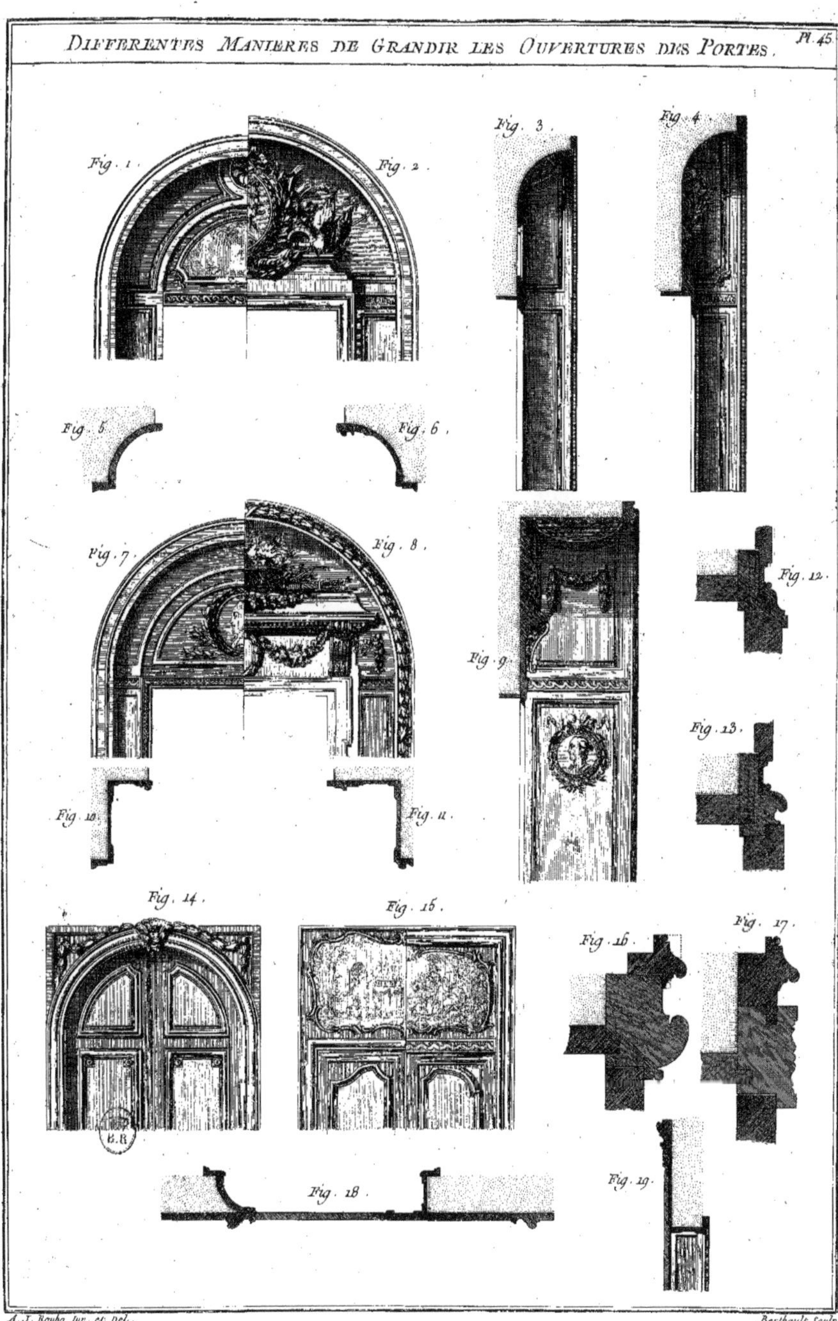

DIFFERENTES MANIERES DE GRANDIR LES OUVERTURES DES PORTES.
Fig. 1.
Fig. 2.
Fig. 3.
Fig. 4.
Fig. 5.
Fig. 6.
Fig. 7.
Fig. 8.
Fig. 9.
Fig. 10.
Fig. 11.
Fig. 12.
Fig. 13.
Fig. 14.
Fig. 15.
Fig. 16.
Fig. 17.
Fig. 18.
Fig. 19.

PROFILS DES CHAMBRANLES ET LA MANIERE DE DÉTERMINER LES APPUIS DES PORTES.

Fig. 1.

Fig. 2.

Fig. 3.

Fig. 4.

Fig. 5.

Fig. 6.

Fig. 7.

Fig. 8.

Fig. 9.

Fig. 10.

Fig. 11.

Fig. 12.

Fig. 13.

Fig. 14.

Fig. 15.

Fig. 16.

Fig. 17.

Fig. 18.

Fig. 19.

Fig. 20.

Echelle C.

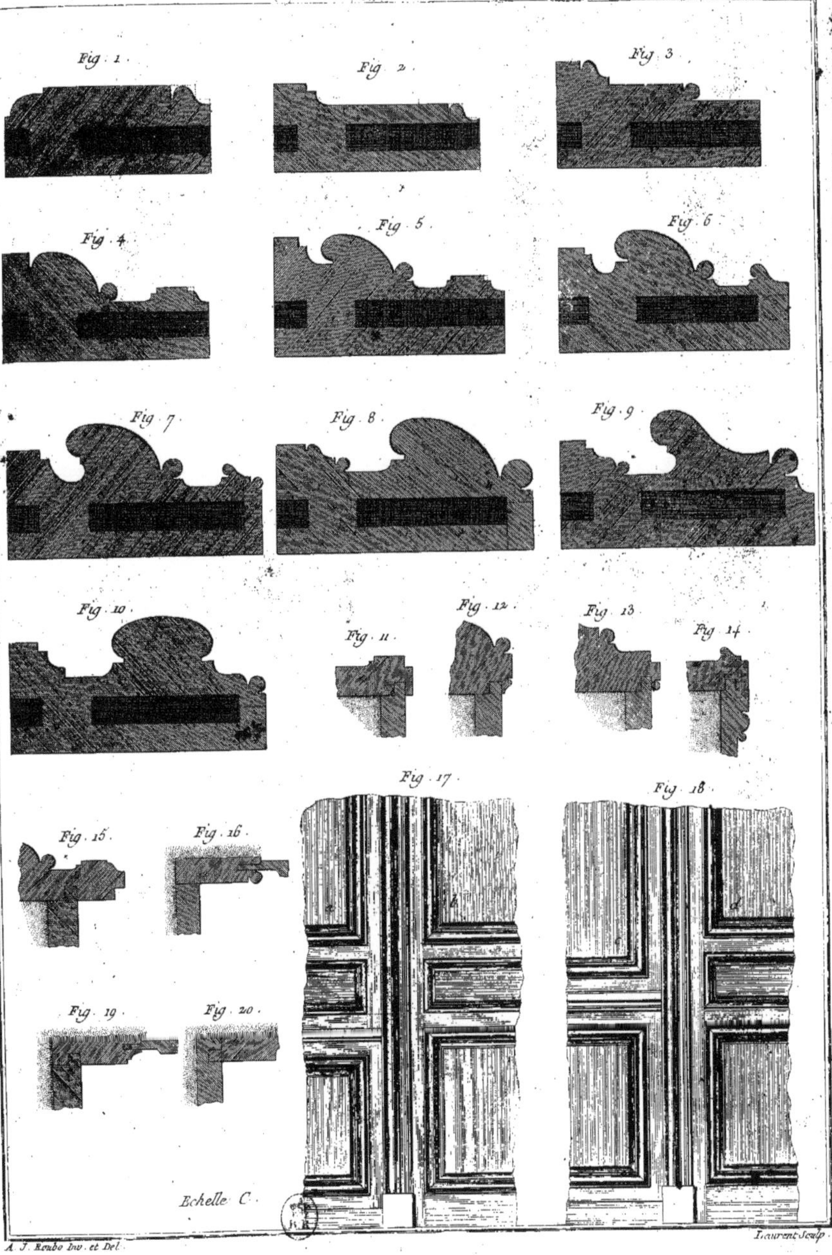

A. J. Roubo Inv. et Del.

Laurent Sculp.

PROFILS DES PLACARDS A GRANDS ET PETITS CADRES.

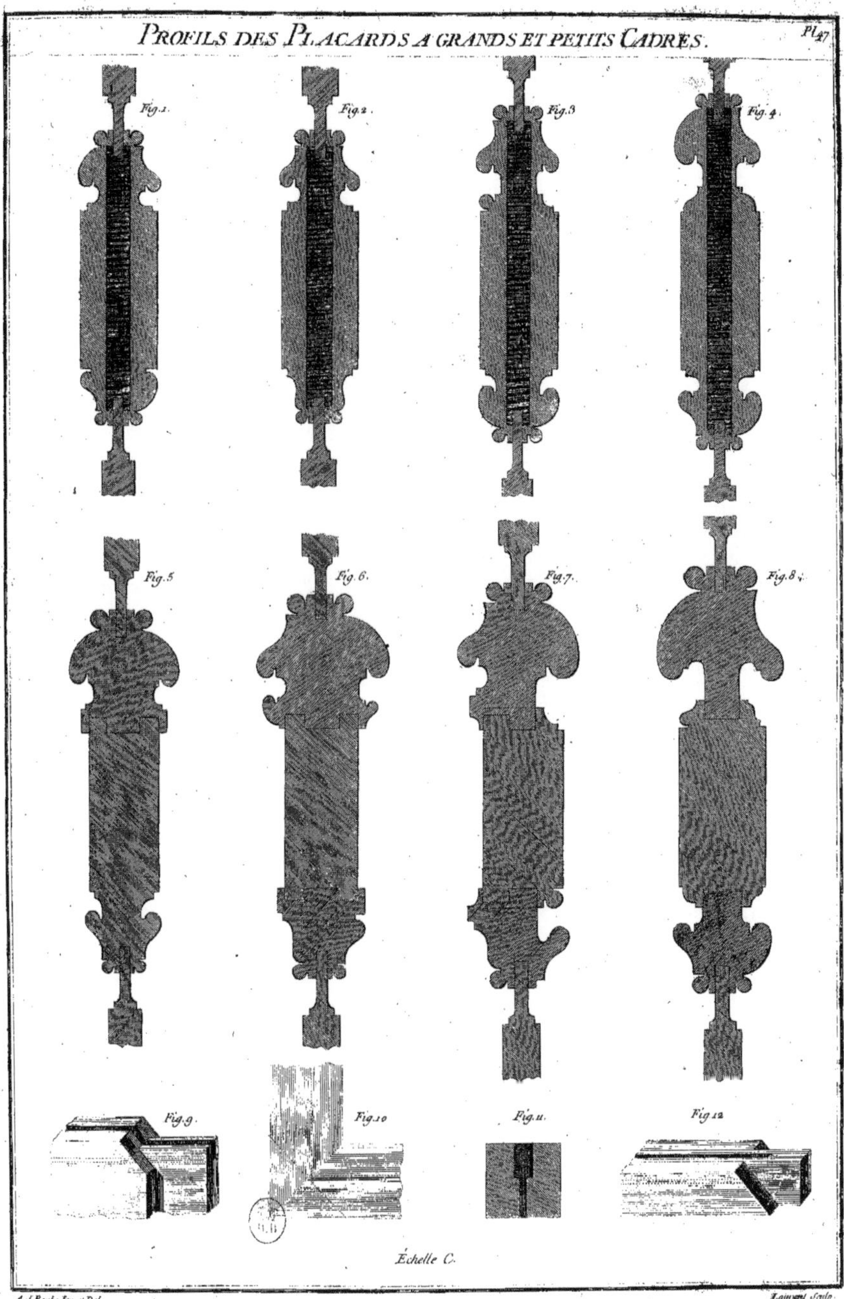

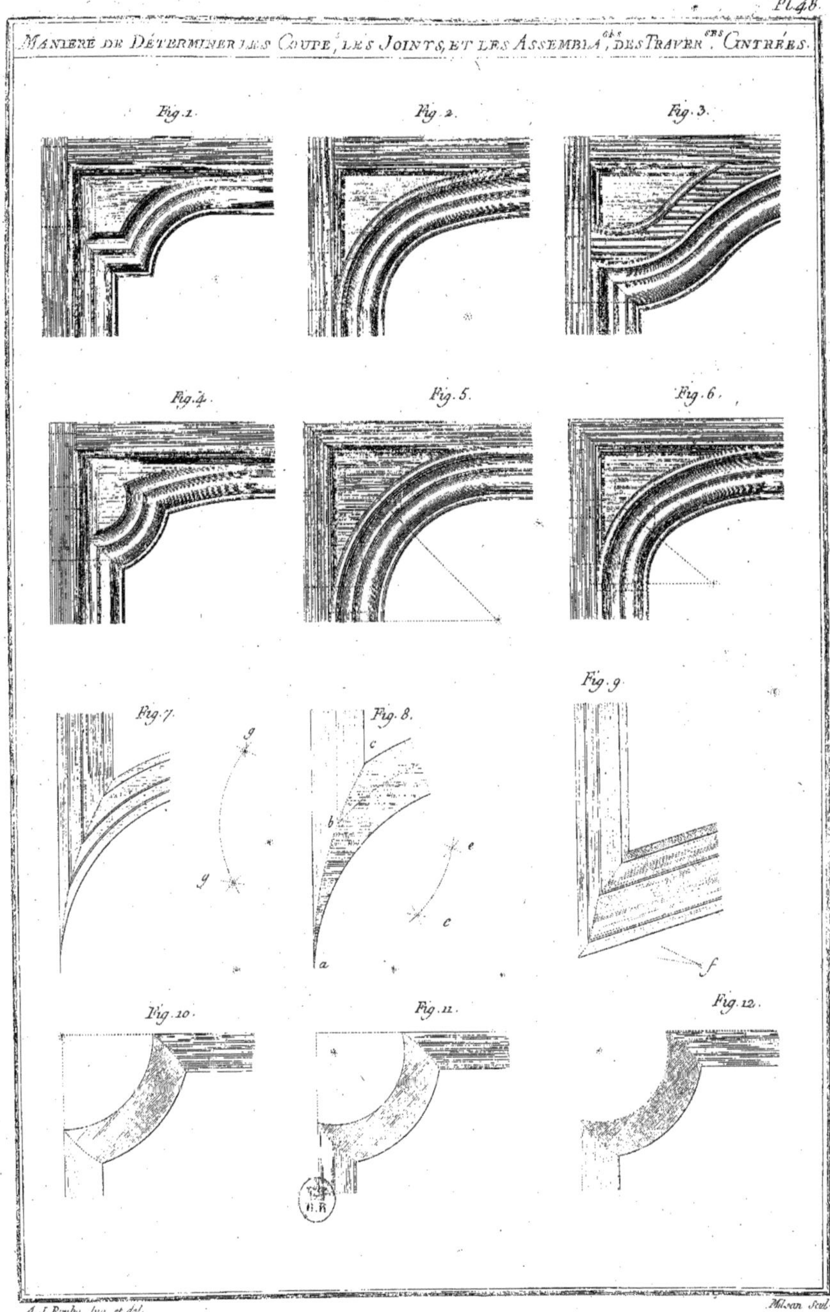

A. J. Roubo Inv. et del.   Pilson Scul.

DÉVELOPEMENT DES PORTES COUPÉS ET DE CELLES QUI CHANGENT DE DÉCORATIONS.

Fig. 1.

Fig. 2.

Fig. 3.

Fig. 4.

Fig. 5.

Fig. 6.

Fig. 7.

Fig. 8.

Fig. 9.

Fig. 10.

Fig. 11.

Fig. 12.

Fig. 13.

Fig. 14.

Fig. 15.

Fig. 16.

A. J. Roubo inv. et del.

M. Sculp.

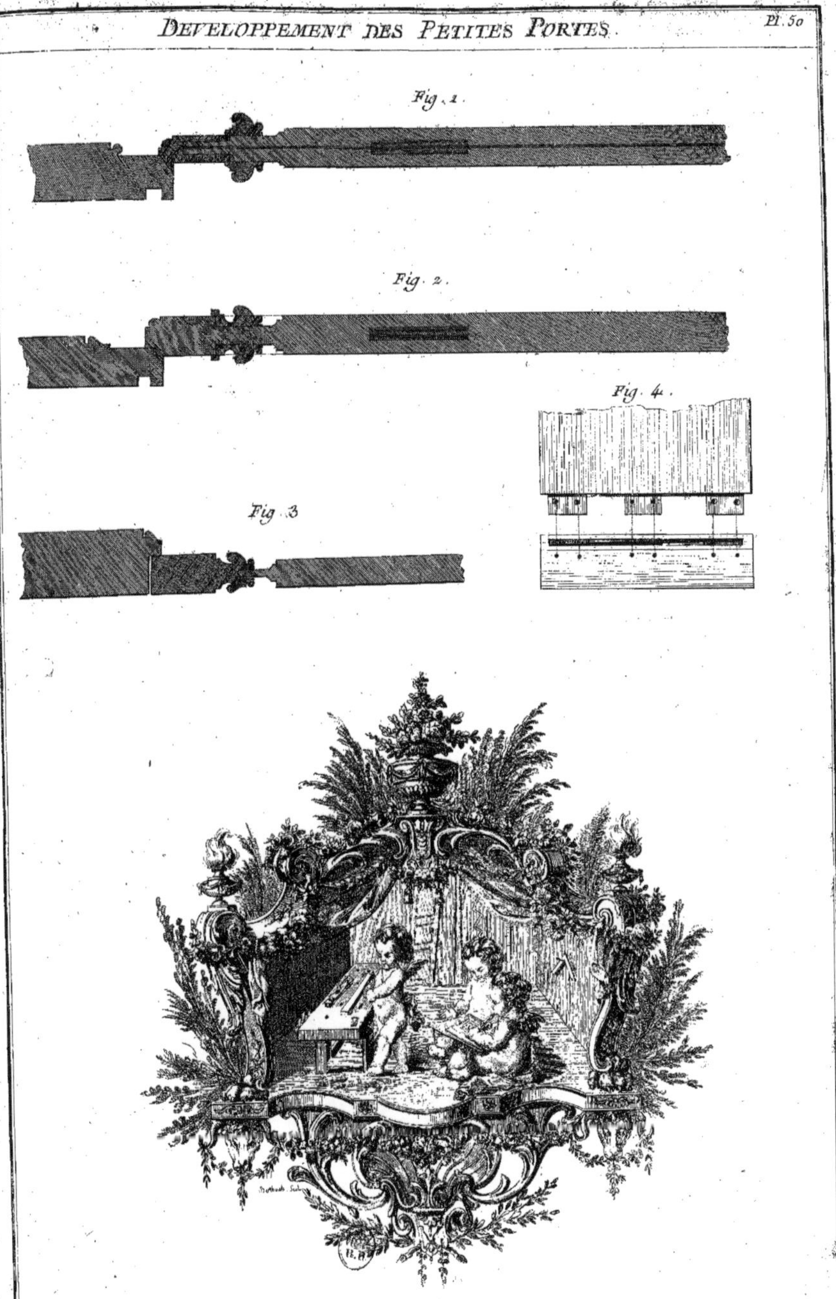
Fig. 1.
Fig. 2.
Fig. 4.
Fig. 3.
A. J. Roubo Inv. et Del.
Berthault Sculp.

9 782019 218539